在实践中学做教师丛书

总主编　王少非　陈建吉

# 在现场实践中学做辅导员

## ——"少先队学"学科建设探究

吴银银　著

吉林大学出版社

· 长春 ·

图书在版编目(CIP)数据

在现场实践中学做辅导员:"少先队学"学科建设探究 / 吴银银著.—长春:吉林大学出版社,2019.11
(在实践中学做教师丛书 / 王少非,陈建吉总主编)
ISBN 978-7-5692-5860-8

Ⅰ.①在… Ⅱ.①吴… Ⅲ.①中国少年先锋队—辅导员—工作—研究 Ⅳ.①D432.51

中国版本图书馆 CIP 数据核字(2019)第 251699 号

书　　名:在现场实践中学做辅导员——"少先队学"学科建设探究
ZAI XIANCHANG SHIJIAN ZHONG XUEZUO FUDAOYUAN
——"SHAOXIANDUIXUE" XUEKE JIANSHE TANJIU

作　　者:吴银银　著
策划编辑:黄国彬
责任编辑:周　婷
责任校对:王　洋
装帧设计:杭州紫金港
出版发行:吉林大学出版社
社　　址:长春市人民大街 4059 号
邮政编码:130021
发行电话:0431-89580028/29/21
网　　址:http://www.jlup.com.cn
电子邮箱:jdcbs@jlu.edu.cn
印　　刷:北京虎彩文化传播有限公司
开　　本:787mm×1092mm　1/16
印　　张:17
字　　数:260 千字
版　　次:2019 年 12 月第 1 版
印　　次:2019 年 12 月第 1 次
书　　号:ISBN 978-7-5692-5860-8
定　　价:85.00 元

# 代总序

## 在实践中学做教师

### 一

　　高等教育职能有一个历史发展过程。早期大学的主要职能定位于人才培养,在 19 世纪初,柏林大学洪堡确立了"教学与科研相统一"的原则,科学研究开始被认可为高等教育的重要职能;19 世纪中叶,以康奈尔大学、威斯康星大学等为代表的美国大学明确了将社会服务作为大学的重要职能。在此之后,高等教育"三大职能"成为广泛的共识。但随着高等教育在社会发展进程中承担的角色日渐重要,高等教育的职能也在不断扩展。2011 年,胡锦涛在清华大学建校 100 周年庆典上发表重要讲话,将"文化传承与创新"作为高等教育的一项新职能,与人才培养、科学研究和社会服务"三大职能"并列。2017 年,中共中央、国务院印发了《关于加强和改进新形势下高校思想政治工作的意见》,强调高校肩负着人才培养、科学研究、社会服务、文化传承创新、国际交流合作的重要使命,这意味着,以习近平同志为核心的党中央进一步把"国际交流与合作"作为大学的"第五项职能"。

　　毋庸置疑,对于高等教育而言,这些职能应该并重、协调发挥作用。然而,这是否意味着每一所高等教育机构都应当同时关注这些职能,"只有多项职能并重的大学才是真正的大学呢"? 其实,高等教育职能观的发展历史已经告诉我们,中世纪欧洲的大学只重培养人才,但不妨碍他们的大学之名；伯林洪堡大学只讲"教学与科研并重"，但不妨碍其成为那个时代大学的典范。当我们在讨论高等教育的职能之时，其实我们是将高等教育视为一个整体，讨论的是整个高等教育系统的职能，而并非某一特定高等教育机构的职能。即使对于作为一个整体的高等教育，这些职能的地位也存在一定的差异，正如有些学者对"三大职能"做出的区分：人才培养是基本职能；科学研究是重要职能；社会服务是职能的延伸。对于特定的高等教育机构，多项职能之间的关系恐怕不是简单的"并重""协调发展"所能够概括的。借用美国心理学家霍尔关于儿童发展的著名观点，即个体心理的发展或多或少地复演了种系进化的历史，一个高等教育机构的自然发展可能也或多或少复演了高等教育的发展历史，在不同的发展阶段，承担职能的侧重点会有所不同。在当今高等教育大众化的背景下，高等教育机构日渐多样化，产生了众多的类型，比如，国家将高校分成了"研究型、应用型和职业技能型"，重庆市在此基础上将高校分为综合研究型、应用研究型、应用技术型和技能技艺型四种类型，浙江省则将普通本科高校分成研究型、教学研究型、教学型。显然，这样的分类背后的一个逻辑就是不同高校承担的核心职能不同。然而，很奇怪的是，我们经常会看到一所将自己定位于"教学为主型"，甚至"应用技术型"的高校，在涉及学科与专业的关系时言之凿凿地将学科建设放在首位——理由是，不做科学研究的大学还是大学吗？

## 二

　　学科与专业是高等教育理论体系中两个非常重要的概念，也是大学办学中两个非常重要的工作领域。作为两个不同的概念，学科和专业存在不同的规定性：学科是按照知识体系来划分的，规定的是知识体系的领域；专业则是按培养目标来划分的，规定的是人才培养的规格；作为两个不同的工作领域，学科强调知识发展，专业侧重于人才培养。

　　在很多情况下，学科与专业经常被相提并论。的确，在大学教育中，学科与专业总是存在着千丝万缕的联系：学科支撑着专业，专业通过人才培养支持学科队伍建设。但不可否认的是,学科和专业有时并不完全对应:有时,一个专业背后就是一个学科,但更多的时候,一个专业需要多个学科的支撑,而且一个学科可以支撑多个专业。在不同层次或不同目标定位的大学中,学科与专业的重合度会有明显的差异。在高层次研究型大学中,专业与学科的重合度通常会比较高,因为其专业通常定位于培养某一特定学科领域的学者,也即某一学科领域学术队伍的新人,专业教育的支撑性学科也相对单一;但在相对较低层次的教学为主型或应用型大学中,培养目标通常定位于某一实践领域的从业者的培养,而正如没有哪一项工作可以仅凭一个学科的知识技能来解决,也没有哪一个旨在培养专业实践从业者的专业教育仅需一个学科来支撑。

国外有学者区分了"学者"(The Academic)和"专业工作者"(The Professional),下表就呈现了两者之间的差别。

**学者与专业工作者的区别**[1]

| 学者(The Academic) | 专业工作者(The Professional) |
| --- | --- |
| 主要关注抽象的思考<br>为提升思考而行动<br>兴趣在于发现真理<br>不必直接反映现实实践的变化<br>通过出版物(短期)和对真实世界的思考和行动的影响(长期)来评价 | 主要关注实时的行动<br>为改善行动而思考<br>兴趣在于找到有用的东西<br>要直接反映真实世界的变化<br>按行动带来的变化的价值来评价 |

从具体的条目来看,也许是为了更好地展示两者之间的区别,有些条目甚至采用了截然不同的表述,如"抽象的思考"与"实时的行动","为提升思考而行动"和"为改善行动而思考"等。如此来看,定位于"学者"培养的教育和定位于"专业工作者"培养的教育应有巨大的差异,甚至可能难以兼容。正如佩尼所指出的,"学者需要的训练主要是知识的获得和对真理的探索,而专业工作者所需要的培养主要是发展植根于深思的有基础的原理之中的

① Penny Ur(1992), Teacher Learning[J]. *ELT Journal*.46(1):56—61.

实践知能。"①学者的培养需要的是学术教育,专业工作者的培养需要的是专业教育。

三

　　师范教育到底该是一种学术教育还是专业教育? 答案应该是不言自明的。制度化的教师职前教育旨在为教师职业输送合格的候选人。从根本上讲,教师职前教育应当培养能够满足教师专业实践需求或能够基本胜任教师专业实践的人,而不是教育"学科"的研究者或学者。但在师范教育实践中,这一认识并没有总是得到认同,或者可能被认同但未能在实践中得以体现。一些高层次的研究型大学中的师范专业教育有很多可能是定位于教师的培养,但从实际来看,过度强调学科逻辑体系的课程设置,以及明显侧重于学术研究能力的培养过程却明显表明其师范教育倾向于使学生成为研究生的预备教育——事实上,甚至有些层次并不那么高的大学的师范专业在课程设置上也更多考虑为师范生的考研服务。几年前,在教育部教师教育课程标准研制专家组组织的一次关于《教师教育课程标准》实施的研讨会上,我介绍了我校按照《教师教育课程标准》倡导的"实践取向"理念建构的教师职前教育课程框架而开发的课程方案,一位来自以某省命名且师范生数量在该省占首位的师范大学的教育学院重要领导对此提出质疑:强调依据"实践取向"来设置课程,考研的学生怎么办? 他的意思是,这样的课程怎能满足准备考研的学生的需求? 对此,我回应说,我所在的这个层次学校,课程设置上无法为准备考研的那些学生考虑。当面我只能那样回应了,可话说回来,无论是在哪个层次的大学,师范教育或教师职前教育难道应该专门为考研学生的需求来设置课程吗?

　　强调师范教育是一种专业教育,并不否定师范教育也需要学术性,也不否定师范教育的从业者需要学术研究。作为一种专业教育,师范教育需要

---

　　① Penny Ur(1992), Teacher Learning[J]. *ELT Journal*. 46(1):56—61.

学术教育,但指向于培养专业人员的学术教育与指向于培养"学问家"的学术教育应有明显差异,专业教育所需要的是"指向于实时行动且为改善行动的思考"。师范教育的从业者当然也需要学术研究,只不过旨在为争取"学科地位"而进行的学术研究不应是重点,重点应在于为支撑专业人才培养的学术研究。然而,遗憾的是,教师教育中的学术研究似乎未能有效起到支撑专业人才培养的作用,至少在大量的"教育学科"学术研究中看不到与教育专业实践人才培养的较为直接的关联。

关于学科与专业的关系,在最热衷此话题的"新建地方性本科院校"圈子中,主流的话语是"协调发展"。能"协调发展",当然最理想不过了,既能"顶天"又能"立地",那该多好!但"现实很骨感",两者之间难免会出现某种张力。当张力出现的时候,"新建地方性本科院校"总是会把学科发展放在首位——当然,会有一个说辞,即"学科建设包含了人才培养"——实际上却可能将学科发展凌驾于专业发展之上。"新建地方性本科院校"恰好是教师培养的主力军,置身于其中的师范教育从业者不可避免地会被裹挟到"学科建设"的潮流之中。于是,学科建设中更为外显、更为刚性的指标如论文、项目等成为师范教育从业者的追求对象,至于这些成果能否支撑人才培养,即使不是完全没有考虑,至少不是一个关键的考虑。更多的时候,学术研究与人才培养成了"两张皮"。

如果认识到教师职前教育的专业教育属性,那么教师教育中的学术研究同样应当转向于支持教育实践专业人才培养的研究——从传统的"教育学"研究转向《教师教育振兴行动计划》所倡导的"教师教育学"研究。但更重要地是,教师教育必须定位于培养教学这一职业的实践者。医学教育、法律教育培养的是专业化程度更高的从业者,也不讳言自己的职业教育的本质,教师教育更应直面自己的职业教育本质,不能像传统的人文教育和科学教育那样定位于学术教育。教师教育必须指向于未来教师的实践能力的培养,应当为教师从事教师职业提供知识和能力,为成为职业实践者提供保障。

# 四

尽管从实际情况看,当前的教师职业尚不能完全符合公认的专业标准,但毫无疑问,教师都是被视为专业工作者的。1966 年,联合国教科文组织在《关于教师地位的建议》中明确了教师是一种专门职业,需要经过严格训练和持续不断的研究才能维持专业知识和专门技能。1994 年,《中华人民共和国教师法》规定"教师是履行教育教学职责的专业人员";1999 年,《中华人民共和国国家标准职业分类与代码》教师被列入"专业技术人员"大类;2000 年,《中华人民共和国职业分类大典》规定了八大类职业,教师同样被归入"专业技术人员"之列。

一个专业的核心追求不是学问,而是实践或行动的改善。世界著名的教师教育专家李·舒尔曼(Lee Shulman)认为,在专业工作中,行动与理解同等重要,甚至更为重要。"一个专业人员只停留在理解层面是远远不够的……一个专业人员不管他是否已经拥有足够的信息,都要准备好去行动,去执行,去实践。"[①]旨在培养教育专业实践者的教师教育自然得致力于培养师范生的教育实践能力——如果其中涉及关于教育的学问,这些学问也应当是支持实践和对实践的反思,指向于实践改善的。

没有对实践的参与,实践能力的养成是不可想象的。好在师范教育一直没有忽视"实践"在教师培养中的作用,实践环节在制度化的师范教育中出现已有较为悠久的历史,而且一直得到了有效的延续。在当前教师职前教育的诸多改革中,实践环节从未被取消,相反一直被强调。比如近年来在美国教师教育中影响日渐扩大的"反常规取向"(deregulation)的教师教育,甚至将实践当作教师教育的全部——该取向的教师教育强调,教学只是一项技艺(craft)。就像新闻记者一样,教师可以在工作中逐渐学会如何教学。

---

① 李·舒尔曼,黄小瑞译.标志性的专业教学法:给教师教育的建议[J].全球教育展望,2014(1).

因此,教师在入职前并不需要在教育学院经过系统的训练和获得专业的资格,针对学科内容进行的短期培训就足以让新教师应付最初的教学工作。[①]不可否认,实践在教师职前教育中的地位是因为实践的确在入职前教师的养成中发挥着巨大的作用,有些学者甚至将构成教师职前教育实践教学环节重要成分的实习看成是"教师职前教育中最重要的介入"[②]。然而,从现实来看,实践环节远未发挥其在职前教师养成中的应有作用和价值。

这应归咎于教师职前教育中实践环节的安排。首先,实践环节被看成与学科课程教学分离的孤立的环节。"实践环节"之名就意味着"实践"是一个"环节",一个相对独立于"理论教学"的环节——尽管其通常被认为是以"理论教学"为基础的。"实践环节"通常是在相关的"理论教学"完成之后专门做独立安排的,说起来是基于"理论教学"的,但实际上,由于高校的评价体系等诸多因素的影响,高校教师对实践教学的投入不足,指导能力也严重滞后,以至于所谓的"实践环节"基本上交给作为实践基地的中小学。而高校教师教育的内容经常备受中小学教师所诟病,作为指导教师的中小学教师基本上沿袭他们惯常的做法来指导实习生。在这种情形下,被期望承担"沟通理论与实践"的"实践教学"甚至可能完全与"理论"无关。更甚者,因为教师资格考试、教师招聘考试中都包含了笔试和面试,尤其在教师招聘考试中面试的权重远超过笔试,主导面试的中小学教师也会在教师职前教育的实践环节中占据主导的角色,在这种情况下,教师职前教育中的"理论学习"变得无足轻重,至多扮演着"敲门砖"的角色,"实践环节"甚至可能连"理论的应用"的成分都难以保证,遑论"理论与实践的沟通"!

其次,实践的时间难以保证。在很长一段时间中,尽管教师职前教育基本上都有实践环节的安排,但相当一部分教师职前教育项目中的实践时间是明显不足的,以至于需要教育行政部门对实践时间做一个明确规定。比如,浙江省在2009年启动教师教育基地建设时就规定四年制本科的师范教

---

① 王文岚,黄甫全. 美国大学本位教师教育改革的争议与新动向[J]. 江苏高教,2008(2).

② C.特尼. 师范教育实习辅导[A]//胡森. 国际教育百科全书,第八卷[M]. 贵阳:贵州教育出版社,1990.

育实践时间不得少于一个学期,教师教育课程标准也规定实践时间不能少于一个学期。从现实来看,即使能够在人才培养方案上保证较长的实践时间,也只是名义上的实践时间,因为真正让学生实践的时间并没有得到充分保证。这可能与作为实践基地的中小学有关,他们迫于"教学质量"方面的压力,未能给予实习生足够的实践机会,而承担教师职前教育项目的高校也因为不能为中小学提供有效的服务而难以开口向中小学提出更高的要求。以至于一些高校规定本科四年中"实习教学不少于 8 课时"。

最后,也是最重要的一个问题是,承担教师职前教育项目的高校,以及承担实践教学任务的中小学对"实践"的理解明显过于狭隘。在相当一部分项目承担者眼中,见习就是听课,实习就是上课;实习的考核就是上过几堂课,最多还加上备过几个教案。许多师范生头脑中有一种狭隘的专业观——教师的工作就是教学或教师的专业就是教学的专业——就与此不无关系。在某些教师职前教育项目中,尽管课程能力被当作培养目标之一,也开设了"课程与教学论""课程开发""课程设计"等关于课程的职前教育课程,但这些课程甚至不像学科教学论、班级管理等课程那样有实践的机会,他们甚至也难以在实践基地观察到从课程开发到课程评价的完整的课程实践。课程实践机会的缺失导致师范生单一的学习方式来对待与课程问题相关的课程学习,比如,仅为通过课程考核而学习一些课程,将那些课程仅作为需要记忆的知识来对待。在这种情况下,师范生是不可能形成今后专业实践所需要的课程能力的。

# 五

台州学院是一所地方性综合性本科院校,但其漫长的办学历史中有很长的一段时间(自 1907 年的三台中学堂简易师范科一直到 2002 年为升本科学校)是师范教育的办学史。尽管近年来台州学院一直在朝综合化方向发展,且已具备明显的综合性特征,但师范教育依然是其办学的最重要的支柱之一。

作为台州学院的教师教育学院，我们的教师培养实践一直秉持"实践取向"的理念，我们相信教师培养一定要着眼于教师专业实践所需要的核心能力的养成，我们相信实践本身在教师专业实践核心能力发展中有着无可替代的作用。为此，我们对教师培养过程中的"实践"进行了整体设计，其核心有三点：(1)依据教师的专业实践确定师范生的实践领域，将师范生的实践领域从往较为单一的"教学"实践扩展到课程实践、科研实践、活动组织实践等；(2)根据教师专业实践的需求，改造通常意义上的"理论课"，突破了以往"理论课"与"实践环节"的界限，在理论课中引入大量的实践元素，让学生在做中学；(3)极大拓展了实践的空间和时间，将学生的实践延伸到课外，延伸到小学的拓展性课程和课外活动。培养过程中的"实践取向"取得了良好的成效。2011年至今，我们的各届毕业生在各地教师招聘考试中位居前三的均占毕业生总数的四分之一以上。

本套丛书呈现的是我们对这些年来在教师培养"实践"上的"实践探索"的梳理和总结。我们期望，本套丛书能够引发教师教育者对教师培养方向的思考，引发对教师培养中的"实践"的关注，为教师教育的改进提供哪怕是极为微小的启发。当然，我们还期望，将存在诸多不足之处的实践探索呈现出来，能够得到方家的批评指正，以能改善我们关于"实践"的"实践探索"！鉴于本套丛书的主题及所涉内容，我们相信，本套丛书不仅会对教师教育者有所裨益，同样会对师范生乃至在职教师的专业成长有所裨益。

本套丛书中的各本书基本上都以个人来署名，但并不表明各本书呈现的成果仅属署名的作者一人。实际上，除个别书之外，其他单本呈现的都是我们整个教师培养团队的集体贡献。由于所涉人员太多，就不再一一罗列，谨此一并对相关实践的所有参与者——包括教师、教学管理人员、学生致以诚挚的感谢！

王少非　陈建吉

# 前言

　　中国少年先锋队（以下简称"少先队"）是中国少年儿童的群众组织，是建设社会主义和共产主义的预备队，是由中国共产党创立，并委托中国共青团直接领导的。少年儿童群众组织在世界各国以不同的形式存在，比较典型的如美国的童军，其组织模式和发展纲领大都具有较为显著的政治色彩，中国的少先队亦不例外。少先队的形成可以追溯到1924年北伐战争时期建立的劳动童子军，后来在土地革命战争时期发展为共产主义儿童团，抗日战争时期称为抗日儿童团，解放战争时期第一次冠以少先队的称号。新中国成立以后，中国共产党非常重视发挥少年儿童在社会主义建设中的作用。1953年，中国新民主主义青年团第二次全国代表大会正式确立了中国少年先锋队的称号，并一直沿用至今。

　　随着少先队组织建设、队伍建设、制度建设的日益完善，少先队在各中小学中发挥的作用越来越重要，实践积累和资料积累都自然而然地促成了少先队学这门学科的诞生。少先队学科建设的启动最早可以追溯到1979年7月中国少先队工作学会的成立。学会成立后，致力于改变以往凭领导指示、上级讲话开展少先队工作的面貌，着手研究少先队理论，把少先队工作当成一项专门学问，做了大量基础理论建设工作。1983年4月，由团中央牵头会同中国社会科学院在广州联合召开了全国少年科研规划、少先队工作学会会议，会上，团中央书记处书记胡锦涛提出："少先队工作理论是建立在少年理论之上的应用学科之一,是研究少先队性质、发展、活动及通过少先队组织教育少年儿童规律的学问",此次会议具有开启中国少先队学科化建设的标识性意义。1989年12月,团中央书记处书记李源潮在全国十五省市少先队科研协作会议上提出:"少先队要有自己的课程,希望从建立活动课程开始形成专门学科,以获得社会认可,确立自己的法规地位。"20世纪80年代以来,随着少先队运动实践的新发展,少先队理论建设逐渐繁荣,少先队组织作用日益显著,这都表明,只从德育途径或课外活动分类来看少先队是不够的,这最多说明少先队的局部,而解释不了少先队组织的整体及其特殊的本质。少先队在少年儿童教育上的独特性是少年儿童群众组织的教育(以下简称组织教育),由于少先队组织主要建立在学校中,又主要依靠由教师兼任的辅导员指导,更由于在培养目标上同学校教育目标的一致性,使它同学校教育具有同一性,因而成为学校教育的重要组成部分。少先队学的诞生与一些师范类院校的教育学院开设少先队学科专业密不可分,人们逐渐认识到少先队工作不但是一项教育辅导行为的实践活动,还是一门专门学问,有自己独特的、专门的理论架构。2008年共青团第十六次全国代表大会以来,少先队学科建设受到团中央、全国少工委领导的高度重视,组织专家撰写了多本学科教材,在多个高校教育学一级学科下开设了二级学科,少先队学科化建设取得了突破性进展。此后,在上海、浙江等地的一些师范类院校(如杭州师范大学、宁波大学、台州学院等)相继开设了"少先队学"这门课程,把少先队一系列专业理论进行系统化整理,从基础到应用,按一定序列整合起来形成了一门学科。因此,可以说少先队学是一门从教育学中分化出来的学科化理论,是一门与组织学、心理学、社会学等学科密切结合的新兴学科,其研究的特定对象是少先队组织和组织中的人——少先队员及少先队辅导员,其课程设置围绕尊重少年儿童、尊重少年儿童组织的理念,以提高师范生少先队工作的业务水平为目标,将成为少先队大队、中队辅导员上岗前的理论指导和实践锻炼。

在高校中开设"少先队学"这门课程,其目的主要是培养专业的少先队辅导员,毕业后输送到各中小学专门从事少先队的管理和发展工作,成为少年儿童群团工作的领头羊。在少先队工作中,辅导员起着举足轻重的作用。

少先队辅导员受共青团的委托,直接担负着带领少先队的光荣任务,是少先队员的指引者、引路人,是少先队组织的核心力量,是促进少年儿童健康成长、快乐成长的关键因素。但是,从全国范围看,目前"少先队学"作为一门学科在高校中开设较少,370多万少先队辅导员虽然在接受师范教育时掌握了教育学、心理学和管理学的基本知识,但是他们在学习期间,乃至从事辅导员工作后,对于具有相对独立意义的少先队学科的少先队工作基本理论,尚缺乏系统的学习培训,对少先队特殊的工作方法和教育辅导技巧掌握较少,大多数凭经验和直觉开展工作。最重要的是,他们对自己的专业角色认识还有欠缺,对于如何理解并履行辅导员的专业职责,缺乏从知识到技能乃至思想方面的有效准备。因此,在高校中开设"少先队学"课程、开展少先队学科建设非常必要,通过多种途径提高广大辅导员的职业素养和专业能力,使他们能够肩负起培养少先队员成为社会主义合格建设者和可靠接班人的光荣使命。

2012年,《共青团中央办公厅、全国少工委办公室关于认真做好少先队学科建设近期重点工作的通知》要求,在教育学一级学科下建设"少年儿童组织与思想意识教育"二级学科,首先开设研究生学科,然后在此基础上探索本科专业建设。团的十六大以来,团中央、全国少工委更将少先队学科建设及少先队辅导员专业化作为全团和全队的重点工作来抓。一方面,高校以课程的形式面向本科师范生开设以提升其意识形态素养,"少先队学"就是在这一背景下开设的一门新课程;另一方面,少先队活动课程正式进入小学的课程表,与其他国家课程并列,这一新变化对于教师教育提出了新的要求,高校人才培养面临新的挑战。

少先队学的学科建设至今已初步完成。2008年,著名少先队教育专家段镇的《少先队学》(上海人民出版社,2015年5月版)出版,被称为"少先队学科奠基之作",标志着少先队学科的初步形成。此后比较系统的学术著作有《少先队活动教育学》(杨江丁、陆非文主编,上海人民出版社,2015年版)、《少先队管理学》(赵国强著,上海人民出版社,2015年版)、《凝聚在星星火炬下——2016北京市少先队工作的理论与实践》(中国传媒大学出版社,2016年版)等,这些著作极大地丰富了少先队学的理论建设。与此同时,相应的实践指导类图书更是层出不穷,如《少先队基础工作手册》《少先队员手册》《青少年学生群众活动教程》《给少先队辅导员的建议》《少先队基础知识问答》《少先队教育实践"微"系列研究》《少先队小干部工作手册》《少先队辅导员工作方法与技能》《优秀少先队辅导员的八项修炼》《少先队工作从"心"做起》《少先队辅导员职业素养和工作方法》等。这可以看出少先队学的研究主体有着明显的理论与实践的分野,研究者由两股力量组成:一部分是实践工作者,主要包括少代会工作者、团校工作者和中小学辅导员等;另一部分来自理论研究者,从专业角度看,既有政法类专业的研究者,也有教育类专业的研究人员。

在研究内容方面主要有三个方向:①讨论应然状态的课程实施概况。主要涉及高校少先队课程的授课人员、授课对象、课程内容或教材、教学方法、教学评价等要素。②对于少先队课程关注和参与的呼吁。主要观点是高校、共青团中央、全国少工委等青少年组织,甚至是全社会,尤其是教育部门要协助团委共同研究少先队工作,倡导多方合作。来自国家力量方面的呼声多于来自学术界的呼声。③置于学科建设背景下来讨论具体课程体系。集中讨论少先队学科建设、课程开设、教材等话题。研究范围主要集中在教育和思政领域,从学科专业视角上讲,既有从教育学角度探讨少先队课程结构的研究,也有从思想政治教育角度讨论其课程体系的研究。所涉学科类别以初等教育为主,也有少数教育理论和教育管理类。除教育类之外,根据篇数多少,主要涉及的是政党及群众组织等领域。

少先队学的学科建设尽管取得了较为丰硕的成果,但由于起步晚、发展时间短、人才队伍弱、社会关注程度相对较低等原因,目前还存在不足。①研究性资料有限,从 20 世纪 50 年代至今的将六十多年时间里,相关文献资料的增长幅度非常小,甚至有些年度之间存在许多断层,研究成果为零,整体呈现出平稳而缓慢的特点。直至近年来,在教育学下设二级学科的政策提出之后,少先队学得到的关注才与日俱增。②研究动因的学术化气氛不够,政治性和政策性过于凸显。新中国成立之初的研究,有赖于党和共青团中央对于少年儿童思想教育的重视。在意识形态方面可借鉴的国外经验主要集中在苏联,近年来高校少先队学科建设,以及相应课程的开设与实施,共青团中央、全国少工委等组织起到重要推动作用。③研究内容和范围受限，以往研究所涉少先队辅导员专业发展常常被分隔开来在大学或中小学的某一端来讨论，而较少从双方合作来探讨，比较教育研究也受限于少先队政治属性而较少关注和借鉴英美童子军教育思想，研究内容多属应然状态的描述，虽涉及授课人员、学生、教材、教学方法、评价等因素，但以往研究或具有一定历史局限性，或缺乏系统性和现实针对性，有关课程实施现状与对策的研究不多。④较少从大学角度谈论，从大学和中小学协同育人谈论的则更少。总体来讲，对于高校少先队课程的研究较少。

　　反思以往研究，未来少先队学的学科建设还需要拓宽研究视域、加强队伍建设、丰富研究内容，尤其需要在开发具有实践价值的课程方面下功夫，本书立足在现场实践中推进"高校—政府—中小学"（U-G-S）协同育人的理念，基于研究者所在学校的少先队学科建设实践进行深入探讨，从少先队学科建设、组织建设、队务阵地建设、辅导员队伍专业化建设、小干部队伍建设，以及少先队活动课开发与实施等几个方面展开论述，并提供可资借鉴的少先队活动实践案例。

# 目录

# 第一章　少先队学的学科建设

　　少先队学作为一门独特的育人学科——儿童组织建设与组织教育的学科,与其他学科相比,共性是教育,独特性是少先队学以少先队组织为特定研究对象,是建队育人的专门学问和学科,目的就是要揭示少先队组织现象的本质和少先队组织建设、组织育人的特殊规律。从 20 世纪 90 年代中期至今,少先队事业蓬勃发展,相关论述呈井喷式增长,少先队学研究逐步走向学科化、专业化,少年队学学的学科理论建设日臻完善,已经形成了以教育学为基础支撑,与社会学、政治学、组织学、思想政治教育等多学科交互关联的学科体系,其自身具备综合性、发展性、基础性、集体性的学科特点,在少先队组织建设方面发挥着越来越重要的作用。

## 第一节　少先队学的概念

　　在目前有限的学术专著中,关于少先队学的定义相对比较统一,还没有出现大的分歧,一般认为:"少先队学就是揭示少先队组织现象的本质和少先队组织建设、组织育人的特殊规律的科学"①。少先队学的研究对象是少先队组织,这一特定对象具有极大的特殊性,决定了研究的范围,即为中国

①　段镇.少先队学[M].上海:上海人民出版社,2015,232.

共产党领导下的少年儿童组织。特殊的地域、特殊的群体、特殊的历史时期,似乎决定了这一学科的阈限,但经过研究者的不断拓展,目前,少先队学的研究范围已经从国内扩展到国际少年儿童组织,从少年儿童扩展到少先队辅导员及相关的教育辅助人员,从中共领导时期扩展到民国时期的少年儿童组织。

少先队学研究的内容顾名思义是少先队的组织与管理,其中包括了队员个人和组织。中国少年先锋队作为少年儿童学习共产主义的学校,承担着建队育人的重任,它在组织上与中国共产党、中国共产主义青年团紧密相连,与每一个祖国未来的建设者、接班人,共产主义预备队——少年儿童息息相关。普通中小学的组织管理需要专门理论和专业队伍,少先队这所规模宏大、目标高远的"学校"也是同样的道理。建队育人要科学化,要按儿童成长发展及其培养教育的客观规律和少先队工作的特殊规律办事,按儿童和儿童组织的科学发展规律办事。少先队工作不但是一项建队育人的教育与辅导行为的实践活动,还是一项专门学问,它有自己独特的、专门的专业理论。把少先队一系列专业理论予以系统化,从基础到应用,按一定系列有序整合起来便形成一门学科。

作为党和国家开展少年儿童教育的一种特殊形式,少先队学的学科归属自然而然落在了教育学门类中。可以说,它的形成和发展都离不开中小学的教育实践活动和教育理论研究,应科学理论指导实践的需要,少先队学从最初的方法积累发展成一门有骨有肉的学科,而在学科建设过程中,学者们又自觉和不自觉地运用着教育学的理论基础和研究方法,使得少先队学越来越靠近教育学。同时,它又具备组织学、社会学、心理学等众多学科门类的属性。

概括地说,少先队学作为是一门独特的育人学科——儿童组织建设与组织教育的学科,与其他学科相比,共性是教育,独特性是以少先队为特定组织形式的少年儿童群团组织,是建队育人的专门学问和学科,其研究对象是少先队组织和在组织中的人——少先队员、少先队辅导员等,目的就是要揭示少先队组织现象的本质和少先队组织建设、组织育人的特殊规律。具体而言,少先队学要回答作为一种组织形式的少年先锋队,其根本任务是培养什么样的人以及如何培养这一问题,理论层面的问题主要包括学科自身基本问题的研究,包括学科性质、学科的基础、少先队的本质和功能、少先队组织的历史与发展等;实践层面的问题主要包括教育主体和对象、教育目的和内容、教育方法和途径、教育过程和评价等。

## 第二节　少先队学的学科任务

少先队学的学科任务在于帮助实现少年儿童组织发展和思想教育的专业化、科学化,帮助少年儿童更好地实现政治社会化,使其从小养成良好的政治意识,培养起朴素的国家意识和民族意识,为成为更优秀的公民打基础。少先队学的建设要摆脱以往粗放的、经验式的发展模式而走专业化发展道路,而专业化的前提必须建立在高水平的专业工作者基础之上,这就要求以科学的理论来武装少先队学,首先武装从事少先队辅导工作和研究工作的人员,构建专业化的课程和培养体系。

分而论之,少先队学的学科任务主要有三个方面。

①学科理论自身体系的建立、完善与发展。少先队学致力于研究少年儿童组织对少年儿童进行政治启蒙和若干重要思想意识培养的基本理论,以及少年儿童组织发挥教育作用的方法和途径,明确学科的基本支撑理论和相关学科基础,确立知识体系、研究对象、研究方法、理论框架,构建相对完整的学科体系。国内学者在十多年的发展历程中对此做出了很多努力,成果颇丰,目前学科体系的雏形已基本形成。从理论著作的内容上看,多是借鉴已有学科如教育学、社会学、组织学等的知识架构和论述方式,对少先队实践活动的案例累积比较丰富,但还没有进行深入建构,基于实践本身创造性地理论还不多,还没有一部著作可以代表创新度、实践性方面的内容,也就是说,少先队学至今虽出现了代表性的学术专著、课程教材,但公认的完整的理论体系尚未形成,还有待学者进一步探索发现、整理建构。从这一角度看,少先队学的科学理论体系目前尚处于初步形成阶段,距离成熟尚有

一段距离,理论建设的任务还是该学科的核心任务。通过建立高校少先队辅导专业,逐渐将这一学科作为教育学的二级学科纳入国家目录体系,在师范院校开设辅修专业,将其列入师范院校必修或选修课,推动教育硕士专业学位的培养建设,逐步在全国建立起从本科到研究生,从课程、方向到专业多层次、多类型的培养体系。

　　②通过学科建设推动少先队人才队伍走向专业化发展。少先队学所涵盖的人才队伍包括两类:学术队伍、辅导员队伍,一类是理论工作者,一类是实践者,相辅相成,互为补充。一支高水平的学术队伍是学科发展的关键,而纵观所有学科的建设发展过程,学科建设和学术队伍建设是一个彼此关照、相互推动的过程,学科的成熟往往会带动一大批研究者成为"顺水推舟"者,而研究者的聚集又让一门学科从冷门发展到热门,人才队伍的建设依托高校和科研院所进行理论研究和创新,从而不断提高理论总结和实践探索能力,提高整体学术水平。同样,理论的应用往往也首先在高校中进行,尤其是已经建设有少先队辅导员专业的师范院校,只有不断规范、完善的学科教材和理论指导,才有助于他们专业素养的形成。

　　③以学科建设成果指导少先队工作实践。少先队学是对少先队组织现象本质及其运行发展规律的理性认识,它是对少先队组织活动和教育实践经验的科学总结。少先队学在实践方面的意义就是指导广大辅导员和少先队工作者掌握少先队工作的规律,提高工作的自觉性,防止、克服工作上的盲目性、片面性、一般化、成人化、行政化的弊病,按照少先队组织的特性,少先队组织建设和组织教育的特殊规律来指导少先队活动,使之更加正确、合理、有效地蓬勃向前发展,更好地履行组织的职责,充分发挥其组织作用。我国少先队辅导员数量庞大,但对少先队工作基本理论的学习都非常欠缺,长期处在"摸着石头过河"的状况,对少先队特殊的工作方法和教育辅导技巧掌握较少。而少先队学的任务就是从高等教育阶段开始,不断培训未来的辅导员,通过开设课程、提供教材、理论辅导,使其越来越像一支专业人才队伍,在工作中理论指导实践,得到事半功倍的效果。

## 第三节 少先队学的学科属性和理论基础

### 一、少先队学与教育学的关系

科学地界定一门学科的学科属性,是学科建设中的基础性、前提性工作。少先队学是从教育学的根基上生发形成的,是通过特定的教育主体和教育手段,把一定的社会思想、价值观和道德观念转化为少年儿童个体的思想意识和塑造品行的过程,这一过程中完成了儿童政治社会化的任务和社会价值观的传承,从这一角度看,少先队学本质上是一种依托少年儿童组织开展的思想意识教育,是一种有着特定对象、特定目标、特定形式的教育活动,教育学应该成为其基础学科。从现实意义上看,把少先队学定位为教育学二级学科,便于开展学科理论建设和教学实践活动。少先队学生发于师范类院校的教师教育专业,是应少先队辅导员队伍建设而产生的实践性很强的学科专业,而教育学是师范类院校的核心学科,具有庞大的学科群和人才队伍基础。教育学理论与少先队学的主导思想相一致,很多理论都是从教育学理论中分化而来,可以说,少先队学是教育学在中国特色教育社会制度和教育制度下的产物,将少先队学设为教育学二级学科是必然选择。我国少先队辅导员的培养依靠大批师范类院校,他们毕业的学位都是教育学学位,师范生的必修课、通识课都是由教育学院或教师教育学院开设,将少先队学设在教育学下,在组织管理、课程开设、师资调配、毕业学位认定等各方面都大有裨益,节省了高校学科建设的成本,也便利了学生的选修。从本质上看,少先队学和教育学具有共通性,众所周知,教育科学是研究人的教育与发展的科学,而少先队组织的形式、机构、活动、建设、辅导、管理等现象,其实质都是人的一种运动形式,是少年儿童在组织中接受教育与自我教育的社会运动,因此,少先队学本质上是研究少年儿童在组织中和集体实践中自觉主动发展的一门教育科学。

作为一大一级学科门类,教育学下设了教育学原理、教育哲学、教育心理学、教育管理学、中外教育史、比较教育学、教育社会学、学前教育学、普通教育学、高等教育学、特殊儿童教育学等学科。少先队学因其名称的特指性,一些学者建议将其命名为儿童组织教育学或少年儿童组织与思想意识教育学,无论如何,少先队学的本质不是组织学,也不是社会学,而是针对少年儿童的教育学。但是,目前对少先队学是否是教育学二级学科的定位还不明确,在《中国大百科全书》的学科分类中,只是把它放在教育学"学生组织"项中的一目,大多数教育学的版本中,只是把少先队作为德育途径或列为课外活动的一种,这说明少先队组织在教育科学中基本上没有独立的地位,没有引起人们足够的认识。

## 二、少先队学与思想政治教育的关系

虽然教育学的定性非常明确,但因为思想意识教育的特殊使命,少先队学与思想政治教育学科似乎也有着天然的联系。

从学科属性上看,思想政治教育在教育部学科目录设置中和现行的学科框架中,是设在政治学门类下的二级学科。作为二级学科的思想政治教育专业,研究面向的是大学生或成人,而少先队学是面向少年儿童这一特定群体开展的思想政治教育,不同于成人思想政治教育,如果将其纳入思想政治教育学科,只能成为其下的一个方向,而不能成为二级学科,这本身不利于学科的发展和建设。从内容属性看,首先,思想政治教育在马克思主义理论体系下,学科的理论性较强而实践性偏弱,而少先队学是根植于少先队组织实践的一门实践性极强的学科,是少先队辅导员"拿来就能用"的实际操作指导,二者在内容上具有本质的区别,虽名称相近,但不能相提并论。再者,少年儿童具有不同于成人的身心发展规律,无论是在具体的教育内容还是实际教育方法上,针对少年儿童组织进行的思想政治教育与针对成人的思想政治教育明显不同。由于少年儿童尚未形成稳定、成熟的思想,少先队学应依托少先队组织进行更多初步的思想意识引导和启蒙,而非政治观念灌输。在具体的教育方法上,思想政治教育偏重理论说教,而少先队学注重体验教育、劳动教育、自我教育等方式,更多是一种教育而非"宣传"。

总的来说,思想政治教育学科也早已被人们的定势思维界定在高等教育和成人教育范畴,少先队学不论是放在思想政治教育之下成为一个学科方向还是与其并列为"儿童思想政治教育"都有点牵强之感。

## 三、少先队学与学校德育的关系

在现有中小学教育体制中,学校德育举足轻重,承担着儿童价值教育的重任,而少先队教育作为中小学一个特殊的教育形式,与学校德育存在一些交叉、交融的地方,但也有着明显的区别。其核心区别就是:后者依托组织进行教育,前者则依靠常规教学活动。事实上,不仅中国,国外很多国家都借助一定的组织开展少年儿童教育,在组织中对少年儿童进行培养,是大部分少年儿童组织所共有的特征,少先队教育作为中国特色社会主义教育事业的重要组成部分,与学校德育并行不悖、相得益彰。

在我国总体教育目标和教育任务上,二者具有一致性,都是要培养具有"四有""五爱"的德智体美劳全面发展的社会主义事业建设者和接班人,但在教育内容、组织形式、教育方法和教育途径上又有显著区别。

在教育内容上,少先队侧重于政治社会化,德育主要通过内化和外化,发展受教育者的思想、政治、法制和道德等素质。少先队除了强调要培养少年儿童有爱心,养成良好的道德行为习惯,增强国家意思、科学意识、劳动意识、审美意识,锻炼强健体魄,培养良好心理素质等基本层面的思想品德之外,还要将培养少年儿童对党和祖国的朴素情感作为根本任务和最重要的层面,将政治社会化规律作为教育研究的重要内容,这既是少先队教育的任务,也是少先队工作的特色。

在教育的组织形式上,学校德育以课堂和校外场所为基本阵地,教师在教育中起主导作用,少先队教育通过让孩子们在自己的组织里收到集体生活的教育和锻炼,发挥其主动性、积极性和创造性,培养其自我管理、自我教育的能力。

在教育方法上,学校德育主要以课堂教学和规则约束为主要方式,少先队教育则多根据少年儿童的特点,通过在辅导员老师的指导下,少先队员自己想办法、找出路,自己动手组织丰富多彩的活动来进行教育。通过少先队活动,让少年儿童参与实践是少先队教育的主要特征。

在教育途径上,学校德育虽然也有一定的校外活动,但其主要的教育是在学校和课堂上进行,而少先队依托组织,教育的场所除了学校外,还有更广阔的天地,如与家庭、社会相结合,少先队教育拥有多样的教育途径、手段和丰富的教育方法,比如,少先队有自己的队报、队刊和专题网站,有青少年宫和爱国教育基地等其他教育阵地,借助家庭、媒体、社区等开展活动和教育工作。少先队作为共青团领导的中国少年儿童的群众团体,是一个具有法定地位的社会团体,它不仅对学校有相对的独立性,对领导自己的共青团组织也有相对的独立性。这种独立性不仅反映在组织体制上,也反映在组织的教育功能上。它同学校教育既有自上而下和自下而上的纵向和双向的关系,也有自主自动的平行交叉的横向的关系,组织教育同学校、家庭、社区教育一起构成我国少年儿童教育的整个系统。

## 四、少先队学与组织学、政治学、社会学的关系

少先队学作为一门新兴学科,其理论基础除了教育学外,还有组织学、政治学、社会学等。

首先,作为社会组织的组成部分,少年儿童组织必然要具备组织的基本要素和属性,也必须遵循组织运行的一般规律,基于此,对少先队的理解离不开有关组织学的内容和理论基础,其中,组织行为学和组织社会学可以作为少先队学的理论基础。组织行为学研究组织中人的心理和行为表现及其客观规律,包括组织中个体的直觉、学习、纪律、态度管理等方面,组织中群体的组织、群体动力学、沟通交流、群体决策等,以及组织系统本身的组织文化与环境、冲突、领导和如何提高系统的有效性等。组织社会学以社会组织为研究对象,主要研究组织的目标、结构、冲突、组织过程、组织变迁和发展,组织社会学对于深入了解少先队内部结构及其与社会其他组织之间的关系

具有重要的方法论意义,有助于深入了解儿童组织管理模式,从而帮助我们在历史发展脉络中定位少先队组织的作用和功能。

其次,政治学也是少先队学的重要理论来源,政治学基础围绕政治社会化这一主题展开。一方面,社会成员个体的社会化是一个人通过学习和实践有关政治体系中的价值观、知识观、规则和规范而实现的;另一方面,从社会整体角度看,政治文化通过特定途径广泛传播及在代与代之间政治观念、政治情感、政治倾向的传递都构成了政治社会化的核心内容,而这些都是少先队组织的功能。政治性从内在层面规定了少先队学的性质和方向,其中比较典型的政治学理论基础有社会教化论、个体学习论、文化传承论、政治传播论和社会环境论。儿童时期的政治社会化一般以政治认同、政治归属、政治忠诚、政治服从等带有情感性色彩的政治认知和感情培养为主要内容,以直观、感性、形象的政治事务、历史人物、政治行为作为认知对象,是一个潜移默化的教化过程。

最后,少先队也是一种社会现象,少先队组织在某种程度上也是一种微型社会,以社会学的方法进行少先队学研究也是非常重要的角度。社会学是从整体出发,通过社会关系和社会行为来研究社会结构、功能、发生、发展的综合性学科,基本理论范畴有结构功能论、社会冲突论、符号互动论和后现代理论。社会学认为,要想理解一个个体的行为,就必须将这一行为的理解放置到该行为产生的社会情境中去,只有从行为所属的意义脉络才能读出行为的意义。对于少年儿童而言,组织生活本身对儿童的影响实际上就是通过各种各样微观层面的符号互动实现的,因此,借鉴社会学中符号互动论的有关理论,可以帮助我们更好地营造儿童组织生活的意义脉络,从而培养出良好的儿童行为。

## 第四节　少先队学的创立与发展

从图书出版资料情况分析,少先队学的创立与发展可以分为三个阶段,即学科奠基阶段、学科初创阶段、学科发展阶段。

　　新中国成立前期到"文革"前,少先队视野处于学习先进和经验推广阶段,主要学习对象是苏联,相关理论著作也主要是介绍少先队建设的成就与经验,主要分为两类:一类是我国借鉴翻译的苏联少先队教育专家著作,主要的文献如雷巴科夫的《最早少先队》、伏米契夫的《苏联少先队组织中的教育艺术》等,此外还有我国教育专家所著的关于苏联少先队建设的书,有代表性的如王子云的《苏联的少先队》等;另一类是共青团中央及歌声少年儿童部出版的少先队建设经验介绍集,如《少先队辅导员怎样工作:北京市少先队辅导员工作经验》《准备着继承先锋事业:少年先锋队工作经验之一》《少先队工作的三个典型经验》等。这一时期的著作相对较少,并且以介绍和推广少先队活动经验为主要内容,还没有深入开展理论建设和研究的著作问世。但不可否认的是,这一时期的少先队工作开展的成效非常显著,经验积累也比较丰富,只是深入的理论建设还没有跟上,随着"文革"的开始,少先队事业的发展及理论探索也随即处于停滞阶段。

　　从 1976 年"文革"结束到 20 世纪 90 年代中期,随着改革开放的不断推进,少先队事业重新复活,少先队理论建设也紧跟其后逐渐发展起来,这一阶段可作为少先队学的初创期。1979 年 8 月,党的十一届三中全会后,团中央在大连举办了以共议少先队恢复发展、拨乱反正大事为主题的全国优秀老辅导员夏令营,会上老辅导员提出,少先队工作是一门学问,是一门独特的育人学问,组织育人的专门学问,少先队恢复后的新发展一定要有科学的理论指导,要开辟少先队理论建设的新领域,理论建设的目标就是创建少先队组织育人的学科理论。应众人倡议,时任团中央分管少先队工作的胡德华书记决定建立中国少先队工作学会这一少先队工作者群众性学术团体,胡德华同志为首任会长,会上决定通过理论研究,创立"史、论、法"三门学问,编写和研究"中国少先队运动史"、少先队工作"基础理论"和"少先队工作方法论"。学会成立两个月后,团中央召开了第六次全国少先队工作会议,正式认定"少先队工作是一门科学",并把"加强少先队工作理论研究"作为加强团队领导的重要任务之一。根据叶剑英同志"干部要努力使自己成为精通本职业务的适应现代化建设要求的专门家"的号召,会议向少年工作干部提出:"要学习少先队业务,精通少先队工作,要成为少年儿童教育专家。"在这次会上,中国少先队工作学会被团中央正式认定为"群众性的学术团体",群众性学术活动由此逐步开展起来。1983 年 4 月,中国社会科学院和共青团中央在广州联合召开了由团中央常务书记胡锦涛主持的全国少年科研规划和少先队工作学会第二次年会会议,胡锦涛在开幕式上做主题报告,进一步阐述了创建少先队工作的学科化理论的重要性,指出"创建这门学科大有必要,十分迫切"。他认为,"三十多年来,我们在进行少年教育和少先队工作过程中积累了丰富的经验,在理论研究上也取得了一定的成绩。但是,实事求是地讲,我们至今还没有一整套适合我国国情的少年理论和少先队工作的理论体系。正因为缺乏理论的指导,我们的少年教育工作和少先队工作很难完全避免盲目性。现实生活也对少年工作、少先队工作提出了许多新课题需要我们做出科学的回答"。胡锦涛提出了在建设理论体系的过程中应坚持以马克思主义基本原理为指导,坚持从我国的实际情况出发,还要借鉴国外经验,努力创建适合我国国情的少年理论和少先队工作理论,闯出一条中国少先队建设和少儿教育的新道路。他还提出了创建这门新学科的构想和创建的方针,认为少先队学科是一门"综合性的新兴学科",是"基础理论和应用理论的结合",是"研究少先队的性质、发展、活动及通过少先队组织教育少年儿童的规律的学问"。希望"老一辈少儿工作者,有关方面的老教授、老专家,以及所有有志于研究工作的少先队工作干部和辅导员都积极投身于创建这门综合性新兴学科的事业中来。要依靠专业工作者和业余工作者、理论工作者和实际工作者的紧密结合,依靠各有关单位的领导和社会各方面的支持,来开创少年理论研究工作的新局面"①。

此后,随着少先队创学项目的设立,少先队学科建设从此进入社会科学行列,应该说胡锦涛是少先队学科建设的倡导者、规划者和指导者。自此以后一直到 20 世纪 90 年代中期,从最初共青团中央少年部出版的《少年先锋队工作问答》开始,相继有 80 多本专著出版发行,与新中国成立初的专著相

---

① 全国少先队工作学会.全国少先队工作学会第二次年会资料汇编(内部资料)[M].1984.

比,这一阶段的少先队著作内容更为丰富,理论探讨更加深入,已经由最初的经验推介发展到理论建设。具体可以分为四类:①少先队工作指南和指导手册类图书,这类图书数量众多,占比较大,内容和受众群体也最为广泛,被广泛应用于各中小学,其中工作指南包括队史讲话、工作方法指导、活动集锦、活动指南等,受众群体有少先队辅导员、少先队队长、少先队员、少先队鼓号手等;②研究成果论文集,这类成果数量相对较少,有代表性的如北京市少先队工作学会主编的《星星火炬论文集》、皇甫鸿昌主编的《少先队研究论文集》等;③研究少先队的理论及与其他学科相关的专著,如傅忠道、皇甫鸿昌的《少先队工作理论与实践》,全国辅导员进修学校编写的《教育学·心理学和少先队》,张先翱编写的《少先队工作方法论》,段镇编写的《少先队教育学》,少先队领域第一次出现具有学科性质的著作;④关于少先队的工具书,如缪力的《少先队小百科》、吴广川的《少先队工作辞典》。

　　从 20 世纪 90 年代中期至今,少先队事业蓬勃发展,相关论述呈井喷式增长,少先队学研究逐步走向学科化、专业化。具体可以分为四类:①工作手册和行动指南,这类图书比重有所减少,而此阶段出版的指南类图书质量有了大幅度提高,更加注重少先队工作的实践性,内容几乎涵盖少先队工作的各个方面,且融入了最新的教育理论,更为注重少先队活动的启发性和教育主体性;②少先队学科化基础理论研究不断完善。段镇《少先队学》一书的出版成为第一本独立的学科著作,以此为基础,《少先队管理学》《少先队活动教育学》《少先队组织教育概论》《少先队工作方法论》等图书相继问世,丰富了少先队学科化的理论基础;③少先队研究朝着专业化方向发展,少先队研究的第一本蓝皮书——《少先队组织与工作状况蓝皮书》于 2010 年出版,全国少工委编写的《2006—2008 年度全队调研奖获奖论文汇编》及其他一些论文集、研究成果集相继问世;④大型的综合性工具书问世,如宗浩鸿主编的《新世纪少先队工作百科全书》、杨国峰主编《少先队工作及少先队活动设计范例实务全书》出版,这些工具书涵盖了少先队工作的方方面面,是所有理论研究工作的缩影和集成,为少先队活动提供了重要的参考资料。

　　综上,少先队学集 60 多年的实践和 30 多年的理论探索,建立了专业学会,产生了丰富的理论成果,加之在各师范院校开设的相关专业课程,凡此种种,已经足以支撑其成为一门独立的学科。

# 第五节　少先队学的学科特点

少先队学作为通过组织培养人的一种特殊教育形式,与学校教育具有一些相似之处,但这并不能抹杀少先队学的独特性和同学校教育的差异性。通过组织开展教育对儿童发展过程来说是必不可少的教育形式,少先队在某种程度上与学校、家庭、社区一样都是一种教育组织形式,但只有少先队称得上是儿童自己的组织,具有独立的作用机制,同时也承担着政治社会化这一独特的使命,这种组织上和教育上的独立性必然表现为理论上的独特性。归纳起来,少先队学有以下几个学科特点。

一是综合性。少先队学虽在学科归属方面属于教育学,但其学科建设所需要的理论基础并不仅仅源自教育学,还包括社会学、政治学、组织学等。涉及儿童的培养与思想意识教育,需要多学科的参与,理论建设上表现为不同学科交织繁衍,不同理论元素并行不悖,不同声音百花齐放,鼓励在少先队活动方面也要形式多样,通过借用不同社会组织理论和管理模式开展不拘一格的少先队活动,取得更好的教育效应,这才是少先队学的最终目的和实践价值所在。因此,要牢牢把握这一学科的综合性特征,在坚持以少年儿童政治社会化的健康发展为主线的前提下,积极吸收相关学科的有益成果,丰富和完善学科建设。

二是发展性。少先队学是一门由实践推动,在实践中不断创生、不断创新发展的新兴学科,它的生命力在于创新,它的理论不是一成不变的,而是与时俱进的。少先队学的学科建设没有直接可以借用的理论经验,在很大程度上,它需要每个教育实践者不断摸着石头过河,把一次次的经验总结提炼为理论文本,为学科建设增砖添瓦,同时,那些被时代发展所淘汰的理论、方法应该及时剔除。所有的学科建设者都应该抱有开放的心态,勇于探索、善于总结、在实践中不断修正和完善,推动本学科从幼稚走向成熟。

三是基础性。少先队组织与思想意识教育是少先队学科建设的奠基性工程,其主要回答的是有关少年儿童组织教育的一般性规律,对具体的少先队工作开展是一种方法论的启迪和指导,它不同于"工作手册""规范指导"之类的文本,不能提供直接性的活动规则、活动流程、活动组织形式等,但可以像教学大纲一样,让少先队活动开展有根有据、有章可循。

四是集体性。马克思指出人是一切社会关系总和,人的社会性决定了个人的自由、全面发展的一个基本条件,就是集体。他指出:"只有在集体中,个人才能获得全面发展其才能的手段。"少先队学的一个特点就是强调集体的教育功能,纵观当前所有的教育途径,也唯有少先队组织教育才能将"在集体中教育、通过集体进行教育和为了集体开展教育"的集体教育三原则发挥到极致。

# 第二章　少先队组织建设

　　追溯历史,少年儿童组织在国际上已经有170余年的发展历史,中国少年先锋队在共青团和少工委的领导下,已经召开了七次全国代表大会,中国少先队的形成和发展也历经了近百年的发展。大会至今,开展了形式多样的组织活动,成为一代又一代少年儿童成长发展的摇篮。少先队组织作为社会主义和共产主义建设的预备队,具有政治性、社会性、教育性、儿童性四大属性,围绕这些属性,少先队组织在育人方面发挥着最大程度的集体主义教育的优越性,同时也将爱国主义情感、社会主义意识形态和价值观有效传递给一代又一代少年儿童,很好地实现了少先队组织团结、教育和引导少年儿童的职能。

## 第一节　少先队的发展历史和形成过程

　　从世界范围看,少年儿童组织自1844年青年基督教协会创始,在影响历史进程中发挥着越来越重要的作用,国际上的童子军、苏联少先队等都是以国家建设的重要接班人的身份存在。正是认识到这一点,中国共产党人一开始就非常重视儿童组织的发展。1924－1927年北伐战争时期,共产党在武汉、上海等地建立劳动童子团,由共青团领导,带动童工、学徒、学生广泛参加反对资本剥削的罢工斗争,在反帝反封建斗争中发挥了策应的作用,为最早的革命事业贡献了一份力量。1927—1936年,国共十年对峙,中国共产党在各地建立红色根据地,在苏维埃政权领导下,各地相继建立了共产主义儿童团,提出了"以共产主义精神教育儿童"的口号,在旧社会的教育制度下培育儿童的独立、自主、民主精神,号召儿童做时代新人,为革命事业广播火种。1937—1945年,全面抗战期间,为适应全民抗战需要,各抗日根据地在原来共产主义儿童团的基础上成立抗日儿童团,将少年儿童组织起来,作为抗日宣传的重要力量,加入儿童团的少年儿童与中国共产党一同成长,成为后期抗日救亡的中坚力量。1945—1949年,解放区成立了少先队、儿童团,在开展社会主义教育的同时积极组织他们参加革命活动,宣传新思想。

可以看出,在不同历史时期,共产党都非常重视少年儿童组织的建设,并能够因时制宜,根据革命形势的变化赋予少年儿童组织不同的名称和使命,这是中国共产党能够生生不息,最终发展壮大的重要原因。

新中国成立后,中国共产党一如既往,重视儿童组织建设,并按照传统,依靠共青团组织领导少年儿童组织,形成了不同年龄层相衔接,"老中青"不断线的政治队伍。1949—1953年,《关于建立中国新民主主义青年团的决议》《关于建立中国少年儿童队的决议》《中国少年儿童队队章草案》《关于建立中国少年儿童队的几个问题的说明》的几个重要文件的发布为少先队的正式成立奠定了法律基础。在1953年10月召开的共青团第二次全国代表大会上,正式将以往的少年儿童队更名为中国少年先锋队,标志着近代意义上少先队的正式成立。此后,共青团又相继颁布了《中国少年先锋队队章》《中国少年先锋队队案》《少先队工作条例草案》等重要文件。到1965年,共青团中央九届二中全会通过《高举毛泽东思想伟大旗帜,为培养少年儿童成为无产阶级革命接班人而奋斗》的决议,扩大组织的年龄范围至十五岁,进一步明确了共青团对少先队的全团带队、全面领导,少先队工作蓬勃发展。经过"文革"十年的停滞,改革开放后,1978年10月,共青团适时恢复了中国少年先锋队的称号,重新修订《中国少年先锋队章程》,并决定将《我们是共产主义接班人》作为少先队队歌,1979年,确立了《少先队队员入队誓词》,1980年,恢复少先队中队长、队标等组织建制,

1984 年,"中国少年先锋队员和辅导员大会"在北京召开,成立了中国少年先锋队全国工作委员会——少工委,少先队从此有了独立的领导机构,少先队工作迎来了蓬勃发展的大好局面,一系列少先队活动随即在全国范围展开,有代表性的如"跨世纪中国少年雏鹰活动""创造杯活动""民族精神代代传活动"等。

至今,中国少年先锋队在共青团和少工委的领导下,已经召开了七次全国代表大会,开展了形式多样的组织活动,成为一代又一代少年儿童成长发展的摇篮。

## 第二节　少先队的性质

《中国少年先锋队章程》规定了少先队的性质:是少年儿童的群众性组织,是引导少年儿童学习做社会主义建设新主人的学校,是建设社会主义和共产主义的预备队。这个定性可以分解为政治性、社会性、教育性、儿童性四大属性,确立了儿童少先队的基本性质。

首先是政治性。少先队由中国共产党委托共青团领导,自诞生之日就具备了一定的政治属性,肩负着团结少年儿童,为社会主义和共产主义建设接棒的政治使命。少先队的政治性是由中国共产党的政治性决定的,共产党作为领导中国人民进行社会主义事业的政党,无论在战争时期还是和平年代,都要毫不动摇地捍卫自身的执政地位,少先队有中国共产党发起成立,不论是历史上还是当今时代,都分担了部分的政治使命,少先队的根本任务也是引导少年儿童培养国家意识和朴素的爱国主义情感,为党的事业积蓄后备力量,这是少先队不同于一般组织的根本所在,因此,可以说政治性是少先队最本质的组织属性。

其次是社会性。作为少年儿童的群众性组织,少先队必然具有一定的社会属性。社会组织是由自然人组成,少先队是由特定年龄阶段的少年儿童组成,组织工作围绕服务个体而展开,以少年儿童为中心,并代表少年儿童参与社会政治经济文化各方面生活,组织的社会功能一一具备,包括帮助少年儿童完成社会化的功能。少先队具备一般社会组织的特征,代表一定群体的利益诉求,反映这一群体的社会性功能,为未成年人参与社会生活提供了一个平台,通过社会实现其行为养成和道德观念塑造,同时,儿童在这一组织中拥有相应的权利和义务。凡此种种,都决定了少先队组织的社会性。

再次是教育性。少先队是一个带有教育意蕴的社会组织,这一点由它的组成个体——正在接受教育的未成年人所决定,也由少先队活动开展的主要场所——学校所决定。少先队是少年儿童在集体中接受教育与自我教育的组织,具有鲜明的教育属性。少先队是少年儿童学习中国特色社会主义和共产主义的大学校,少先队按照党的教育方针,积极探索教育少年儿童的新方式新载体,推动少年儿童科学发展。少先队组织通过教育功能的发挥,培养少年儿童思想道德素质、提高少年儿童的综合能力、培养造就德智体美全面发展的社会主义事业合格建设者和可靠接班人,为社会的发展输送更多合格的人才。

最后是儿童性。少先队是儿童组织,少先队员都是儿童。少先队活动要尊重少年儿童主体地位,遵循少年儿童的年龄特点,认真把握少年儿童的情感、意识、信念形成的基本规律,以少年儿童为开发和实施主体,发挥少年儿童自主作用、创造精神和少先队集体的力量,精选与少年儿童学习、生活经验密切相关的教育内容,采取少年儿童易于接受的方式,以校园为基础、家庭为补充、社会为天地,组织开展丰富多彩的实践性、体验性活动。少先队辅导员是少年儿童的亲密伴侣、知心朋友。大队辅导员为了同队员打成一片,参加大队委员的民主选举,成为大队委员的一分子,同广大队员平等相处,同队干部合作共事,成为"大儿童",乃至"老儿童",同孩子们心贴心、心连心。因此,从少先队的角度看,没有爱心就没有教育,对少先队辅导员来说,只有爱心不够,还必须有童心。

## 第三节　少先队的任务

少先队组织在不同时期有不同的历史使命和政治任务,在社会主义现代化建设时期,其根本任务就是通过组织使少年儿童完成政治社会化,争做全面发展的社会主义现代化建设的接班人。具体而言,新的历史条件下少先队组织的根本任务是:要引导少年儿童有爱心,养成良好的道德行为习惯,增强国家意识、科学意识、劳动意识、审美意识,还要锻炼强健体魄,养成良好心理素质;要特别注重党、团、队组织意识和教育内容的衔接,灌输培养少年儿童对党和社会主义祖国的朴素感情。根本任务又可以分解为素质、精神、思想这三个层面。科学意识、劳动意识、审美意识属于素质层面;有爱心、良好的道德行为习惯属于精神层面;灌输培养少年儿童对党和社会主义祖国的朴素感情属于思想意识层面。

关于少先队的任务,学术界还有一种争议,焦点在于任务本身的属性是政治性还是教育性的问题。少先队作为共产党创立的带有政治性目的的少年儿童组织,其政治任务是第一位的,即要培养社会主义建设者和接班人,但是政治任务中有包含着教育性,这是由儿童的可塑性决定的,"培养"二字本身就是教育,只不过培养的方式是通过组织,培养的目的是政治社会化。事实上,少先队产生发展的历史,就是跟党走,按照党的要求带领少年儿童健康成长发展的历史。从诞生的第一天起,无论是土地革命时期,还是抗日战争、解放战争时期,少先队努力带领少年儿童为党的奋斗目标,为人民革命做出力所能及的贡献;从诞生的第一天起,无论是抗美援朝中的红领巾号,还是小五年计划,少先队都把为党的事业,为社会主义培养合格人才作为组织的核心目标,围绕党的中心工作和发展战略,开展孩子们喜闻乐见的教育活动,造就一代又一代为党的事业奋斗终生的建设者。少先队和党的关系亲密,少先队在党的事业中的极端重要性,突出表现在根本任务的落实上,少先队的根本任务是其政治属性的集中和突出的表现。其中注重党、团、队组织意识和教育内容的衔接,灌输培养少年儿童对党和社会主义祖国的朴素感情,是实现少先队作为党的事业的预备队的政治功能,是党的事业培养后备力量的重要保证,是少先队组织政治属性的具体落实;而引导少年儿童有爱心,养成良好的道德行为习惯,增强国家意识、科学意识、劳动意识、审美意识,还要锻炼强健体魄,养成良好心理素质,是指向合格的社会主义建设者和接班人,指向为实现中华民族共同理想而培养后备力量的战略思考。

灌输培养少年儿童对党和社会主义祖国的朴素感情是少先队组织根本任务的最重要内容。朴素感情,是一种发自内心的、朴实的、不虚假的、不功利的纯粹感情。少先队在正面灌输中培养少年儿童的朴素感情,把社会主义核心价值体系的要求儿童化、生活化、具体化,用少年儿童熟悉的语言、形象和方式,帮助少年儿童从小树立正确的世界观、人生观、价值观。少先队通过传唱红色歌谣、推荐励志读物、讲述近现代史和国情故事,把"大道理"变为少年儿童易于接受的"小道理"。少先队组织认真研究少年儿童认知、意识、信念、情感形成的规律,按照"系统规划、有效衔接、分层实施"要求,构建团队一体化分层教育体系,教育引导少年儿童从小了解、热爱党,培养对党和社会主义祖国的朴素感情。文化熏陶、实践体验、分析对比是培养少年儿童的朴素感情的有效形式。

引导少年儿童有爱心,养成良好的道德行为习惯,增强国家意识、科学意识、劳动意识、审美意识,是少先队工作根本任务最基本层面的要求。少先队组织通过开展"手拉手"和多种形式的献爱心活动,培养队员的爱心;通过组织家庭、学校、社会生活的体验,培养队员良好的道德行为习惯,引导队员知荣辱、树新风;通过开展中华民族优秀传统文化、近现代史和国情教育,培养队员的国家意识,帮助队员了解家乡风土人情、发展变化,了解党领导人民走过的奋斗历程,引导队员们向英雄模范和为人民服务的人学习,关注祖国发展和进步,立志报效祖国;通过开展小种植、小养殖、小发明、小制作、小实验、小调查等活动,培养队员的科学意识,激发队员的好奇心和想象力,帮助队员认识世界,认识事物发展的规律,培养实事求是的态度和创新精神;通过组织队员参加力所能及的劳动,培养队员的劳动意识,教育队员尊重劳动和各行各业的普通劳动者,懂得劳动创造财富、劳动光荣的道理,走进社会,走进大自然,在劳动实践中锻炼成长。少先队组织还将美的元素渗透在活动、文化建设之中,培养队员的审美意识,引导队员发现和欣赏社会生活和大自然、科学和艺术中的美,从小追求真善美;同时引导少年儿童锻炼强健体魄,培养良好心理素质,推动少先队员全面发展。

## 第四节　少先队组织的指导思想

少先队组织的指导思想是马克思列宁主义、毛泽东思想、邓小平理论和"三个代表"重要思想、科学发展观、习近平新时代中国特色社会主义思想。少先队是中国共产党领导的少年儿童的群众组织,党的指导思想就是少先队的指导思想。① 作为党的重要后备力量,少先队的一切组织活动都以马克思列宁主义、毛泽东思想、邓小平理论、"三个代表"重要思想、科学发展观、习近平新时代中国特色社会主义思想作为行动指南,只有以党的指导思想为自己的指导思想,才能确保少先队走在正确的政治方向上,才能带领少年儿童在正确的指引下健康成长、全面发展,成为合格的建设者和接班人。当然,思想也是与时俱进的,根据党在不同时期对发展重心、发展理念所做的战略调整,少先队也要紧跟其后进行调整,以最快的速度适应时代的变化、形势的变化,用科学的发展观去指导自己的发展路向。

少先队是未成年人的组织,因此,在少先队的所有组织活动中都必须始终坚持马克思主义的儿童观。必须坚持集体主义原则,将儿童群体认定为一个不可忽视的重要社会代群,在集体中培养儿童的合作精神、共享理念,以集体开展教育,促进儿童健康成长。少年儿童在总人口中占有相当的比例,儿童作为文化消费的主要力量影响社会意识形态和文化生产等。在对

---

① 全国少工委、中国少先队工作学会.中国少年先锋队大全[M].上海:少年儿童出版社,2005.

每一个儿童个体的认识上,承认每一个儿童都是独特的人、每一个儿童都享有生存权、发展权、参与权和受保护权等。

坚持和贯彻这一指导思想,主要体现在几个方面:①少先队坚持马克思主义基本原理,把共产主义作为组织的奋斗目标和最高纲领;带领少年儿童坚定不移地跟党走。②少先队教育要培养少年儿童学会把马克思主义与中国的具体情况相结合,坚持走中国特色社会主义道路。③少先队坚持马克思主义的儿童观,高度重视少年儿童的社会性发展,推动少先队员实现个人发展和社会发展的统一。④少先队按照指导思想建设、发展组织,将这些思想贯穿在少先队的日常组织行为中,贯彻到影响、引导少年儿童的每一个过程里。⑤少先队坚持实事求是、与时俱进的路线,在组织的建设、发展和少先队活动中始终坚持与时俱进,创新发展,通过丰富多彩的活动帮助少年儿童树立理想、陶冶情操、增长才干、全面发展,培育中国特色社会主义事业的合格建设者和接班人。①

其次,以历届党和国家领导人对少先队工作提出的要求为重要思想指引。少年儿童是祖国的花朵,是民族的希望。中国共产党历来高度重视少年儿童工作。在革命、建设、改革各个历史时期,党中央就我国少年儿童事业发展做出一系列重大部署,毛泽东、邓小平、江泽民、胡锦涛、习近平等领导同志就教育引导广大少年儿童健康成长提出一系列重要思想,使我国少年儿童事业不断取得新的发展成就。

党的十七大以来,胡锦涛总书记在《致中国少年先锋队建队 60 周年的贺信》中对全国少先队员提出了争当"四好少年"的要求,即争当热爱祖国、理想远大的好少年;争当勤奋学习、追求上进的好少年;争当品德优良、团结友爱的好少年;争当体魄强健、活泼开朗的好少年,时刻准备着为建设富强民主文明和谐的社会主义现代化国家贡献智慧和力量。争当"四好少年"的要求是以胡锦涛为总书记的党中央在新时期对广大少年儿童和少先队组织的殷切期望和嘱托,既为少年儿童健康成长指明了方向,也为少先队组织提出

---

① 全国少工委、中国少先队工作学会.中国少年先锋队大全[M].上海:少年儿童出版社,2005年6月版.

了新的要求,因此必须深刻认识和把握"四好少年"的精神实质,把它作为少先队组织培养、引导、教育少年儿童的指导思想。

党的十八大以来,以习近平同志为核心的党中央高度重视中国少年先锋队建设,亲切关怀少年儿童健康成长,为新形势下我国少年儿童事业发展指明了方向。习总书记指出:为了中华民族的今天和明天,我们要教育引导广大少年儿童树立远大志向、培育美好心灵,让少年儿童成长得更好;社会要了解少年儿童、尊重少年儿童、关心少年儿童、服务少年儿童,为少年儿童提供良好的社会环境。少先队要坚持开展组织教育、自主教育、实践活动,更好地为少年儿童培育和践行社会主义核心价值观服务,把广大少年儿童团结好、教育好、带领好。以习近平同志为核心的党中央对少先队工作提出明确要求,强调少先队要坚持开展组织教育、自主教育、实践活动,更好为少年儿童培育和践行社会主义核心价值观服务,把广大少年儿童团结好、教育好、带领好。2015 年,党中央印发《关于加强和改进党的群团工作的意见》,对少先队组织工作提出要求。2014 年 5 月 30 日,在北京市海淀区民族小学主持召开座谈会时,习近平总书记指出,少年儿童培育和践行社会主义核心价值观,要适应自身年龄和特点,做到记住要求、心有榜样、从小做起、接受帮助。要把社会主义核心价值观的基本内容熟记于心,铭刻在脑子里,结合学习和生活等实践不断加深理解。要学习英雄人物、先进人物、美好事物,在学习中养成好的思想品德追求。要从自己做起、从身边的小事做起,一点一滴积累,养成良好的思想品德。

少年儿童是我们伟大祖国的希望、我们伟大民族的希望。同学们要好好学习、天天向上,让今天播下的种子在将来有一个丰硕的收获。少先队是我们党在新中国成立之初创立的少年儿童的群众组织,今天的红领巾就是明日的生力军。少先队工作要时刻牢记党和国家领导人的指示,坚持正确的思想引导,把握好方向,坚持建队育人,让所有少年儿童在组织的关怀下成长为中国特色社会主义事业合格的建设者和接班人。

# 第五节　少先队组织的职能

少先队组织肩负着团结、教育和引导少年儿童的职能,所谓团结职能,是将全国各地分散的少年儿童通过一个统一的组织聚在一起、形成合力;所谓教育职能,是通过集体发挥一定的教育作用,有效开展集体主义教育,通过教育社会化实现少年儿童的全面发展;所谓引导职能,是凭借组织的前进方向、指导思想指引少年儿童始终走在正确的道路上,最终成为能够服务于现代化建设的良好公民。

## 一、少先队团结少年儿童的职能

少先队组织团结少年儿童的功能主要体现在基层组织建设和基层工作中。其一,少先队持续不断地吸收广大少年加入少先队组织中来,这种吸收新鲜血液的行为目的就在于团结一代又一代的少年儿童到党的身边,凡是7~14周岁的少年儿童,只要愿意加入少先队,愿意遵守少先队章程,都可以加入少先队中来,成为一名光荣的少先队员,这既是组织的进步,也是个人的荣耀;其二,少先队组织在吸纳新生力量的基础上还注重加强组织建设,通过组织礼仪、标识、活动将少年儿童紧密团结在组织内,避免一盘散沙的局面出现,中小学也通过各种形式开展少先队组织活动,让组织扎根在学校、活跃在学校、成长在学校,推动少年儿童健康成长;其三,少先队组织的基层工作触角深入每一个有少年儿童存在的地方,包括中小学、社区、农村,主张利用一切可利用的形式将少年儿童组织起来,将组织生活贯彻到少年儿童集体活动的方方面面,如运动会、各类比赛、公益活动都通过组织去实现,有效发挥了少先队组织的优势,也凸显了组织的地位,更有利于各类集体活动的顺利开展。

少先队是通过组织来实施少年儿童的影响和教育的,就是按照一定的目的要求,通过组织的形式对少年儿童进行少先队组织的性质、任务、宗旨、组织行为等内容的教育。① 少先队组织教育的内涵极其丰富,灵魂是少先队的文化建设,核心内容是要培养少先队员的组织意识、组织观念、组织情感及服务组织的能力,这种教育和训练的依据便是中国少先队队章。② 少先队组织天生具有团结少年儿童的职能,不论是历史上还是当今时代,在中国共产党和共青团的领导下,少先队组织在团结少年儿童方面都具有无与伦比的优越性,不仅可以通过基层建设、基层活动将少年儿童紧密团结、聚集起来,形成合力,而且能够团结他们完成党和国家交给的重要使命。不仅可以有效发展壮大组织,还可以通过组织起到很好的教育引导作用。

## 二、少先队的教育职能

最广泛的少先队组织建在学校,活动开展在学校,作用发挥在学校,就决定了少先队组织天然地具有对少年儿童的教育职能,这也是少先队学之所以成为教育学下二级学科的重要原因所在。

### 1.少先队教育的内容

少先队教育的内容并不是无所不包、大而化之的,而是具体的和有一定范围的,主要有理想信念教育和思想道德教育两个方向。理想信念教育在文化课程中多少都有涉及,但大多是理论层面的,而少先队承担着将理想信念教育落实的重任。何谓理想信念? 最根本的就是爱党、爱国、热爱社会主义事业。少先队肩负着为党和国家建设事业培养接班人的重任,是社会主义事业的预备队,通过少先队组织,能够培育少年儿童朴素的爱国主义情感,提高对党和国家各项事业的热诚和兴趣,能够引导少年儿童逐步树立共产主义理想,帮助少年儿童对社会主义核心价值观有初步的理解和认知。思想道德教育的目的是培养少年儿童高尚的道德情操、良好的行为习惯,要

---

① 傅忠道.少先队基础知识问答[M].北京:中国青年出版社,2003.
② 高洪.全国少先队辅导员培训教材——面对专家听讲座[M].北京:新华出版社,2004.

求以社会主义荣辱观、社会主义核心价值观、中华传统美德为基础,通过爱国主义教育、革命传统教育、中华传统美德教育、社会主义道德教育,教育和引导少先队员树立正确的世界观、人生观、价值观,养成高尚的思想品质、良好的道德情操和道德行为习惯,培育有理想、有道德、有文化、有纪律,德、智、体、美全面发展的中国特色社会主义事业合格的建设者和接班人。学校中开展理想信念和思想道德教育往往需要借助特定的活动和形式,不然难免流于说教,难点不在于理想信念和思想道德教育的灌输而在于如何践行,少先队组织通过开展一系列活动,将理想信念落实到一场场比赛、一次次爱国主义活动、一件件助人为乐的小事上,能够切实影响每一个人,将良好的道德品质和崇高的理想信念内化为每一个少年儿童的人生观、价值观中,外显于优秀的个人素质和道德品质,这是少先队独特的育人功能在少年儿童群体中的体现。

2. 少先队教育的特点

少先队教育首先是一种集体教育。社会主义国家历来重视集体的教育作用,苏联教育家马卡连柯甚至提出了集体主义教育的教育观,认为集体教育就是"在集体中,通过集体,为了集体"的教育。少先队作为一个组织,是我国少年儿童群体一个规模最大、覆盖面最广的群团组织,这一组织有完整的组织架构、组织章程,有思想、有理念、有目标、有方向,它的广泛存在对于开展少年儿童集体教育是一大助益,少先队组织利用队的章程、礼仪、标志等蕴含价值理念的元素对少年儿童进行教育,通过组织活动使少年儿童在少先队的组织内与组织外的互动中、自我体验和相互互动中掌握知识、确立价值,实现全面发展。具体而言,少先队组织教育通过几个形式实现:通过少先队入队、离队、迎新、选举少先队干部等组织事务来进行教育;利用队旗、红领巾、队礼、呼号、宣誓、队章标志等少先队的礼仪感染来进行教育;通过队前教育、日常的队课、队会及固定少先队活动进行系统的基本知识学习;依托少先队的教育阵地、宣传阵地来进行形象生动的组织教育。[①] 总的

---

① 谢金士,连榴英.优秀少先队辅导员的八项修炼[M].北京:中国轻工业出版社,2010.

来看,少先队教育是一种典型的集体主义教育。

其次,少先队教育是典型的实践教育。一直以来,人们责备中小学教育最多的就是学科教学的知识性、灌输性太强,而创造性、实践性偏弱,少先队教育恰恰就是一种通过实践来开展的教育。所谓实践教育,是通过组织活动,如比赛、表演、观摩、体验、游戏,乃至劳动等方式对受教育者开展一种浸入式的教育,组织和引导少年儿童在亲身实践中,把做人做事的基本道理内化为健康的心理品格,转化为良好的行为习惯的过程。少先队教育很少采取说教的形式,大部分少先队组织活动都由辅导员组织,每个少先队员亲身参与,每个人都有自己的角色和任务,在一定的角色和任务中,少年儿童锻炼了动手能力、独立思考的能力、创新创造能力、团队协作能力。少先队教育以掌握实际解决问题的能力为目标,以广阔的自然和社会生活为课堂,以实践体验为基本方式,对少年儿童的影响往往是更深刻、更深入的,在实践中,少年儿童的主体性作用得到了充分的发挥,它把道德内化所需要的知、情、意、行四个方面有机统一起来,把少年儿童与社会双向互动的关系高度融合,有利于其身心全面发展。可以说,少先队实践教育巧妙地利用了人与人的关系、人与社会的关系、人与自然的关系、人与自我的关系,在人、社会、自然这个广阔的背景上塑造真实、活泼的儿童世界,使儿童形成珍爱生命、健康生活、追求美好、乐观向上的观念,热爱祖国、集体的思想感情和对政党、国家、民族的正确认知,使教育的内容能够触动少年儿童的心灵,进入少年儿童的内心,最终外化为少年儿童的实际行动。相较于学科教学,这种方式更容易形成真实的感受、深刻的理解和正确的行为,将内化的心理品质转化为良好的行为习惯,使少年儿童在感受、体验中将获得的道德认知和道德情感转化为正确的行为。①

此外,少先队教育是一种自我教育。自我教育是指少年儿童在教师或成人的引导和帮助下,有目的、有意识地进行自我培养的活动,通过自我认识、自我要求、自我监督、自我勉励和自我完善,主动地内化社会道德规范和提升综合素质,最终实现全面发展。在少先队教育过程中,少年儿童都

---

① 《浙江省少先队工作手册(试行版)》,2016 年.

是平等的,队员可以通过自己的实践,自己管理自己、自己教育自己、自己完善自己,这对于孩子的健康成长,身心的正常发育有着不可替代的促进作用。少先队自我教育的主体是少年儿童自己,自我教育既指对队员个人的自我教育,又指队员之间的相互教育,还指少先队员以组织形式的主动学习和积极参与。

## 三、少先队的意识形态引导功能

少年儿童的成长离不开特定的社会环境和政治环境,正如同国家政治制度的延续和进步离不开少年儿童群体这一接班人一样。少年儿童的意识形态是一项至关重要的任务,少年儿童各种思想观念正在形成的过程中,如果不被一种观念占据,就会被另一种观念侵入,当前社会纷繁复杂,各种思想观念交织,有很多是消极的、错误的、腐朽的,还有很多是与国家政治意识站在对立面的,任由这些思想观念侵占儿童的大脑,其后果是不堪设想的。

少先队组织承担着在少年儿童群体中贯彻执行党的方针、政策、路线的重任,其在意识形态引导方面担当着旗手的角色。当前社会发展在儿童意识形态发展中存在着各方面不利的影响,一是市场经济时代所产生的金钱至上、唯利是图的思想,"一切向钱看"成了衡量成败与否的唯一准则;二是物质充裕时代的虚无主义和颓废思想,大部分少年儿童物质生活非常丰富,有求必应,这容易导致他们对一切都无所谓,把没有理想、没有追求当成一种生活态度,不思进取,崇尚虚无主义,思想颓废;三是多元价值观时代导致价值迷茫和无所适从,各种价值形态冲撞交织,尤其是娱乐圈各种价值取向对少年儿童影响颇深,物质主义,拜金主义等侵蚀着少年儿童的思想,使得他们从小就把名利看的比任何东西都重要,要成名、要发财、要出人头地,从而又走向了另一个功利主义的极端。凡此种种,在还是"一张白纸"的少年儿童身上都很容易感染,少先队作为一个代表主流价值观的组织,有责任有义务对少年儿童进行意识形态的正确引导,让他们从小树立健康、积极向上、乐观奉献的价值观念,包括从小对国家政治形态形成基本的认知和认可,并主动向其靠拢,形成基本的国家观、正确的历史观、健康的事业观,并有志于为社会主义事业、为中华崛起而努力奋斗;对中国共产党的领导、对社会主义政治制度树立基本的认识和信心。

发挥少先队引导少年儿童意识形态的功能,首先要充分利用社会教育的有利资源,通过引导孩子参与社会实践,加强社区少先队小队建设等形式,向孩子传播正能量和主流价值观,增强孩子的道德判断力和社会适应力,促成政治社会化的实现。在此基础上,要从少年儿童的身心发展特点出发,寻找他们思想意识、道德认知的形成规律,循序渐进地进行影响,同时还要善于运用现代媒体和传播工具,例如手机、微信等这些儿童喜闻乐见的方式进行核心价值观的传播,引导其正确的人生观、世界观、价值观形成。对少年儿童的意识形态的引导,还不能仅仅停留在说教上,还要创造机会让少年儿童切实参与形式各异的社会政治生活,如大队长、小队长的民主选举,为社会问题建言献策等,参与中央和地方各级少代会、学习党的方针政策、参与社区活动等形式,参与少年儿童政策、法规的制定、代表和组织少年儿童参与社会监督,保护少年儿童的合法权益,参与力所能及的生产和科技活动,参与社会文化生活,吸收先进社会文化,抵制不良社会文化影响。这些都是有效引导少年儿童形成正确意识形态的有效途径,虽然少年儿童由于受年龄和社会角色的限制,无法像成年人一样独立参与政治生活,但通过组织开展此类活动,使少年儿童在这种"代表式"的社会参与过程中,顺利完成政治社会化,组织他们参与到社会主义现代化建设的伟大实践中,让他们体会到发展的长期性和艰巨性,鼓励少年儿童成为合格的建设者和接班人,形成对社会政治、经济、文化等各方面的正确认识,为其政治观念的形成打下良好的基础。

## 第六节　少先队的组织机构

少先队的组织机构是在不断建设中完善起来的,参照国家各党政团体的组织机构建设,其最高权力机构为少先队代表大会,由少先队工作委员会(以下简称"少工委")全面领导少先队的各项工作,由红领巾理事会作为其自治机构,基层组织由大队、中队、小队组成,作为少先队的议事机构。此外,少先队还有专属的理论学术机构:少先队工作学会。这些机构构成了少先队的完整组织体系。

少先队代表大会(以下简称"少代会")是少先队组织的最高层次的会议,也是少先队的权力机构。从基层到国家层面,分别有学校少代会、乡(镇)、县(区)、地(市)、省(自治区、直辖市)直至全国少代会。少代会的主要任务是:讨论少先队的重大决策,选举产生少先队工作的领导机构——少先队工作委员会等。少代会要完成的任务有:审议少先队工作报告,确定少先队工作任务,选举少先队的领导机构和议事机构及完成其他必须要由大会完成的事项。基层学校少代会的主要任务是:审议大队部工作报告和少先队员对少先队工作及学校工作的提案,确定少先队工作任务,选举新一届少先队大队委员会等;它是少先队实施民主集中制领导和管理方法的具体表现。少代会的一般程序包括:①队员民主选举代表,代表要有广泛性和代表性,既要有队干部代表,又要有队员代表;既要有先进队员代表,又要有积极要求进步的队员代表;既要有正式代表,又要有特邀代表、列席代表等。②设立少代会民主信箱,引导队员对队的工作和活动提出意见、建议。要建立提案制度,对提案要件件落实,有问必复。③强化舆论宣传工作。队员可张贴标语、布置橱窗进行宣传;也可自拟请柬,邀请领导及兄弟学校师生参加少代会。④召开大会,完成各项议程。少代会的基本议程为:①上级领导致辞(含党、团领导);②队员献辞;③宣读祝贺信;④大队委员会向大会做工作报告,供代表审议;⑤讨论决定队的重大问题,提出倡议,发起某项重大活动等;⑥讨论提案并转交有关部门答复处理。另外,可以将少代会与选举大会结合进行,或将选举作为少代会的一项议程。全国和省、市级少代会每5年召开一次,县(市、区)少代会每3年召开一次。在特殊情况下,各级少代会均可提前或延期召开。①

---

① 《浙江省少先队工作手册(试行版)》,2016年.

少先队工作委员会是少先队的领导机构，它成立于1984年，由全国少先队代表大会产生，之后，全国各地先后成立了少先队工作委员会（以下简称"少工委"）。建立少工委这一领导机构是少先队工作蓬勃发展的必然结果，也是少年儿童组织工作的一大创新。《中国少年先锋队章程》第十七条规定[①]："我们队的领导机构：全国和地方各级少工委，是全国和地方少先队经常性工作的领导机构，由同级少先队代表大会选举产生。全国代表大会原则上每五年召开一次。""各级少工委一般设主任、副主任，负责领导少先队日常工作，还可设少工委办公室，负责处理日常事务。少工委办公室也可与同级团委少年部合署办公。"少工委不同于通常意义上的政府机构，它具有极大的开放性，致力于儿童发展事业的各部门、各战线的组织和个人都广泛参与其中，它的触角深入了教育部门、文化部门、妇女组织、体育部门等，其人员构成突破了原有的共青团干部的单一局面，广泛吸纳教育、司法、文化、宣传、科技、妇女等多种与少年儿童工作密切相关的部门负责同志。比如，全国少工委的委员中，除团中央、教育部、各省市自治区团委、教委的负责人外，还有全国人大、中宣部、文化和旅游部、科委、体委、妇联、中国人民解放军总政治部及多家少儿出版社、报社、杂志社的负责人。少工委的主要职责就是主持领导少先队的日常工作，如提出每个时期的工作任务，制定工作计划，指导开展各种形式的少先队活动，指导少先队辅导员配备、培训、表彰工作，指导队报、队刊和少年宫的工作，指导少先队的理论研究工作，组织与海外少年儿童组织进行交往等。少工委的成立，使全国少先队员有了自己的领导机构，形成了自上而下严密的领导体系和组织系统，标志着少先队作为相对独立的社会组织已日趋成熟，并赢得了社会的承认，有助于吸纳社会关心少年儿童教育方方面面的力量，有利于争取各部门的重视、支持，使少先队的社会化得到最广泛、最坚实的组织保证，大大提高了少先队领导机构的权威性，通过协调团、教、队各方面的关系，有力地形成了少先队工作的整体合力，增加了少先队工作的力度和流畅性。

红领巾理事会是各级少先队组织的自治机构，其最早始于80年代初的

---

①　引文出自《少先队工作原理》。

上海少先队组织,倡导"队员自己领导自己、自己管理自己、自己教育自己",是少先队与时俱进加强自身改革与建设的产物,是少先队基层组织具有领头羊作用的自治机构。理事会由同级少先队代表大会选举产生,由少先队队员自己作为主要成员,队员理事中以小学高年级和初中少先队员为主;成人理事包括同级团委少年部部长、总辅导员、少年宫的少先队活动部部长等。红领巾理事会还可以聘请党政负责人担任名誉主席,聘请团委、教委、少工委、妇联的负责人及老干部、少儿宣传部门负责人等担任顾问,形成对少先队的强有力的支持。红领巾理事会的职能和任务主要是代表少年儿童的利益,参与少先队的领导工作,协助少工委组织队的活动,代表少先队员出席和参加各种社会活动,此外,还发挥着对内民主监督的重要作用,对少工委的工作提出建议和质询。总结起来就是:出主意、通信息、搞活动、做宣传。①出主意。红领巾理事会民主讨论决定少先队内的大事,人人献计献策,创造性地提出建议和意见,比如,发倡议、提建议、写决议书等。②通信息。红领巾理事会经常通过小队报、小广播、小调查、小咨询、座谈会等,反映广大少先队员的意见、要求、兴趣、爱好及校内外少先队工作的情况;传达上级少先队组织的计划、要求及总结,推广的经验和方法。③搞活动。根据队员各方面需求,发起组织各类活动。比如,"队长大本营""一日营"活动等。④做宣传。红领巾理事会代表少先队员的利益,同社会各方联络,争取各方面的关心和支持,并通过电台、电视、报刊、网络等传媒向广大队员和全社会进行宣传。红领巾理事会的设立打破了以往少先队工作成人包办代替,队员仅做摆设的局面,真正体现了少先队队员的主体地位,有效发挥了少先队队员的自主精神。

一般在学校、社区建立的大队、中队、小队是少先队的基层组织。小队由5至13人组成,设立正副小队长。中队由两个以上的小队组成,成立中队委员会,中队委员会由3至7人组成。大队由两个以上的中队组成,可成立大队委员会,大队委员会由7至13人组成。小队长、中队委员会及大队委员会都由队员选举产生。半年或一年选举一次。大队或中队委员会可以根据工作需要,设立队长、副队长、旗手和学习、劳动、文娱、体育、绢织、宣传等委员。社区少先队组织应按队员居住地就近编队,一般以住宅区、自然村等为单位,建立社区大、中队及假日小队等。近年来,不少地方的少先队组织进行了少先队职能部门的改革与尝试,即在大队长的领导下,组建组织部、宣传部、学习部、文体部、劳动部等部门,大队委员分工担任各部部长,由各部长组织招聘各部副部长和若干干事,组成各职能部。这样做改变了以往大队委员单兵作战的状况,保证和加强了大队部的组织力量,增强了队组织活力,提高了少先队各级组织的工作水平。有些地方小队干部也实行起了由每个队员轮流担任,学习当家的责任制,设常任队长和轮流队长各一名,常任队长由比较有经验的队员担任,长期负责小队工作,辅导轮流队长开展工作;轮流队长经过自荐或队员推荐后,在小队会上民主选举产生。一届轮流队长产生,经中队举行任职仪式,授予队长标志后,就开始履行队长的职责:新队长要在小队中宣布自己的任期目标和具体措施,组织队员开展丰富多彩的小队活动,管理好小队日常事务,关心小队成员的学习与生活。一届轮流队长一般任期不超过一个月,任期满后,中队或小队应及时对小队长的在任工作进行评议,工作优秀的小队长经队员们批准可以连任,但一般不超过两届,以便更多队员能在小队长的岗位上得到锻炼。

少先队工作学会是少先队的专有理论学术团体,承担着学术研讨、学科建设的重要任务。学会成立于 1979 年 8 月,并逐渐发展成为目前拥有专家咨询委员会、少先队基础理论专业委员会、少先队活动专业委员会、少年儿童专业委员会、少先队辅导员专业委员会、少先队社区专业委员会和 31 个省级学会的国家一级学会。学会集合了少先队理论研究的骨干力量,吸收了少年儿童理论研究的专家学者,动员了广大少先队工作者,可以说是一个结构完整、系统有序、专兼结合、组织严密的科研机构。其核心工作是少先队组织的相关科研,包括学科理论建设和少先队活动实践研究等,负责为各级各类少先队组织出谋划策,为少先队领导机构建言献策,在负责一些少先队刊物、报纸和相关出版物管理的同时,协调一些重要的学术交流活动和公益服务活动。它的成立团结了一大批少先队工作者,是沟通少先队实践与理论的一座桥梁,对少先队作为一门学科的形成和确立具有至关重要的推动作用。

# 第七节　少先队员的权利与义务

## 一、少先队员的权利

根据《中国少年先锋队章程》(第五次全国代表大会通过)第十一条规定:"队员是少先队组织的主人,在队里都有选举权和被选举权,可以对队的工作和队的活动提出意见和要求。"这就是少先队员在组织中的权利。具体而言,选举权和被选举权是成员在组织里基本的民主权利。作为少先队组织的主人,队员有权利选择自己满意的队干部并有权自我推荐,争取被选为队干部;有权对选举人和被选举人发表自己的见解;有权使用或放弃选举中选举与被选举的权利。让少先队员正确理解、充分行使这些权利,不仅是对队员主人地位的尊重,更重要的是能帮助他们养成民主生活的习惯。让队员们真实地体验和享有民主权利,对于培养少年儿童民主与法制意识具有十分重要的启蒙意义。对队的工作和队的活动提出意见和要求是队员参与组织内部事务的权利。让队员学会正确行使提出意见、要求的权利,可以有效地调动队员关心队的工作和活动的积极性、主动性,使少先队集体更具有凝聚力、向心力,有效提升队员的主人意识,充分体现少先队是少年儿童的群众组织的性质。学校行政,大、中队辅导员,必须充分尊重少先队员提出意见和要求的权利,让队员在少先队组织的大课堂里体验民主,培养他们的民主意识和民主能力,让队员真正成为少先队组织的主人。

少先队是少年儿童自己的组织,每个队员都是少先队组织的一员,他们可以自由选举自己认为最好的队员做自己组织的领导人,可以对队的工作和活动提出任何批评及建议。当队员认真行使自己的权利时,就会意识到自己是少先队组织的主人,增强主人翁的精神,更好地发挥主动性、积极性,关心队的活动和工作,使集体生活更充实,队的工作做得更好。同时,在少先队员正确行使自己权利的过程中，他们还能养成民主生活的习惯。辅导员应该尊重少年儿童，了解他们的要求，支持他们的倡议和意见，引导他们正确地行使自己的权利，使他们真正成为自己组织的主人。

## 二、少先队员的义务

《中国少年先锋队章程》第十一条规定："每个队员都要遵守纪律，服从队的决议，积极参加队的活动，做好少先队交给的工作，热心为大家服务。"这是少先队员的义务。具体而言，队员要遵守队的纪律，服从少先队的决议是任何一个组织的成员必须承担的义务，这是保证组织统一宗旨的前提条件。成人组织中违纪会受到组织的处罚，而对于少先队员违反组织纪律则更多的是教育、引导。因此，遵守队的纪律，服从少先队的决议，既是队员应尽的义务，也是少先队组织教育的内容。少先队组织是未成年人的组织，因此使孩子们认识并履行这一义务，更凸显了教育、培养的意义。积极参加少先队的活动，是对队员的基本要求。与一般成人组织不同的是，少先队组织在要求队员履行积极参加队活动这一义务时，需要从未成年人心理特征出发，考虑活动的趣味性、吸引力，力求少先队活动的教育具有实效性。此外，每一名队员都有为少先队组织、集体服务的义务。担任队干部工作的队员，得到队员们的信任，接受队组织交给的工作，必须履行自己应尽的责任。以队礼所表示的含义为国标，将组织的、集体的、伙伴的利益放在前面，积极、主动、创造性地为大家做事情。暂时没在少先队干部岗位上的队员，虽然不承担工作职责，但是积极主动帮助组织、集体做事，就是热心为大家服务。

少先队员的义务也是少先队组织对队员提出的要求，是少先队的一种教育。少先队为队员规定了明确的奋斗目标，又对他们提出了具体的要求，使每个队员懂得要去实现这个目标，就必须从小做起，把伟大的目标和当前的行动联系起来，在自己的日常生活中把这些要求作为行动的准则，这样就会加强队员们的集体主义精神和责任感。辅导员应该把这些要求作为教育的内容。鼓励队员更好地取得进步。但是，要防止以此作为手段去管制队员，处处强制他们起模范带头作用，以致损害少年儿童的身心健康。

# 第三章　少先队组织发展的历史经验

　　少先队组织自形成以来就发挥着推动社会进步的积极作用,中国共产党历来高度重视少年儿童组织的建设和发展,其发展历程、发展经验、发展轨迹都体现在其不同历史时期开展的各种活动中,从全面建设社会主义到改革开放,从社会主义三大改造到"四化"建设,从"三要三不要""种植、除四害、讲普通话"到"雏鹰行动""手拉手""五有十率""三个创造",少先队组织通过形式多样的主题活动积累了丰富的经验。总结起来主要有两点,一是始终坚定不移跟着党走,二是不断进行组织建设和活动创新。新时期以来,以习近平同志为核心的党中央把握大局,构建社会主义核心价值观,提出中国梦的美好愿景。少先队组织以习近平新时代中国特色社会主义思想为指引,勠力创新,心怀梦想,脚踏实地地为开创新时代少先队组织新面貌而不懈奋斗。

## 第一节　不同历史时期的少先队组织活动

　　20 世纪上半叶,少年儿童组织在国际范围内不断涌现,如童子军、苏联少先队、中国少年儿童革命组织等,它们大都是在特定时代的特定需求下应运而生的,承担着重要的政治角色,自成立以来就开展着一系列对社会发展产生强有力辅助作用的活动。中国少年先锋队由中国共产党创立和领导,中国共产党历来高度重视少年儿童组织的建设和发展,在党的领导下,中国少先队带领广大少年儿童建功立业,在革命战争年代,早期的少年儿童革命组织紧跟党,为民族的解放和国家的独立做出了突出的贡献,新中国成立后,中国少年先锋队自成立至今已有60多年的发展历程,它与新中国的成长相联系,与中华民族的命运相契合,与时代发展脉搏共同跳跃,广泛开展丰富多彩的组织活动,成为一代又一代中国少年儿童成长发展的摇篮,为建设中国特色社会主义的现代化国家贡献了独特的力量。

少先队工作是一项有着完整历史脉络的系统工作,有着贯穿始终的主线,有着不同时期的阶段性任务和使命,它的发展历程、发展经验、发展轨迹都体现在其不同历史时期开展的各种活动中。一般地说,少先队60多年的历史可以分成两大阶段。第一个阶段是从新中国成立到改革开放,这20年时间里,少先队组织蓬勃发展,如雨后春笋,并逐步走向正规化,积极参与新中国建设事业,广泛动员少年儿童为社会主义事业不懈奋斗,成为广大少年儿童的向往,并切实影响着一代少年儿童的世界观、人生观、价值观;第二个阶段是改革开放到21世纪的40年,少先队从一度中断逐渐恢复正常,机构建设、组织建设、阵地建设都日臻完善,少先队活动、改革开放事业和国家社会经济发展紧密结合,在探索中谋求变革和发展,不断进行实践创新、制度创新、理论创新,逐步走向成熟。

第一阶段,特别是从1949年中华人民共和国建立到1966年"文化大革命"爆发前,少先队不仅为国家的发展建设培养造就了一大批高素质的人才,而且为少先队事业的发展积累了大量宝贵的经验。这一时期,少先队工作在指导思想上强调为社会主义建设事业培养合格的接班人;在活动上目标明确,政治性、教育性突出;在组织管理方式上整体性强,组织运行自上而下。社会功能发挥得较好。这一时期,少先队工作的主要指导思想有:明确少年儿童工作的方针和基本任务——要培养教育少年儿童坚持德、智、体、美全面发展,把他们培养成为社会主义优秀的建设者,特别强调要以共产主义精神教育少年儿童;强调要正确认识和看待少年儿童——要相信儿童,发挥他们的主动性和创造性,在少先队组织中要让儿童当家作主;纠正入队问题上的关门主义——明确少先队组织发展的指导方针,强调贯彻执行把全体少年儿童组织起来的发展方针,纠正在入队问题上的关门主义;推动少先队全面建设——几次少先队工作会议还就少先队的预备队任务、少先队教育活动内容、少先队教育环境的建设、辅导员队伍培训等少先队组织建设和发展的问题进行了研究探索,并以共青团文件的形式在全国少先队组织中部署落实,体现了党团组织对少先队的积极领导。这一时期,少先队工作的主要活动有:支援抗美援朝活动——学习志愿军英雄事迹、慰问军烈属;收集废铜烂铁、采集药材、节约零用钱,用劳动所得,捐献"红领巾"号飞机等;"三要三不要"活动——要爱护公物、要珍惜时间、要艰苦朴素,不要损人利己、不要浪费、不要贪小便宜和拿别人东西。少先队员通过主题队会、参观展览、听报告等各种形式,在对比中受到教育;"小五年计划"活动——少先队员们每个人都制订一定的计划,并在规定时间内完成,儿童们学会了制订计划、执行计划,从劳动中学习实际知识,增长了本领和才干;"种植、除四害、讲普通话"活动——队员们采集树种,培植树木,建立了许多少年苗圃、实验苗圃和实验园地,他们还努力做好个人卫生,养成良好的生活习惯,争当除四害小能手和卫生小标兵;少先队科技活动——少年科技活动蓬勃发展,上海在短短三个月内,就成立了 2.5 万个科技小组,70 万中小学生参加了活动;学习雷锋活动——少先队员了解雷锋叔叔生前事迹,踊跃参观雷锋叔叔生平事迹展,与雷锋班战士通信,学习雷锋叔叔的高尚品德等。

第二阶段,改革开放以后的中国少先队,与国家的变革和发展息息相关,充满了积极的探索和进步,在适应社会、更新教育思想、组织建设等方面取得了很大的成绩。这一时期,少先队在指导思想上不断更新变革,与时俱进;在活动上立足儿童全面发展,内容更丰富,范围更宽阔,形式更多样;在组织管理上,各级组织的积极性和创新性趋向自觉,儿童及基层组织的活力不断提高。少先队在不断创新中发展。不管是创造性活动的蓬勃、体验教育的实践,还是遍地开花的"雏鹰奖章",调动了城乡儿童积极性的"手拉手",或是基层组织的"五有十率",各级少先队工作委员会的健全、生机和发展的轨迹都随时随地可见。

这一时期,少先队工作的主要指导思想有:①"三个创造"的思想——树立创造的志向、培养创造的才干、开展创造性的活动。②基础的共产主义教育——要加强对少年儿童的共产主义教育,突出思想品德教育,但要强调基础性及人的全面发展,基础的共产主义教育要讲究时代性、实践性和自主性。③跨世纪人才的培养和"雏鹰行动"——以跨世纪为立足点,以少年儿童为教育主体,以实践为重要途径,以素质教育为目的,促进少先队员习惯道德、思想品质、行为能力、技能技巧等人的全面发展。④实践活动和体验教育——适应经济社会发展的需要,适应当代少年儿童发展特征,突出少先队教育尊重孩子的能动性、独特性的优势,强调孩子的体验和实践。⑤"全队抓基层、全队抓落实"——努力把党的关怀和期望落实到少先队的基层组织中,落实到少先队员身上,把少先队的教育思想和理念落实到少先队辅导员和工作者中,落实到面向少先队员开展的活动中。让少先队的品牌活动在每一个基层组织中开展,让每一个少先队员都受到少先队组织的深刻影响。

这一时期,少先队的主要活动有:①我们爱科学活动——1979年2月,江苏常州市的少先队组织向全国少年儿童发出开展"我们爱科学"活动的倡议,提倡开展"六个一"活动,人人读一本科技书,人人讲或听一个科学故事,人人做一项科学小实验,人人制作一个科技小作品,人人用科学解释一种自然现象,人人了解一门科学在未来发展的前景。②1979年10月,团中央等部门联合举办了全国青少年科技作品展览,获得了巨大的成功。③红领巾读书读报奖章活动——1982年,团中央在少先队员中倡导了"红领巾读书读报奖章活动",规定凡小学、初中生均参加读书活动,认真阅读一本或几本推荐读物,并在提高思想品德、丰富知识、养成读书习惯等方面有明显提高,写出较好的读后感的均可获得一枚读书奖章。④"创造杯"活动——1984年全国少代会闭幕后,全国少工委与《中国少年报》《辅导员》杂志联合于11月发出通知,以"三个创造"为主题,在全国开展"创造杯"竞赛活动。1985年结束活动时,全国有335 000千多个少先队大、中、小队向奖赏办公室推荐了活动,10 000个少先队集体获全国"创造杯"奖,从1986年开始,各地少先队组织纷纷开展具有鲜明主题的创造性活动,如北京的"小主人在行动"、山东的"四有小金星"、内蒙古的"小骏马在腾飞"、浙江的"我为七五描星星"等。⑤学赖宁活动——1989年5月,团中央、国家教委授予抢救国家财产不幸牺牲的赖宁以"英雄少年"称号,在全国少工委的部署下,学赖宁活动在全国少先队组织中展开,少先队员们学习赖宁胸怀大志、身负理想,热爱科学、勇于实践,积极进取、全面发展,热爱祖国、临危不惧,劳动实践活动——活动适应现代社会发展需要,以突出实践精神的现代教育思想为指针,针对独生子女的一些弱点,通过社会科学和生产劳动实践,帮助孩子学会学习,掌握技能。⑥"跨世纪中国少年雏鹰"活动——跨世纪中国少年雏鹰活动立足于当代少年儿童生存与发展两大主题,以现代教育的基本原则为指导,运用少先队特有的教育形式,全面提高少年儿童的素质,培养造就跨世纪的新人。⑦"手拉手"互助活动——围绕跨世纪人才的培养,以不同生存状态的少年儿童互助为基本形式的"手拉手"活动蓬勃开展,并首次作为儿童的教育活动被写进了党的文件,以"同在一片蓝天下,手拉手共同成长"为主题,城市少年儿童与进城务工就业农民子女手拉手,仅安徽省就有77%的县及县以下的学校开展了手拉手互助活动,12 000多所城乡学校之间建立了结对关系,超过15万名少先队员和辅导员参与了手拉手活动。⑧"民族精神代代传"活动、"中国少年儿童平安行动""雏鹰假日小队"活动等普遍开展,少先队活动空前活跃。

这一时期,少先队的组织有了新的发展:①建立全国少工委和少先队理事会——在1984年召开的全国少代会上,产生了全国少先队的领导机构——中国少年先锋队全国工作委员会,简称全国少工委。随后,省、地、县几级的少工委相继成立,全国性的少先队工作领导体制逐步完善。少工委的建立,充实了少先队的领导力量,对新时期少先队工作的全面繁荣起到了决定性的作用。②基层组织建设的"达标创优"和"五有十率"——1987年,全国少工委办公室发出《关于加强少先队"五有"建设的意见》,对基层少先队建设提出了"五有十率"的要求,即有组织:主要抓建队率和入队率;有辅导员:主要抓配备率和培训率;有活动:主要抓覆盖率和活跃率;有阵地:主要抓普及率和利用率;有制度:主要抓健全率和执行率,各地组织开展了"达标创优"活动,少先队员领导机构开始用量化指标考核基层工作。③成立中国少先队工作学会——1979年8月,中国少先队工作学会成立,这是一个在团中央领导下的少先队工作者的学术性群众团体,基本任务是进行少先队理论的研究和推广。④"关心下一代协会"成立——1984 年 3 月,在河南安阳成立了全国第一个以离退休老同志为主体,吸收热心青少年教育人士参加的"关心下一代协会",到 1988 年,全国 21 个省市地县成立了同类组织,1990 年 5 月,全国成立了中国关心下一代工作委员会。⑤少年军校的建立——1988 年 1 月,河南商丘驻军与团队组织联合创办了"少年军校",由部队提供条件,对少年儿童集中进行爱国主义、革命传统和国防教育。很快,全国各地纷纷建立了少年军校、少年警校、少年炮校等。1996 年 10 月 13 日,全国少工委和中国人民解放军总政治部联合举行了全国少年军校的表演和比赛,受到了全社会的广泛关注。⑥社区小队和义务辅导员——为适应城市社区建设和发展的需要,各级少先队组织积极探索社会化教育的方法和途径,社区小队应运而生,除了学校里的少先队组织外,孩子们在自己生活的社区里参加各种活动,结成灵活机动的社区小队,聘请社区居民,包括家长为义务辅导员,开展灵活多样的社区少先队活动。

# 第二节　少先队工作的历史经验

## 一、始终坚定不移跟着党走

少先队 60 多年的发展历程,在中国儿童教育与发展上写下了浓重的一笔,也积累了丰富的经验。60 多年的发展首先告诉人们:少先队组织必须坚定不移地跟着党走,并紧紧追随党的步伐开展各项工作,这是少先队发展的根本保证,这里必须明确并坚持的有几点:少先队是中国共产党领导下的儿童组织,必须坚持正确的宗旨和党的思想路线,必须坚持共产主义的思想方向,这是少先队生存发展的基础和关键,也是少先队最本质的属性,任何时候不可忽视。首先,作为执政党——中国共产党的儿童组织,少先队工作必须始终坚持党的指导思想,把培养灌输少年儿童对党和社会主义的朴素感情作为根本任务,贯彻落实党的各项方针政策,按照党的要求引导教育少年儿童,时刻坚守组织服务大局的发展方向。其次,作为处于社会激烈变迁、党的指导思想和执政能力不断发展下的儿童组织,少先队工作必须始终坚持与时俱进、科学发展的世界观和方法论,不断研究新问题,不断发现新规律,不断找准少先队工作的定位,坚定不移。最后,作为少年儿童的社会组织,特别是领导机关主要由成人组成的儿童组织,少先队工作必须始终坚持以儿童为本的马克思主义的科学儿童观,坚持为少年儿童的成长发展服务,通过少先队工作,保障少年儿童的生命权、发展权、被保护权、参与权,始终坚守组织。

## 二、不断进行组织建设和活动创新

组织建设任何时候都不能放松,少先队任何时期都非常重视和加强组织建设,推进组织的社会化进程。从新中国成立初期至今,国家经历了起起伏伏的多次变迁,在曲折中不断前进,其间也面临着很多紧要关头和危险时期,少先队组织之所以能够与党和国家一起成功越过这些特殊时期,体现顽强的生命力,其根本就在于它始终有着坚强的组织领导,在任何时期都非常重视组织建设。改革开放以后,随着经济社会的快速发展,人们一度认为意识形态的引导已经过时,除了发展经济其他一切都不重要,风向标的转向也没有动摇少先队组织,通过适时改革创新,继续加强组织建设、队伍建设,形成了在纵向上自上而下、全面覆盖,横向上各相关部门广泛参与的协作式组织体系,并创建了一支有着200多万人的辅导员队伍,少先队组织的作用不但没有减弱,反而进一步加强,少先队组织作为儿童社会组织的功能发挥更加突出,少先队工作的重点由过去以孩子为主转向既面向儿童,也面向社会,少先队组织代表儿童、保护儿童的社会性职能也越来越重要。可以说,在组织发展建设上的不断创新,是少先队组织的历史经验,也是时代的需要。

在组织建设的基础上,少先队发展也认识到:活动是少先队的生命力。活动的创新是少先队工作者长期致力解决的问题,也是少先队蓬勃生命力的源头。少先队组织必须要开展丰富多彩的,为孩子喜闻乐见的活动,在活动中教育人、引导人,在活动中夯实基层组织、完善自身建设,在活动中实现其各项社会功能。可以说,少先队的历史从某种意义上说,就是一部儿童活动的历史。唯有活动,才能适应孩子们的发展特征,适应儿童的认知特点,为广大少年儿童所接受和欢迎,这是少先队组织能够在一代又一代少年儿童中生存并产生深刻影响的根本立足之处。

## 第三节　少先队组织的发展规律

在广泛实践和深入探索的基础上,少先队总结了自身的发展规律,最根本的就是要把握方向、服务大局、与时俱进,在不同时代背景下发挥应有的育人功能和社会组织功能。

坚持科学的指导思想是少先队工作的一个前提。少先队的指导思想来源于党的建设和国家发展整体部署,能够与时俱进,紧跟党的方针路线政策,不断更新少先队工作的思想方针,是组织发展的基础,是少先队工作不断推进的关键。历史上,少先队组织也是通过一次次纠正关门主义的倾向,把全体少年儿童组织起来,坚定不移团结在党的周围,从而确保了少先队组织的先进性和优越性。当前,少先队提出的指导思想符合党创立少先队组织的目的,符合少年儿童的年龄特点,符合社会经济政治发展的趋势,具有理性、科学、指导性强的特点,应该坚定不移地坚持和发展。

坚持育人为本是少先队组织的核心价值。找准少先队组织在社会进步发展中的准确位置,最大限度地发挥少先队在育人上的独有的作用,服务少年儿童健康成长,服务社会的物质文明、精神文明、政治文明建设,帮助实现全面小康。少先队组织以培养社会主义建设的预备队为目标,在育人方面必须坚持社会主义的教育理念,坚持德育为先,遵循少年儿童的身心发展规律,培养全面发展的社会主义建设者和接班人。少先队教育必须坚持正面教育、自我教育等基础性原则,是少先队教育的灵魂,也是老一代少先队工作者长期实践经验的结晶,是少先队工作找准方向、适应社会的积极对应方式。

活动是少先队的生命力所在。能够体现时代特征的各种活动是少先队工作发展的集中表现,集中代表了一个时期少先队工作的总体水平,体现了少先队组织社会功能的实现,是少先队的生命力。开展少先队活动,要把握少先队组织的规律和时代的脉搏,活动内容、形式、指导方针、辅导模式的创新发展要紧跟时代的需要和社会经济发展的大方向,其中包括对党和国家的大政方针、战略部署的把握,对世界范围内教育改革总体趋势的认识,对少年儿童身心发展规律的研究,是一切组织工作最终的聚焦点。开展少先队活动是一门艺术,核心就是如何用主旋律去有效引导少年儿童广泛参与、深刻受益,达到潜移默化的效果。历史以来的少先队活动形式多样,包括参与形式、活动主题、活动内容,但贯穿其中且必须坚持的是对少年儿童身心发展规律、社会发展规律和少先队社会功能的把握。这些活动记载了几代人成长的轨迹,承载了少先队的历史,体现了少先队组织的生命力。

组织建设和领导方式的不断创新是少先队一切工作的基础,它代表着少先队组织的实际存在,是半个多世纪以来少先队组织不断发展进步的关键。制度建设方面,少先队有明确的组织章程,有发展的总体目标和阶段性规划;组织建设上形成了横向、纵向多线交织的领导体系,社会广泛参与,基层组织牢靠扎实,其组织工作不是无序的、混乱的,而是在少先队组织的统一领导、统一规划下有序地进行的。通过组织建设,达到这种有序状态,正是少先队工作者长期追求的目标。


## 第四节　习近平新时代中国特色少先队组织发展经验


随着党的十九大的召开,中国特色社会主义进入新时代,整体规划上更加注重"五大理念",经济上从追求快速增长转入注重质量的平稳发展,国际国内形势面临巨大的变化，以习近平同志为核心的党中央把握大局，构建社会主义核心价值观，提出中国梦的美好愿景，所有这一切都为新时代少先队组织提出了新要求。在过去近十年的发展中，国家高度重视和关怀少先队的组织和发展，并取得了突破性的进展。

党的十八大以来，以习近平同志为核心的党中央高度重视中国少年先锋队建设，亲切关怀少年儿童健康成长，为新形势下我国少年儿童事业发展指明了方向。深情的嘱托、实在的举措，如阳光点亮孩子们的梦想，如雨露滋润孩子们的心灵。在星星火炬的照耀下，在党的阳光沐浴下，各族少年儿童在祖国大家庭中茁壮成长。习近平总书记指出："为了中华民族的今天和明天，我们要教育引导广大少年儿童树立远大志向、培育美好心灵，让少年儿童成长得更好。"①党的十八大以来，习近平总书记连续两年参加少先队主题队日活动，同少先队员共度"六一"儿童节。少年宫、儿童福利院、灾区安置点、学校校园……留下了总书记同孩子们亲切交谈的感人场景。2013年"六一"国际儿童节前夕，习近平总书记来到北京市少年宫，同来京参加交流体验活动的全国56个民族、革命老区、灾区、患有先天性心脏病的少年儿童和农民工子女及首都城乡少年儿童等，一起参加"快乐童年放飞希望"主题队日活动，向全国广大少年儿童祝贺节日。在植物园农作物区，总书记观看孩子们劳动，并蹲下身子同移栽人参果苗的两个孩子交谈。他对孩子们说，你们从小就要树立劳动光荣的观念，自己的事自己做，他人的事帮着做，公益的事争着做，通过劳动播种希望、收获果实，也通过劳动磨炼意志、锻炼自己。2014年1月，总书记来到呼和浩特市儿童福利院，看望在这里入住的儿童。在模拟家庭，他向代养妈妈握手问好，充分肯定这种抚养方式；在宿舍，他鼓励聋哑女孩王雅妮和放假"回家"的大学生闫志净好好学习，学业有成，并伸出大拇指向她们学习哑语"谢谢"；在排练室，孩子们边做手势，边唱起《感恩的心》，大家眼眶湿润了。2014年5月30日，北京市海淀区民族小学的少先队员们和习近平总书记一起，度过了一个难忘的少先队主题队日活动，听取了高年级少先队员讲述少先队组织的生活和活动，总书记在讲话中

①　http://news.xinhuanet.com/zgjx/2015－06/01/c_134286970.htm.

说："参加少先队员入队仪式很受感动,让我想起了自己当年入队时的情景,感到入队是一件很光荣、很庄严的事情。今天,看到同学们矫健的步伐,听到同学们庄重的宣誓,脑子里不断闪现着一个词,那就是'希望'。少年儿童是我们伟大祖国的希望、我们伟大民族的希望。同学们要好好学习、天天向上,让今天播下的种子在将来有一个丰硕的收获。少先队是我们党在新中国成立之初创立的少年儿童的群众组织,今天的红领巾就是明日的生力军。"

党中央十分关心少先队员,希望他们在少先队组织中茁壮成长,党的十八大以来,以习近平同志为核心的党中央对少先队工作提出明确要求,强调少先队要坚持开展组织教育、自主教育、实践活动,更好为少年儿童培育和践行社会主义核心价值观服务,把广大少年儿童团结好、教育好、带领好。2015 年,党中央印发《关于加强和改进党的群团工作的意见》,对少先队组织工作提出要求。在党中央的关怀和期望中,少先队事业实现了蓬勃发展,少先队活动上了一个新台阶,其中包括"红领巾相约中国梦"活动、"核心价值观记心中"活动、"优秀传统文化在我身边"活动、"各族少年手拉手"活动等。"红领巾相约中国梦"活动,旨在组织少先队员们寻找、讲述红色故事、改革故事、劳动故事、奋斗故事、榜样故事、身边的故事、集体的故事、自己的故事等,引导少年儿童把"我的梦"和中国梦紧密结合起来;"核心价值观记心中"活动,带动少先队员们通过"选树最美少年""争当美德小达人""说优点、讲不足,手拉手、同进步"等,牢记并践行社会主义核心价值观;"优秀传统文化在我身边"活动,动员少先队员们在成人的帮助下,参加一项传统民族活动,参观当地一个历史名胜,学讲一个传统故事,为长辈做一件事情,做一次文明宣传员,从中体验中华传统美德,感悟中华优秀传统文化中蕴含的价值观;"各族少年手拉手"活动,旨在帮助内地少年儿童与新疆等少数民族地区少年儿童开展书信手拉手、手拉手夏令营等,让爱我中华的种子在孩子们心中生根发芽;"雏鹰争章""少年科学院""少年军校""红领巾小社团""中国少年儿童平安行动"等活动形式多种多样、内容丰富多彩,让孩子们的校内外生活精彩纷呈,把有意义的事情做得更加有意思。

少年强则国强,少年进步则国进步。习近平总书记对少年儿童寄予了殷切期望,更为他们的成长指明了方向——心怀梦想,脚踏实地为梦想奋斗。今天的中国少年儿童,生长在祖国日益繁荣富强的改革年代,成长在中华民族日益接近实现复兴的伟大时代。在以习近平同志为核心的党中央深情关爱下,少年儿童从小立志向、有梦想,从小自觉培育和践行社会主义核心价值观,为日后成才打牢知识根基、立起品德支柱,为实现中华民族伟大复兴的中国梦不懈奋斗。

# 第四章　少先队队务阵地建设

少先队的阵地指以一定的物质条件为依托,由少先队员自己创设或参与建设和管理并经常活动和工作的场所,它是少先队组织对少年儿童进行思想教育引导和实践体验的重要途径和基本形式。从内容上分,少先队阵地可以分为组织教育阵地、宣传教育阵地、综合实践体验阵地、兴趣体验阵地、劳动实践阵地、技能培训阵地等。其中比较重要的是前三个阵地,组织教育阵地由队室、鼓号队、光荣簿、队日记等组成,宣传教育阵地由队报队刊、广播站、图书室、电视台等组成,综合实践阵地由红领巾维权岗、导游团、文明岗、体验岗组成,兴趣体验阵地主要有天文台、气象站、俱乐部、文学社、艺术团、假日乐园、小记者站等文体活动场所。从时空上分,也可将少先队阵地分为室内、室外、校内、校外,此外,还有显性阵地、隐形阵地、固定阵地、流动阵地等划分,本书从第一种分类展开论述。

# 第一节　组织教育阵地

## 一、少先队队室

### 1.队室的布置

队室是少先队大队部的所在地,是少先队组织教育的阵地,也是大队委员会的办公地点,每个少先队大队都应该有队室。在《少先队辅导员工作纲要》中要求:"建立并使用好少先队队室,规范化队室的面积不小于 10 平方米,有会议桌、椅子、鼓号橱、资料柜、旗杆、旗架等基本设施,鼓、号、旗等礼仪用品,队徽、呼号、队歌、作风、誓词、队史挂图等队的标记,毛泽东、邓小平、江泽民为少年儿童和少先队的重要题词,少先队工作资料、活动成果等档案陈列。要善于利用少先队队室这个阵地,向队员进行组织教育。"队室是用来开展队员组织教育的固定场所,有了队室,少先队的工作才有阵地和立足点。因此,凡是有条件的地方,都应该建立起队室,布置要求庄严而不失趣味,能突出组织教育的特点,还能体现本校少先队建设的特色,展示一些特有的风貌。

在队室布置中,有一些规定动作必须完成,如门口安装"少先队队室"标识牌,墙上张贴队徽、誓词、队歌、队工作日程表,固定的地方放置队鼓、队号、队旗等。侧面墙上应尽量张贴富有教育意义的图画,如领导人和孩子们在一起的照片、组织活动照片,历史名人、科学家,也可以悬挂少先队发展历史图解,帮助队员了解少先队的光辉传统。队室要张贴辅导员和队干部职责、大队计划和各项制度等,摆放《辅导员名册》《队干部名册》《大、中队活动方案》《会议记录本》《大队日志》等。醒目的地方摆放资料柜、荣誉柜,里面保存各种资料及陈列各种奖状、奖杯、奖章、证书、锦旗和荣誉等。队室还要有旗架和报架,有条件的学校,队室内可以放置电视机、录像机等电器。队室当中应当放会议桌,配上椅子,供辅导员和队干部开会讨论工作使用,有条件的还可以在会议室上放台布,桌上可以摆放鲜花和工艺品,使队室充满生机。

当今的队室,应采取现代化的展陈手段,尤其是尽量选用新媒体技术使队室具有互动效果、体验功能。但队室布置应该注意几个忌讳:富丽堂皇的贵族化、古板老套的成人化、东拼西凑的随意化、千篇一律的模式化、陈旧过时的单调化,还要避免只摆不用的摆设化。

2.队室的功能

队室的是少先队室内活动的主要场所,是队员的学习室,少先队光荣传统的宣传室、资料室,干部的培训室、会议室。包括队委员会办公、队干部会议都在队室举行,政策宣讲、组织教育等活动开展也可以放在队室举行,队室还发挥着展览馆的功能,用以展示少先队工作成果与荣誉。要充分利用队室,发挥队室的各项育人功能。

组织参观。组织各中队的队员参观队室,由大队委员担任讲解,讲清各专题的意义和目的。新队员入队前,都应该组织他们来队室听一次讲解,让他们把队室的意义、队的作用、领袖的教导等牢记在心,向队员们介绍各部分的内容,是少先队的组织教育。一年级小朋友的队前教育在队室进行,是个很好的方法。

开展活动。由大队部组织的新游戏发布、小型联谊等活动,都可以在队室里举行。有些中队、小队活动课也适合在队室里进行。队室内备有的各种少先队工作资料、少年儿童报刊,供给中、小队开展阅读活动,也可为中小队活动提供参考。

提供资料。队室里存放的比较齐全的工作与活动资料,都是可供队干部与辅导员组织队会时参考的好材料。

举办讲座。在队室里可以经常举办各种各样的业务讲座,指导小干部们学会独立的工作。利用队室的条件,组织各种类型的队干部工作培训、经验交流、专题论坛、小型沙龙等,可组织优秀的中、小队干部讲他们的工作经验,以便带动更多的中、小队开展好活动。

为充分发挥队室的教育功能,队室应设在队员便于参观学习的地方,一般放在学校教学楼的底层。队室应坚持天天开放,随时让队员参观学习,便于队干部使用。队室要建立良好的管理制度,在不影响上课的情况下,大队委员都要轮流值班,除按时填写大队日记外,还要管理好各种资料,打扫队室的卫生等。

## 二、少先队鼓号队

### 1. 鼓号队的组织与组成

鼓号队由大军鼓、小军鼓、大擦、小擦、号五种乐器组成,军鼓构成了整个乐队的骨架,大小擦为乐队演奏增加辉煌的金属音,号则承担全部旋律声部的演奏任务。这些乐器的数量可根据实际需要和规模自由搭配,一般大型鼓乐队需要大鼓 6~8 个,小鼓约 50 个,大小擦各 6~8 个,号 30 余个,小型鼓乐队一般配 1~2 个大鼓,6~8 个小鼓,1~2 个大小擦,4~8 个号。

乐器需要人来演奏。在鼓乐队队员的选择上,往往需要选择有一定音乐感、身体条件较好、身高中等的学生,其中大鼓大擦以身强体壮的男生为宜,小鼓以女生为宜,吹号需要较大的肺活量且具有较高的技术要求,以男生为宜,在确定队员前通常要进行试吹,以能吹响为最低标准,能自主操控气息高低、吹出旋律者最佳。除外,鼓号队最重要的是需要一位有较好节奏、有一定组织能力和应变能力的指挥,指挥是鼓号队的核心人物,对音乐素质、身体素质、节奏感、操控性等多方面都有较高的要求,应该注意挑选和特别培养。

### 2. 鼓号队的教育意义

鼓号队历来都是少先队的重要形象代表,也是对少先队员进行教育的一种特殊方式。在整齐划一的鼓号声中,少先队组织完成了独特的礼仪教育,党全体队员肃然敬礼,向迎风招展的星星火炬队旗行注目礼时,就是在完成着一场非常庄严的爱国主义教育,"为共产主义奋斗"的呼号会自然而然鼓动每一个少先队员的内心,让他们热血沸腾、鼓足干劲。鼓号队犹如出征的战鼓,激励着少先队员为共产主义事业奋斗,争做国家建设事业的接班人。可以说,这种形式非常符合少年儿童的身心发展特点,是少年儿童接受集体主义教育和美的教育最特别的形式。

首先,鼓号队是集体主义教育的重要形式。在组织和训练鼓号队队员的时候,往往需要队员之间相互配合、相互协作,如有一个人跟不上节奏或滥竽充数,都会影响整体鼓乐的效果。经过反复强调、反复练习,可以训练出少先队员合作的团队精神,增加其对组织生活、团体生活的热情,也可以培养他们的集体荣誉感和自豪感。

其次,鼓号队的教育也是一种独特的美育。美育在中小学教育中缺失的现象比较严重,而在少先队集会中,戴着鲜艳红领巾的少先队员,在星星火炬下庄严敬礼,党鼓乐声想起时,内心就会油然而生一种美感,这是一种庄严的美、壮阔的美,能够陶冶人的情操,开阔人的胸怀,令人奋发向上,甚至还可以培养学生对音乐艺术的热爱。

## 三、光荣簿

建立光荣榜或光荣簿是少先队一直以来的优良传统,它是少先队表彰奖励、评比竞赛的主要形式,可以设在学校或队室比较显眼的地方,或者建立一个可以长期使用的固定橱窗,在有条件的地方派专人维护、及时更新。光荣簿(榜)主要用来记录大队内中队、小队等不同集体的荣誉,包括少先队员个人的先进事迹和评奖评优成绩,对其他队员具有激励鼓舞作用,对整个队的发展具有推动作用,光荣簿应该根据各自大队少先队员的特点做一些装饰,记录好人好事、重要事迹、荣誉成绩都需慎重,无论个人还是集体,都应该由中队提名,撰写事迹材料,由大队委员会批准后方能记入。

此外,少先队的组织教育阵地还有队日记、红领巾监督岗、红领巾信箱、红领巾角、队长学校、少年团校等多种形式,这些都是为了营造出一个教育性十足的少年儿童组织阵地,让一草一木、一事一物都充分发挥育人的作用。当然,阵地建设并不要求面面俱到,这些形式可根据实际情况和实际需要自行选择,只要能抓住一点,做大做优,做到独具特色,切实发挥作用,就能成为好的阵地建设示范。

## 四、队务公开窗

实现少先队队务公开,建立少先队员民主参与、民主监督的良好机制,是少先队民主建设的重要途径。建立队务公开窗,有助于让广大少先队员"知队情、议队务、监队事",在队务公开工作中,培养队员的主人意识和民主精神,同时有助于探索建立队务公开保障机制、强化监督环节,增加少先队工作的透明度,保证少先队工作目标的实现,促进少先队作风建设和组织建设。

队务公开窗要定期公布少先队的活动部署、少先队的组织设置及其人员变动、少先队活动经费及其开支、少先队表彰评选有关事宜的公示等,引导广大少先队员参与少先队管理,培养队干部的责任意识和工作能力。队务公开窗应由大队委员会负责管理。

## 五、校园红领巾监督岗

"校园红领巾监督岗"是由学校少先队员发起的,以协助学校维护校园周边的治安环境,维持学校纪律,维护校园环境卫生,协助值日老师搞好安全值班工作的少先队自治组织。

办好校园红领巾监督岗,一是要建立一支热心服务、责任感强的"监督员"队伍,民主推选负责人;二是科学设置监督岗位,做到重要部位有岗位,个个岗位有专人;三是建立监督服务制度,定时定点,做好记载,定期公布监督服务情况,做到监督服务常规化、经常化;四是要加强对监督岗服务队员的思想教育,重在监督服务过程中的体验,引导他们强化服务意识,不断改进工作作风,热心服务同学,促进和谐校园与和谐社会的建设。

# 第二节　宣传教育阵地

## 一、少先队队报

### 1. 队报内容

队报是少先队重要的宣传阵地,也是队员们开拓知识视野、锻炼编辑能力的活动阵地,有手抄报、墙报、黑板报等形式,内容选择上比较宽泛,可以是与少先队工作相关的规章制度、政策文件、领导讲话等,可以是少先队活动的新闻、案例,可以是少先队员的文章等作品,要求图文并茂,色彩亮丽,符合少年儿童群体的特点。队报还可以设置专栏,专栏要有一个醒目的标题,不同专栏间用花纹修饰分开,专栏的设计要大小结合,横竖相间,不要豆腐块似的简单排列,要富于变化,受队员欢迎的专栏可以长期保留,进行连载或定期更换内容。为了让队报搞得更有生气,还可以开展一些竞赛、评比活动。如大队的黑板报可以让各中队轮流出,看哪个中队出得质量高。通过竞赛,让更多的队员关心队报,在办报和读报的过程中接受教育。队报无论何种形式,有几项内容是不可缺少的,一是队报名称,要求能反映少先队的特色和少年儿童的特征,富有童趣而积极向上,如"红领巾报""小主人报""星星火炬报""火花报"等;二是要有编辑单位名称,即大队委员会署名;三是要标明期数;四是要写清编辑时间(年、月、日),具体作者的姓名可放在稿件后面。

总的来说,队报的内容要丰富多彩,突出队味和童趣,图文并茂,这样才能吸引队员,发挥作用。在此基础上,还要注重思想性、组织性、知识性,反映队的生活和推动队员们的成长进步。

### 2. 队报的管理

队报的管理一般采取队委会自主管理的方式,由中队宣传委员负责招聘人员，组建"板报编辑部"，负责黑板报的编辑、设计、书写、绘画等工作。只要是队员们自己出的板报，字歪了一些，画得不够好，都不是问题。队报编辑人员要经常听取队员们的意见、建议，发动小队投递稿件、提出问题，可以建立关心、支持中队黑板报的激励制度，每学期对于办报情况进行小结。

办好队报，人才队伍是关键。要建好两支队伍：小编辑队伍和小通讯员队伍。一般来说，队报主编由宣传委员兼任，小编辑队伍和小通讯员队伍的负责人担任副主编，吸收各中队宣传委员或队报负责人组成编委会，负责队报工作。小通讯员队伍主要负责采访、搜集信息、提供稿件；小编辑队伍主要负责对各种稿件进行整理，根据需要进行筛选和修改，编辑文章，设计版面。小编辑队伍和小通讯员的队伍就像人的两条腿，只有他们相互配合、协调行动，队报才能办得生动活泼，让队员们喜欢。小编辑和小通讯员要定期开会研究工作，进行培训。可以设计标志，在小编辑和小通讯员工作或采访时佩戴。无论何种稿件，都必须真实，不允许弄虚作假和夸大其词。

队报管理的重点要通过板报彰显队的特色，只要是能反映队组织生活的好内容、好题材都可以采用，但对内容的原创性、创造性要求较高，应尽量减少从其他报刊抄袭、搬用的现象，强调办出个性和特色。

## 二、红领巾广播站

红领巾广播站是大队部主办的校内宣传阵地，通过有线广播的形式进行宣传开展工作。红领巾广播站要起一个响亮的名字，如"小螺号""小星星"等。广播站的工作由大队宣传委员负责，一般设编辑、播音两个小组。编辑部负责编写广播稿，播音组负责播音。广播站每次播音的内容要早做安排，做好提前试播，以便播出时不出差错和掌握好播音时间。编辑的工作要和队报工作统筹起来，由队友的通讯员统一提供稿源。

广播站的播出时间要固定，每次播出一般在10～20分钟之间。播音的内容要紧紧围绕队的工作，反映队的生活。广播的特点是通过声音来传递信息、塑造人物、表达情感，要求快捷、准确、生动、活泼。播音员在播音过程中要甜美清脆，发音标准，感情充沛，通顺流畅，使用普通话。播音的形式可以多种多样，如录音采访、配乐朗诵、音乐戏剧欣赏、小说故事连播等。

## 三、红领巾电视台

红领巾电视台是大队主办的校内宣传阵地，它以闭路电视的方式进行宣传。电视台要有一个符合少先队特点的名字，如"七色光电视台"。电视台的工作由大队宣传委员负责，设编辑、主持、技术三个小组。编辑部负责确定选题、编写稿件；主持组负责采访和主持；技术组负责录制和播出。电视播出是一项复杂工作，需要多人多角度配合，分工要明确，技能要熟练，可请有关专业老师指导。录制节目要早做安排，从节目素材到摄制方案，从主持词到画面剪辑，都要精心设计和安排。编辑的工作可以和队报、广播站编辑的工作统筹起来，区别不同特点分类指导，统一提供稿源。

每次播出要有固定的片头片尾，通常开始时要有以下内容：①播出电视名称。②问候语。如："亲爱的同学们，你们好！"③预告日期和节目。如："今天是×年×月×日，农历×月×日。星期×。今天播出的主要内容有……"结束时有以下内容：①宣布结束。如："今天的节目全部播出完了。"②预告节目。如："明天将播出……欢迎到时收看。"③告别语。如："下次节目再见！"电视台的播出时间要固定，除转播节目外，自办节目一般每次5～10分钟。播出的内容要贴近队的工作，反映队的生活。内容要求形象、快捷、生动。主持人要形象端庄、举止大方、服饰整洁、反应灵敏、感情充沛。节目的形式可以多种多样，如现场采访、现场直播、实况录像等，一般以栏目形式出现，每个栏目可以确定一个主题和一位主持人。电视台的节目可以在辅导员和有关老师的指导下，进行大胆探索，逐步提高制播水平。

## 四、少先队网站、微信公众平台

网站、微信公众平台是信息技术环境下新型的少先队宣传阵地，是传统队报的现代化和线上化的结合，运用电脑通过电子网络构筑的信息发布平台，是新时代少先队的重要工作宣传阵地。少先队建立网站或微信公众平台,主要有几大用途。

(1)队委会可以与队员之间通过电子邮件传递信息。队员们通过网络信息往来,可以对队的工作发表看法,提出意见和建议,提供稿件,参与活动。

(2)建立少先队大队的数据库。大队所有的资料和信息(包括少先队的基础知识、史料、活动记载、队员情况、组织状况等)都可以加入数据库,供队员们查阅使用。

(3)实现少先队信息的大搜集。队员们还可以利用网络服务公司提供的网络信息服务,在极短的时间内从浩如烟海的网络信息中查询到自己所需要的内容,丰富少先队活动,开阔自己的视野。

(4)除了查阅信息,队员们还可以在电脑上编辑队报。队报的图文编辑可分为三个步骤:首先对图形图像进行编辑;其次对文字进行编辑且将图形图像与文字合成编辑;最后通过编辑软件,将要发布的图片文字进行简单排版、定位、分栏等处理。

网站、微信公众平台可由大队科技委员负责,可以选拔一些队员担任编辑工作。信息发布主要的要求是"实效"与"时效"。

## 第三节　综合实践体验阵地

### 一、爱国主义教育基地

少先队实践体验基地是开展少年儿童实践活动的主要场所,其中,最为核心的当属爱国主义教育基地。建立红领巾爱国主义教育基地的主要途径有:①校内挂牌创办。利用学校有利条件,自主创建。如把校园内的校史陈列室、荣誉室、校友读书生活的地方列为本校的爱国主义教育基地。②与有关单位联合创办。利用教育资源,寻求社会支持联合创办阵地。③

动员社会力量创办。向社会发出号召,向有关方面发出呼吁,兴建一批爱国主义教育基地。

使用爱国主义教育基地要注意:①努力营造浓厚的文化氛围,弘扬和培育爱国主义情怀,挖掘特色资源,凸显地域特征。充分利用校内外教育资源进行少先队爱国主义教育。②依托基地成立特色中、小队,寻找爱国人物、讲述爱国事件、做一件体现爱国主义的事,将培育爱国主义精神与少先队实践活动相结合。③开展红领巾走进爱国主义教育基地"五小"(小讲解、小保洁、小记者、小保安、小宣传)志愿者服务活动,充分发挥基地教育作用,让队员在实践中体验、在体验中成长。

## 二、红领巾劳动实践基地

各级少先队组织要根据学校、社区实际整合资源,建立各类红领巾劳动实践基地:①在校内建立"红领巾"劳动实践基地,按标准配备劳动工具、实践材料,在空地上开展种植蔬菜、果木等劳动实践活动。②在社区建立劳动实践基地。广阔的社区蕴藏着不少教育资源,在社区及企业的大力支持下,在工厂、公司、服务行业建立基地并开展相应的活动。③在家庭建立"流动"的实践基地。针对队员家庭特点,组织开展劳动实践活动,劳动实践教育的深度和广度得到了很好地延伸。

建立基地后,要组织队员开展相应的劳动实践活动:①集思广益设立劳动实践岗位:如设立家政服务岗、交通协勤岗等岗位,做"一日常规评分员""小小节水员""小小节能员""小小卫生员""护花使者"等,人人有岗位,个个担责任。②竞聘上岗履行职责:在劳动实践小岗位中,引入竞争上岗制、岗位责任制,队员在努力做好各种小岗位的实践锻炼中,自觉培养责任感,体验辛勤工作、为他人服务的乐趣。③岗位轮换各显身手:根据劳动实践岗位及人员变动情况,轮流担任升降国旗管理员、绿化维护员、文明监督员、校广播台播音员、校电视台节目主持人、小记者等诸多"小岗位",让他们在不同的岗位上大显身手。

### 三、科技活动基地

建立科技活动基地要根据学校自身优势和所在地区可以依靠的社会力量和资源，开辟相关基地。如在科技场馆、科技院所、重点实验室、社区活动场所等单位和地方建立科技活动基地。如在校内建立船航模活动园、机器人创意设计活动园、植物园、动物园（标本室）、科幻园、天文观测园、学农园、成果陈列园等校内科技活动基地。根据学校所在地的乡土特色，在校外建立科普教育基地，葡萄、水蜜桃种植，水产养殖研究基地等。

有了这些活动基地，队员们就能经常开展各种各样的实践体验活动。①广泛开展小发明、小实验、小探索、小种植、小饲养、小加工、小考察、小设计等多项科技活动。并根据需要、根据学校实际、队员兴趣爱好和个性特长，以中队或年级组或跨年级组为单位确定共同感兴趣的研究领域，成立天文、气象、动物、生物、海洋、环保、宇航、航空、生态等研究所并开展活动。②举办红领巾科技节。开展"小小科学汇报会""我是小小设计师"创意竞赛、奇思异想、科学小论文竞赛、科学绘画竞赛等比赛项目，促进科技实践活动的长期开展。③开展社会调查、参观、访问交流活动。如组织参观高科技公司的生产基地，调查葡萄、水蜜桃种植的经济效益，访问种植、养殖专业户等。让队员领略家乡工农业科技日新月异的变化，感受劳模、致富能手等自强不息的奋斗精神。

### 四、国防教育基地

国防教育基地是对少先队员进行国防教育，全面贯彻《中小学国防教育纲要》和《全民国防教育条例》，加强队员国防意识，增进他们对军事知识的了解，磨炼他们吃苦耐劳的意志，增强他们的组织纪律性，强健他们的体魄，提高他们的综合素质。

建立并使用好国防教育基地要做到：①充分利用"红色资源"建立国防教育基地。各地都有为数不少的红色资源，这些都是广泛深入开展国防教育的宝贵财富。进一步拓展国防教育基地范围,对红色资源加以保护、挖掘、整合、扩建,充分发挥其作用。②加大规范化管理力度,努力把国防教育基地的建设管理有机地统一起来。各地国防教育基地类别较多,有纪念馆、领袖故居、烈士陵园、革命和历史遗址等,也有博物馆、科技馆、文化馆、青少年宫、国防园、兵器馆、部队荣誉(军史)馆等,还有驻军基地、民兵训练基地、学生军训基地、少年军校等。要依据相关的政策规定,建立健全日常管理、维护保障、检查考核等制度。③依托国防教育基地,发掘社会教育资源,聘请军警官兵、离退休干部、复员转业军人等担任国防教育的志愿辅导员。注重培训,提高小讲解员队伍素质,确保国防教育基地具有较强的吸引力和感染力。④依托国防教育基地,开展多种国防教育活动,注重发挥基地效益。各地宣传、教育及国防教育办公室等部门要加强协作配合,加强对基地建设的指导,利用国防教育网站,广泛介绍和宣传基地功能作用,扩大影响。同时注重加强对基地的教育引导,注重发挥效益,利用五一、六一、八一、十一和全民国防教育日等重大节日、纪念日开展活动,使国防教育基地的作用得以充分发挥。

## 五、少先队心理辅导阵地

为全面实施《少先队辅导员工作纲要(试行)》,加强少先队员心理辅导,各中小学要根据服务对象多少、服务范围大小等实际情况建立比较完整的、功能较全的心理辅导阵地,主要包括诸如"知心小屋""心语室"之类的心理咨询室、心理测量室、心理活动室、心理阅览室等。

在心理咨询室的布置方面,要以保密和安静为原则,应当有较好的隔音、隔离设施,在进行咨询时不受外部打扰,也不宜被他人所听到,使当事人有安全感。为使学生感到平静、放松,心理咨询室面积不宜超过 18 平方米,内部设施要简洁大方,房间装修尽可能减少硬线条和棱角;采光通风条件要好,光线柔和,室内整洁,有暖色窗帘,避免使用强烈刺激或过于灰暗的颜色;在适当的位置摆放鲜花或盆景,也可以悬挂一些使人开阔视野、心境平和的书画。心理测量室应备有常规心理测量表,在需要了解来访者的心理状态和问题时使用，以帮助确定对来访者的辅导方式。心理测量室最好有一个安静独立的房间，保证心理测量不受干扰，结果准确。有条件的学校可另建心理活动室和心理阅览室。心理活动室面积要在 30 平方米以上，使学生能够在团体活动中扮演各种角色并体验角色心理，从而达到心理调适。为满足辅导活动或训练活动的需要，需配置一些设备，一般有地毯、学生座椅、录音机、录音带（心理训练用）、音响、录像设备及活动道具等。心理阅览室是心理图书资料的专用阅览室，至少应容纳 20 人以上。室内应以能使人心静的色调为主，需要配置书柜、阅览架、桌椅、心理方面的图书、报纸和杂志等。可以让学生选择自己所需要的资料，从而得到帮助和启示。也可以为教师提供有关心理健康教育的方法、现代教育思想、各种心理辅导技术方面的资料。

## 六、队长学校

队长学校是少先队组织较为系统的培训队干部的一种形式，也是提高干部思想道德素养和工作能力的一个场所和阵地。一般由各校的少先队大队委员会负责组织。

队长学校应有较为固定的教学场所（如教室、报告厅等），要挂牌、张贴队长学校的章程，要有队长轮值制度，要有课程安排，明确教学人员。队长学校要有教学活动的基本教学设备等。队长学校每学期分期分批培训中队长、小队长、文体委员、宣传委员、学习委员、组织委员、劳动委员、旗手。学习的主要内容是少先队基础知识、队长的修养、队干部工作的职责与方法及基本技能技巧。学习形式灵活多样，一般是采用听讲、参观、讨论、介绍经验、训练技能等方式进行。

队长学校经常采用的培训形式：①一日队长学校。②假期集中培训。③结合日常工作进行岗位培训，如例会培训、队干部论坛、技能技巧比赛、观摩交流、好队长评选等。④参加全国或省市一级的队长函授学校。队长学校在管理上要做到：学员入学履行入学手续；制定校歌、校规；严格考勤制度；结业时发结业证书，为优秀学员颁发"优秀学员荣誉证书"。

队长学校的课程设置应该强调针对性,使队长们能学以致用。队长学校的课程设置大致可以分为三类:①少先队基础知识。这是一门系统的向队干部讲授少先队基础知识的基础课程,它包括少先队历史、《中国少年先锋队章程》学习读本等。②岗位服务、岗位锻炼的意义和队长修养。这门课主要增强队干部的服务意识、责任意识和群众意识。③少先队干部工作技能、技巧。这类课程实践性强。重在帮助队干部掌握队工作中必须具备的技能、技巧与工作方法,以提高工作能力。

# 第四节　少先队队务阵地建设和管理的策略

队务阵地是少先队组织教育最重要的基础,其建设和管理的好坏直接关系着少先队教育的成败。现实中,很多学校的少先队队务阵地建设都存在着随意性强、流于形式、浮于表面、"有面子没里子"等情况。学校层面对少先队活动的重要性认识不足,"有它不多,没它不少"的观念普遍存在,使得少先队阵地在促进少年儿童身心发展上发挥的作用有限,少先队的价值体现不足。

## 一、自主创建,全员参与

少先队阵地自身具有团结教育队员的功能,不能把少先队阵地仅仅作为少数"好学生""尖子生"表现和展示的舞台,要设法让全体队员共同参与活动,给所有人创造自我展示、自我发展的机会,全校大、中、小队三级组织要创建自己的阵地。

还要积极引导队员以小主人翁的精神建设阵地、用好阵地,自己的阵地自己管,自己的活动自己搞,自己的事业自己干,在活动中学会手脑并用、学会团队合作、学会乐观奉献,发挥聪明才智,不断创建和丰富自己的阵地,使其成为全体队员乐在其中、活在其中的精神家园。

## 二、整体建构,综合开发

少先队队务阵地建设最重要的是避免拆东墙补西墙和随意堆积,要注重整体建构和综合开发。少先队教育阵地应该是在实践活动中不断生成、综合开发和整体建构的。整体建构和综合开发从具体方法上讲,一是要有基本的框架,要按照一定的社会文化、地域条件和队员切身需要,因地制宜、因时制宜、因人制宜地去开发队务阵地,建构一种富于人文关怀和自主精神的阵地文化。二是要有系统化的思维,不同板块之间不能相互隔离、互不沟通,应该是密切相关、适时联动的,整体上构成一个不可分割的教育系统,既有展示特色和个性的主打阵地,又有为满足教育需要和队员需要而设的常规阵地;既要进行有效的内部整合,加强阵地间的沟通与联系,又要形成与外部相连接的通道,不断用外界更新的信息、知识使自己保持生机活力。

## 三、完善制度,规范管理

少先队队务阵地建设强调"管理育人",有效的队伍管理本身是非常好的教育途径,一个好的队伍必须是规范化、制度化的队伍,活动有章可循、有条不紊,少先队阵地要做到规范化、制度化、常态化、活动化,必须从加强管理入手。一是要完善各项制度,包括活动开展的形式、频率、参加人员等都要有明确的规定,并且按规定办事,不打折扣,明确管理人员的职责,制定必要的奖惩机制。二是要结合少先队的主题活动,配合少先队教育任务来管理、丰富和提升,加强少先队员的体验教育,把阵地建设作为体验活动、体验教育来进行,让阵地发挥充分的育人作用。

## 四、发挥优势,打造品牌

少先队队伍阵地建设存在的普遍问题是:千篇一律,毫无特色。从经济实用的原则出发,阵地建设应该因地制宜、因陋就简、就地取材,用最经济实惠的方式去创建,争取现有场地、器材的最大化利用,在有条件的情况下,争取多渠道、多层次、多形式。队务阵地建设虽然有一些"规定动作",但这并不意味着要同质化、统一标配,富有特色、主题鲜明的队务阵地建设往往更能受到追捧和欢迎。一般而言,队务阵地建设要从本地实际出发,根据当地特点积极发挥各种优势资源,例如红色旅游胜地可以建设以红色革命教育为主题的阵地,也可与一些周边企业单位联合创办,还要动员社会力量、家庭力量建设有地方特色的队务阵地。少先队队务阵地还要与校园文化相联系,把少先队文化融入校园文化中去,在不断更新、完善和美化校园环境的过程中适时加入少先队特色的内容,打造自己的品牌,相得益彰。

## 五、激励评价,开拓创新

谈到管理,必然会涉及评价和激励制度的建设。少先队队务阵地建设不乏各种奖惩制度,但实际操作中往往是奖励少数,只有个别在组织中享有"特权"的人受益,例如,大、中、小队长,优秀三好学生等,其中的大部分成了陪衬,而所谓的惩罚制度除了伤个别学生的自尊心外毫无益处,如考试不及格不准戴红领巾等。这种所谓的奖励制度也起不到任何有效的激励作用,只会让组织沦为一个微型的"官僚系统"。真正有效的评价制度一定是对所有人都能起到激励作用的制度,不管是奖励先进还是激励后进,都有理有据、有章可循,能让所有队员心服口服,指引大家走向一个正确的努力方向。

# 第五章　少先队辅导员专业化建设

　　做好一项工作需要强有力的队伍,少先队工作中,辅导员起着举足轻重的作用。少先队辅导员受共青团委托,直接担负着带领少先队的光荣任务,是少先队员的指引者、引路人,是少先队组织的核心力量,也是促进少年儿童健康、快乐成长的关键角色。党和国家高度重视少先队辅导员队伍建设,提出要着力加强少先队辅导员队伍专业化、职业化建设,团十六大以来,团中央、少工委将少先队学科建设及少先队辅导员专业化、职业化作为全团和全队的重点工作来抓。但是从当前的现状看,我国 370 多万少先队辅导员虽然在师范学习过程中接受了教育学、心理学及管理学等基础理论学科的教育,对基本的原理、原则有一定程度的掌握,但他们在学习期间,乃至从事辅导员工作后,由于对于具有相对独立意义的少先队学科缺乏深入学习,对少先队工作的基本理论缺乏系统的学习培训,对少先队特殊的工作方法和教育辅导技巧掌握较少,使得大多数辅导员实际工作中都是凭经验和直觉开展工作。最重要的是,他们对自己的专业角色的认识还相对欠缺,对于如何理解并履行辅导员的指责,缺乏从认识到技能,乃至思想方面的有效准备。基于此,通过多种途径提高广大辅导员的职业素养和专业能力迫在眉睫,只有建设一支专业化的辅导员队伍,才能肩负起培养少先队员成为社会主义合格建设者和可靠接班人的光荣使命。

# 第一节　少先队辅导员专业化建设概述

## 一、少先队辅导员的性质

在《少先队辅导员管理办法》《关于进一步加强少先队辅导员队伍建设的若干意见》等规章文件中，都明确规定了少先队辅导员的性质：少先队辅导员是少先队工作中最为重要的力量，是少年儿童亲密的朋友和指导者，是少年儿童人生追求的引领者、实践体验的组织者、健康成长的服务者、合法权益的保护者和良好发展环境的营造者。从这一定性出发，可以将少先队辅导员的特性归纳为三点：教育性、儿童性、复合型。[①]

教育性是少先队辅导员的基本属性。少先队基层组织建设最多的地方是中小学，它的辅导员因此一般都是由教师兼任，特定的场所、特定的身份决定了辅导员队伍的教育性。首先辅导员的工作是开展教育性的辅导，而辅导的过程本身就是队组织及其成员进行自我教育的过程。其次，少先队组织往往以班级为核心，少先队工作与日常教学工作有机融合，是学校德育不可缺少的重要组成部分，是一项基础教育工作，辅导员也是作为德育工作者的一分子存在。此外，以教师身份开展辅导员工作，其首先是教师，人事编制、工资福利、职级提升、师资培训等都与普通教师一道进行，不存在特殊和例外，他们所辅导的队活动是校园活动的重要组成部分，是纳入学校教学规划和发展计划中的一部分，其活动经费、活动场所也由学校统一安排支付，总之，少先队辅导员与普通教师的关系及在学校的定位如同班主任与各学科教师一样，教育工作者是他们的共性，区别在于前者担负着一定的管理职能。

---

① 段镇.少先队学[M].上海:上海人民出版社,2015,363-368.

　　少先队的特定组织对象决定了其基本属性：儿童性。少先队辅导员要与儿童朝夕相处，这要求他们必须对儿童的需求、儿童的身心发展特点、儿童的内心世界有一个基本的了解，懂得以儿童的方法管儿童，拥有一颗童心。在成人世界中，辅导员的角色（如高校辅导员）与少先队辅导员截然不同，少先队辅导员的责任是维护少先队组织及其儿童队员的权益，辅导员是少年儿童的守护者，要做到"先儿童之忧而忧，后儿童之乐而乐"，他们的关系更像是老母鸡和一群小鸡的关系，要时刻把孩子们当成亲密伙伴、知心朋友，视如己出，加倍呵护。教育是一项关乎良心的事业，没有爱心就没有教育，少先队员是未成年人，少先队是未成年儿童群众组织，他们人小言轻，他们的呼声、需求常被成人忽视；他们的独立人格常常得不到成人的尊重；他们的自主性、积极性、创造性常常受到不合理的教育方法、教育制度、教育思想的压制、束缚；他们的身心自由发展和合法权益常常受到侵犯剥夺。少先队辅导员要能够为儿童代言，保有一颗童心，想儿童之所想，急儿童之所急，自觉地把自己列属于儿童，跻身于儿童群体中，主动成为儿童的代言人、保护人、代理人。辅导员童心、童性所引发出的代表性是辅导员专业的一个最重要特性。

　　复合型是少先队辅导员的制度属性。少先队辅导员队伍建设是依托于现行学校管理制度的，在管理上往往是"一套人马，两套班子"。例如，大部分学校都是由教导主任担任大队辅导员，班主任兼任中队辅导员，双重身份决定了教导主任、班主任在实际工作中往往自己都"懒得区分"，他们只是在规定的时间做规定的动作，至于所开展的工作是班主任职责范围还是辅导员职责，并不去追究。这是基于我国的教育资源情况的辅导员体制，这一安排是基于中小学有限的教师资源进行的妥协，但客观上也将少先队工作巧妙纳入学校教育的总体工作之中，校队一体，班队一体，各项队的工作开展起来也比较顺畅，这也就决定了少先队辅导员的复合型特点。从自身职能上看，这种复合型特点也非常明显，辅导员与队员之间既是自上而下垂直的领导、教导关系，又是协助性的平等相待的辅导、辅助关系，这种"教导＋辅导"的模式构成了辅导员队伍的复合型，也使得少先队管理更加民主化、科学化。在这种制度安排下，正确认识和处理班级与中队、班主任与中队辅导

员两者的辩证关系极其重要。少先队辅导工作是班主任工作的基础性重要
组成部分,是班主任工作的本分。少先队中队是学校班级集体的核心及其
主体化组织形式。班主任通过对中队工作的辅导,实现班级教育和班集体
的主体化,这是中国班级工作民主化的一种体现。在实际工作中要把握好
二者的轻重缓急,既不能出现"去队化"现象,使少年儿童长期"不知有队的
存在",也不能"泛队化",一切教育活动都要打上少先队的旗号,应该分工协
作、相互配合、相得益彰,共同为儿童教育事业出力。

## 二、辅导员的角色定位和功能

做好辅导员首先要清楚自己的功能和角色定位,辅导员是我国1.5亿少
年儿童的先锋队组织的具体带领者,兼有领导者和辅导者的双重角色,它关
系到每一个少年儿童,辅导员受党和国家委托,做社会主义接班人的领路
人,拥有非常重要的社会地位。

### 1. 辅导者的角色定位

从管理体系上看,少先队组织可以说体系完备,对上有共青团、少工委、
各级大队等实行分级领导,对下有队员的自我组织和自我管理,横向上又有
班主任、老师等多样的教育者、教导人员。那为什么还要有辅导员这一职
位?原因在于辅导员不是领导,但能体现领导的价值,是教师的一种,但又
不是居高临下的施教者,对少年儿童来说,辅导员是老师、是领导、是朋友,
是内在于他们集体的一分子。

首先,辅导员的角色体现出领导的价值,但又不是领导。就少先队组织
来说,领导非常明确,就是各级少工委和共青团,基层领导为各级队长,辅导
员是联接上下、左右沟通的媒介和协助者,而不是组织的领导者。但是,由
于辅导员受共青团和学校委托的特点,又具有一定的领导色彩,在辅导活动
的实际中发挥着领导的作用,帮助带领少先队是其职责所在,帮助大中小队
实现自我管理也体现了领导的影子,更准确地说,辅导员的领导是一种参与
其中的指导,而不是以居高临下的姿态。

其次,凡是辅导都是教育,但并非所有的教育都是辅导。辅导员是指导帮助学生开展团体活动并在活动中进行自我教育的角色,辅导的过程就是教育的过程,是学校教育不可或缺的组成部分。少先队的辅导与日常教学相对独立,作为教学的教育活动是以课堂、班级为组织形式开展的,以教师为实施主体,以教学计划、教材为蓝本,辅导员则专门配合教学,通过对儿童组织专门的辅导工作来帮助教师更好地实现教育目的。辅导员在学校中是一种特别的存在,属于教师,又以队为生存的根基,以建队育人为基本目的。

2.导向功能

少先队辅导员是少年儿童在少先队集体生活实践中成长发展的引导者,是领航员,也是舵手,方向和目的地是已经确定好的,辅导员的功能就是引导少年儿童走向既定的目的地,作为一个向导和引路人,其职责也就是确保少年儿童的发展不偏离轨道、航线,最终都能顺利安全地抵达目的地。

辅导员在整体上把握着少先队员的成长发展方向,可谓使命重大、任务艰巨,如何能将他们有效引向为社会主义现代化建设而奋斗的正确道路上来,需要坚定不移的信念、自觉的自我教育和有效的方法,具体而言,有三种导向的方式值得借鉴:一是目标导向,启发队员自己提出目标,或直接向队员提供既定目标,让队员朝着目标努力奋进;二是激励导向,采取对一两个目标进行强化的方法,提高目标的吸引力和感召力,激发队员的主动进取精神,如通过开展评比竞赛和物质奖励的活动,或辅导员的认同、赞赏和表扬,都有利于激发队员的积极性;三是榜样导向,少年儿童的模仿性比较强,榜样的作用也因此显得非常重要,辅导员就是要梳理自身对全队的榜样作用,以人格感召激励队员前进。

3.参谋功能

少先队辅导员是少先队大队、中队的参谋和顾问,有责任和义务提供合理有益的主张,对大小事务提供意见建议,供少先队员们参考、选择,以帮助他们做出最佳决策,提升少先队活动的质量和效果。

参谋的功能主要体现在决策上,人们通常说,辅导员的重要职责之一就是帮助少先队"把关",需要注意的是,这里的帮助少先队员做出决定,不是代替少先队员做决定,辅导员一定要清楚自身的角色定位,注意参与少先队组织活动的分寸。决策的实施要靠合理的组织,包括分工、组合等,一个有效的少先队活动,往往需要一系列的组织工作作为铺垫,因此,辅导员要当好组织参谋,在决策确定后,帮助队员策划活动,成为他们强有力的后盾。此外,辅导员的参谋功能还体现在参谋管理上,少先队组织的日常管理、各级组织的建设都需要依靠专业的指导,辅导员作为管理参谋,可以指导少年儿童,尤其是各级队委员会和队干部要学会自己管理自己、自己领导自己,通过健全民主管理系统和各项制度,帮助队组织健康生长。

### 4.协调沟通功能

协调的目的是谋求一致,把原来互相冲突和矛盾的地方进行调和,形成一种协调配合的工作局面。少先队组织的内外部从来都是出于特定的社会关系之中,与社会生活的方方面面有着千丝万缕的联系,内部有队员之间、队员与队干部之间、队干部之间的关系和矛盾,外部有教师群体、学校管理者群体、家庭群体及社区文化环境之间的关系。保持好、发展好各方面的关系是少先队组织健康成长的重要条件和动力。当以上这些关系出现不良状态时,就需要辅导员作为中间角色进行沟通协调。

在任何一个组织中,个体和群体的差异在很多情况下都会出现隔阂、分离和冲突,辅导员就是要通过协调来起到疏导、指引作用,解决矛盾,化解冲突,恢复组织内外的良性状态。这就对辅导员的沟通协调能力有较高的要求,有效的沟通往往能够增进相互之间的了解,达成一定的谅解,有助于少先队活动的正常开展,辅导员有责任和义务引导集体所有成员彼此进行双向沟通,通过引导沟通来增进少先队组织的凝聚力和亲和力。

### 5.代言功能

少先队是代表少年儿童的一级群团组织,队的很多工作需要社会的帮助,少先队员的很多活动需求也需要靠社会来满足,但现实情况在于:未成年的少年儿童与社会之间有一道难以跨越的鸿沟,社会不会主动向少年儿童低头问路,少年儿童也缺乏向社会提出要求的通道,孩子们的意见、需要并不能被社会充分了解和尊重并得到有效解决。因此,少先队需要自己的代言人——辅导员，代表少年儿童与成人世界进行沟通交流，为队组织谋发展、谋利益。辅导员不同于队长、理事、主席这些少先队组织的领导者、管理者们，这一角色的核心是辅助、辅导，作为少先队里面的一分子，唯有辅导员群体才最有资格为少先队代言，才最有发言权。他们一方面自己生活在成人社会中，一方面又直接扎根在少年儿童所组成的队员世界，最能与儿童心心相通，也最容易成为沟通二者的纽带桥梁，因此可以说，辅导员充当少先队的代言人责无旁贷。

所谓代言，就是要经常宣传少先队，经常替少先队反映其对社会、学校、家庭的意见，反映少年儿童的社会诉求，积极争取上级部门和领导对少先队工作的支持，改善组织的生活环境和工作条件，满足少年儿童的合理需求，替孩子讲话、为孩子说话，才是一个合格的代言人。

## 三、少先队辅导员的专业素养

### 1. 政治素养

辅导员要有较高的政治修养、政策水平和政治思想工作能力，这是少先队的性质决定的。政治信念是政治品质的基本要素，是发自内心对政治思想的坚定信仰和履行相应义务的强烈责任感，是深刻的政治观点、鲜明的政治目标、高度政治觉悟的有机统一，是将知识转化为行为的内部强大动力和中介。政治素养具有综合性、稳定性、持久性的特点，辅导员要在工作实践中不断学习基本政治理论，掌握基本政治观点，与时俱进，认清社会发展的方向和规律，坚持社会主义道路，在复杂的社会环境中明辨是非、坚持真理，时刻树立共产主义理想，并将此理想作为自己追求奋斗的终极目标，立志为建设社会主义强国而贡献自己的力量，以党和国家的利益为重，培养不畏艰难、不怕吃苦、勇于开拓的精神，在正确的政治道路上实现自己的人生价值。

辅导员只有具备了良好的政治素养、坚定的政治信念，才能在少先队辅导工作中把握正确的方向，不偏离轨道航线，将少年儿童引向光明的道路。

### 2. 道德素养

思想道德是基于一定的文化传统而形成的共同价值体系，也是一定政治环境下的社会意识形态之一,它主要包括思想政治素养、道德品质修养、职业道德修养三个方面。

辅导员的工作在一定程度上起着道德的表率和模范作用,辅导员以身示范,少先队员才能受到良好的启发和教育。这对辅导员本身的道德品质提出了较高的要求。辅导员要具有基本的思想品质,对社会主义事业充满热爱,树立正确的理想信念,形成正确的政治观、发展观。要把修身立德作为自己日常的功课来做,用中华传统美德和公民道德建设的要求严格要求自己,修己以敬,修己以爱人,培养基本的人道主义精神、乐观积极的生活态度、无私奉献的情怀,维护较高的内心秩序,无论是自处还是在社会交往过程中,都能表现君子的形象,懂得反思、内省、慎独,做到自尊、自爱、自强、自律,严格要求自己,正己化人,把道德认知和道德情感内化为良好的心理品质,提高思想境界和道德情操,树立君子人格为基调的辅导员形象。严格遵守职业道德,爱岗敬业、热爱学生、严谨治学、尊重家长、廉洁自律、为人师表,树立良好的职业道德,竭诚为少先队员的健康成长服务,发挥好示范引领作用。

### 3.文化素养

辅导员的文化素养从狭义的角度讲就是科学文化知识的存量及内化的程度,是指为顺利完成本职工作所具备的知识素养。文化素养决定了辅导员的人格魅力和吸引力,博学与寡闻,在少年儿童心目中往往形成巨大反差,博学多才、有问必答的辅导员往往会让队员刮目相看,引来崇拜、尊敬的眼神,寡闻的辅导员则容易被孩子们一眼望穿并心生不满。

辅导员至少应具备两个层面的文化知识。一是科学和人文常识,不断学习,拓宽知识面,从古今中外的知识海洋中汲取养分,累积自己的知识储存量,要保持一种求知若渴的心态,以知识为武器,武装自己,提升自身的魅力,随时准备回答孩子们提出的各类问题,满足少年儿童成长发展的需要。二是专业知识,包括教育科学知识和少先队建设专业知识,辅导员要以教育工作者的身份要求自己,学习教育理论,了解少年儿童身心发展规律,懂得开展思想道德教育的方式方法,在此基础上,要了解少先队工作的专门知识，如少先队组织建设、少先队活动设计、少先队教育基本理论、少先队的历史发展等。辅导员的文化素养是全方位的，既要博学多才，又要有一技之长，既要广博，又要专精，只有这样，才能成为新时代受儿童尊敬和爱戴的优秀辅导员。

4. 艺术素养

辅导员所面对的是少年儿童，在他们的世界里艺术不可或缺，这就要求辅导员也要具备一定的艺术素养，培养与儿童的共同兴趣爱好，形成共同语言。艺术素养不仅仅指书法、绘画、吹拉弹唱等技艺，更包括了艺术感知力、艺术想象力、艺术鉴赏力、艺术创造力等。辅导员不一定"十八般武艺样样精通"，但一定要熟悉这些武艺的基本理论、基本套路，不一定会做，但至少要会说。

艺术是人类精神财富的结晶，是灵魂交流的中介。只有通过艺术这种形式，辅导员与队员之间才能架起深层次沟通的桥梁，辅导员接受艺术的熏陶，可以学习一二技能，也可以蜻蜓点水，琴棋书画样样尝试，都可以起到陶冶情操、完善人格的作用，可以借此保持与少年儿童的亲和力、吸引力。辅导员的艺术修养可以从三个方向加强：一是广泛的艺术知识，需要靠理论学习得来；二是一定的艺术技能，吹拉弹唱、琴棋书画，不需要样样都会，精通一样都在队员中间产生不一样的效果；三是艺术鉴赏能力，核心是要懂得欣赏和评价学生的艺术才能，具有一定的审美能力、感知能力。少先队的各种活动离不开艺术，辅导员作为灵魂人物，良好的艺术素养必然为队组织增光添彩，从而也能极大增强组织的凝聚力。

5. 信息素养

信息技术时代，辅导员面对一群"离不开手机"的少年儿童，信息素养非常重要。设想如果辅导员是一个不会玩智能手机的人，孩子们的兴趣点、笑点他都一无所知，孩子们的问题他也不了解，那必然会遭到队员的嫌弃。

信息素养是社会发展到现阶段对每个人提出的基本要求，包括获取信息的手段和途径、对待信息的态度和利用信息解决问题的能力等方面。从技术层面讲，对计算机的熟练掌握程度，对互联网的应用能力，对智能手机的使用熟练程度等都是信息素养的重要方面,这些能力背后是一个人对信息的敏感度,对现代信息技术文化的接纳程度和认识程度,这些都是决定其信息素养的关键,也是对新时代辅导员的基本要求。在能熟练运用相关技术的基础之上,才能谈及信息素养,包括较强的信息意识、丰富的信息知识、不断发展的信息能力、良好的信息道德。辅导员要时刻对信息保持热情和敏感,主动跟上信息时代发展的步伐,懂得信息加工、存储、传播的基本知识,具备信息搜寻获取、信息分析鉴别、信息运用的能力,为队组织的建设提供支撑。此外,信息化社会泥沙俱下,辅导员要自觉遵守信息社会的伦理规范,杜绝制造和传播不良信息,为少年儿童创造一个干净、积极、正向的信息共享环境。

## 第二节　少先队辅导员队伍的专业化发展

之所以强调专业化,是因为在专业要求不强、角色定位不清的情况下,辅导员工作存在很多误区,包括认识上的误区和工作方式方法上的误区。因为缺乏统一的规范和提法,缺乏专门的管理、专业的培训和发展渠道,在很多中小学,有人认为辅导员是一个可有可无的角色,只是"挂个名"而已;也有人认为辅导员是一级领导,各年级班主任必须服从辅导员管理;或者把辅导员当成是学校"下放"到学生集体中担当"角色扮演"的一分子;再者认为辅导员只是班主任、教导主任换了一个名称而已。基于这些错误的认识,才出现了实际工作中如包办型辅导、说教型辅导、保守型辅导、封闭型辅导、专制型辅导[①]等错误的辅导方式,要避免这些问题的出现,少先队辅导员队伍必须走专业化发展道路。

---

① 赵国强.少先队管理学[M].上海:上海人民出版社,2015,156—160.

## 一、辅导员队伍专业化的意义

早在 2010 年,共青团中央、全国少工委、教育部等多部门联合下发的《关于进一步加强少先队辅导员建设的若干意见》就对少先队辅导员专业化队伍建设提出了明确的要求。作为少先队工作最重要的一支力量,少先队辅导员是少年儿童的亲密朋友和指导员,是少年儿童人生追求的引领者、实践体验的组织者、健康成长的服务者、合法权益的保护者和良好发展环境的营造者,是不同于普通教师和学校管理人员的专业队伍,具有相对独立性和较强的专业要求。在少年儿童各项事业蓬勃发展的今天,建设一支素质优良的专业化少先队辅导员队伍,是繁荣少先队事业、促进少先队工作走向科学发展之路的保证,是依托少先队培养合格社会主义事业建设者和接班人的必要条件。

过去在很多地方,辅导员被认为是一个可有可无的角色,从学校管理层到学生群体,只是在一些必须要开展的少先队活动中,才将班主任、教导主任等冠以辅导员的头衔,做临时之用。辅导员地位的不明确和功能的弱化也让少先队组织在学校中的地位难以凸显,少先队活动存在流于形式、浮于表面的状况。强调专业化辅导员队伍建设,目的就是要确立辅导员在中小学的地位和功能定位,凸显其价值,引起全校上下的关注和重视,从而带动基层学校少先队事业的健康发展。

## 二、专业化辅导员的职业标准

### 1.管理行为标准

辅导员首先是队的管理者,辅导员的管理行为包括工作管理和队伍管理两部分。工作管理包括规划、指导决策、执行、评价等环节,具体而言有:协助学校管理者将少先队管理工作纳入学校发展规划和整体工作大局之中,保证一定量的少先队活动课程和实践,确保少先队组织活动在学校各个层面得到落实,适时安排节假日、校外的少先队活动;依据队员身心发展需要和学校的发展规划,指导队委员会对少先队工作进行民主决策,决定队组织的各项工作,制订队活动的计划,通过参加校务会议等,代表少年儿童组织参与学校整体工作的讨论和决策;指导队长和队员,结合各自队的实际,创造性地开展各项队活动,进行队的建设,通过例会、培训等方式指导下一级辅导员做好各项工作;对少先队的工作实施情况进行阶段性评价和年终总结评价,总结经验,查找问题,提出建议,确保各项工作的持续性和延续性,参与对下一级辅导员工作的评价和考核。

队伍管理的核心就是与少先队相关的各层级人员的管理,包括指导和帮助中队辅导员熟悉队的业务,落实队的计划,完成建队育人的目标;指导大中小队队长执行队的决议,听取队员建议,开展各项活动,全心全意为队员服务;发动校外志愿者辅导员参与少先队活动,发动家长和社会热心人士充当少先队活动的特约辅导员,开阔眼界、增长知识,丰富少先队的校外文化生活;主动争取学校党政领导和全体教师重视、关心、指导少先队工作,为少先队组织的发展营造良好的外部环境。

2.专业行为标准

辅导员既是管理者,也是专业人才,从专业发展的角度,辅导员的专业行为标准有具备职业道德和职业精神、掌握基本理论、实施科学辅导、开发活动课程等几个方面,构成了辅导员专业活动方方面面的内容。

职业道德和职业精神是对辅导员宏观上的要求,比较核心的有爱岗敬业、民主科学、开拓创新等。辅导员要牢记党和人民的重托,全心全意为少年儿童的健康快乐成长创造良好的环境,热爱少年儿童和少先队工作,热爱党的教育事业。在此基础上,要充分发扬民主精神,尊重儿童、信任儿童,成为少年儿童的亲密朋友和人生导师,在活动中注意发挥少年儿童自身的能动性和主动性,尊重儿童自己的意见和选择,指导他们自己做出决定,学会当家做主,注意倾听队员的心声,做到队活动充分发扬民主,与队员商量,不独断专行;树立科学的儿童观和教育观,探索科学的辅导方法,促进少年儿童全面发展,尊重不同儿童的个性特征,懂得因材施教,按照少年儿童的身心发展规律安排各项队活动；不墨守成规，能不断钻研新情况、新问题，探索新方法、新模式，为少先队工作开拓新局面，创造性地开展队的辅导工作，同时鼓励队员开拓创新，敢想敢干，开发少年儿童的创造潜能。

掌握基本理论是辅导员专业性的基本特征。辅导员首先要熟悉队的章程，全面深刻认识和理解少先队章程的内容和内涵，要熟悉党和国家关于少先队工作的各类政策、文件，了解党对少年儿童的期望和对少先队工作的要求，时刻关注少先队工作的会议和新精神、新指示。要通过学习历史，尤其是学习中国共产党的历史和少先队组织的发展历史，了解我国儿童组织的历史发展脉络，从历史中寻找规律、获得启示，继承和发扬少先队工作的基本经验，传承在革命时期、社会主义建设时期及改革开放以来少先队工作的历史经验和宝贵财富。通过对专业书籍、专业课程的学习，完整准确地把握少先队的组织属性、根本任务、基本职能，懂得少先队辅导员工作的方法和技能，把握队活动的实施方略，能够做到以理论指导实践。主动探索少年儿童的思想意识，熟练掌握儿童论、组织论、功能论、活动论、辅导论等基本理论，做到按客观规律开展辅导工作。此外，辅导员应该掌握教育学、心理学、社会学、政治学等相关学科的基础理论，懂得在工作中综合运用各学科的专业知识，以科学理论指导工作。

实施科学辅导是辅导员专业性外化于行的具体表现。一是加强队的组织建设，实施队章教育，不断激发队员的责任感和使命感，增强队员的组织观念和荣耀感；指导队前教育，认真做好组织发展工作，辅导全体队员共同参与建设快乐、自主、有爱、向上的大、中、小队集体中来；引导队员提出集体创建目标，确立尽责服务岗位；开展实践体验活动，营造健康积极向上的舆论氛围，训练良好的队风队纪，增强组织凝聚力、自治力；指导开好学校少代会，包括工作报告撰写、代表提案整理、新一届委员会选举、大会决议形成等；加强小干部队伍建设，引导各级队长做合格的"领头羊"。二是辅导队的活动。根据上级关于少先队组织活动的整体部署，结合学校实际和队员需求，指导队组织开展丰富多彩的主题活动，包括争章活动、文体活动、社团活动、夏令营活动等，促进队员主动全面发展，充分运用文学、艺术、体育、劳动等活动中的积极健康元素促进儿童健康发展。三是弘扬队的文化。全面加强队文化建设，从少先队的物质、精神、制度、行为等多层面入手，总结和提炼队的文化，打造文化品牌，利用媒体、网络信息技术等宣传队文化，充分发挥文化育人的作用。四是规范队的礼仪，指导队员规范使用队旗、队礼、呼号、誓词、鼓号等，规范佩戴红领巾、队长标志等，按照规范举行少先队队会、升旗仪式、入队离队仪式、红领巾换戴仪式、队列检阅仪式等。五是巩固队的阵地，建立并使用好少先队队室、队刊队报、队角、光荣簿、橱窗等设施，打造好队的宣传阵地，充分发挥阵地的育人作用，创造条件，建设劳动实践基地、爱国主义基地、科技活动和国防教育基地，丰富队的组织生活。六是维护少年儿童权益。倾听儿童心声，为儿童代言，经常性参与儿童发展现状调研，参与未成年人保护工作，代表少年儿童与侵害儿童权益的行为做斗争，在队的建设过程中，充分满足儿童各项发展权益。

开发活动课程是专业化辅导员创造性的表现。少先队组织是在一代又一代少先队工作者创造性的实践中不断发展壮大的，其活动形式、理论建设都要求辅导员这一群体在实践探索中不断丰富和发展。从这一角度讲，辅导员并不是铁板一块，只知道照章执行，不知创新发展，按照《少先队活动课程指导纲要》的要求，辅导员也有责任带领队员共同开发符合实际的活动课程，不断丰富和完善课程体系。因此，专业化辅导员队伍建设必须强调研究性和创造性，一是要组织队的教育科研活动，在不断加深理论学习的基础上，设立少先队科研课题，组织力量开展科研，以课题研究为载体，不断探索少先队工作的新方法、新思路，推动工作创新，把少先队科研纳入学校教育科研的工作体系，推动办学水平整体提高。二是摸索形式多样的活动课程，与各级辅导员一起探讨少先队活动课程的实施创新路径，实施少先队活动课程的动态化管理，不断推陈出新，并将活动课管理纳入学校整体课程建设和管理体系。

# 第三节　专业化辅导员队伍的培养与发展

## 一、辅导员的选拔与配备

辅导员的选拔是第一位的,各中小学都要设置大队辅导员岗位。大队辅导员岗位具有双重属性,既是少先队组织的管理者,也是少先队的专业教师。作为管理者,他承担着下一级少先队组织辅导员的管理责任,作为专业教师,承担着学科体系建设、教学任务、课程开发等作用,是学校德育的重要方面。因此,大队辅导员要选派学校担任全校管理责任的人担任,如教导主任、政教主任、副校长等,大队辅导员还应该是有活力的青年教师和优秀党员团员,不但能很好地发挥管教职能,还能与少年儿童融为一体,便于开展工作。大队辅导员通过学校推荐或竞聘上岗,由上一级的少工委组织核准备案,进行统一的岗前培训,由学校正式聘任并颁发聘书,明确职责,履职上岗。在实行团队一体化建设的初级中学,大队辅导员可由团支部书记兼任,有条件的学校还可以设副职,协助辅导员工作。大队辅导员之下是中队辅导员,常规的做法是由班主任兼任,或者选择比较优秀的任课教师担任,中队辅导员的选拔要遵照辅导员队伍建设的要求和有关政策,择优选派,确定为辅导员的班主任或教师要明确并时刻牢记自己的双重身份,在少先队活动中能够顺利进行角色转换,要在工作、学习、生活上关心、呵护队员,以知心朋友的身份与少年儿童相处。此外,要建立和完善校外辅导员的选用路径,鼓励和吸收家庭、社区的热心人担任志愿辅导员,做好志愿辅导员的招募、培训、管理和考核工作。

组织上要关心辅导员的生活,并安排辅导员的专业成长路径,例如,推荐优秀辅导员入党,担任学校管理职责,列入学校后备干部重点培养等;对做出突出贡献的辅导员,应上报教育行政部门和共青团组织,按照相关规定给予表彰奖励。辅导员作为双重角色的学校教职工,都应该将辅导员工作的内容纳入考核评价中,如将少先队工作量折算为课时量,纳入绩效考核,减少担任辅导员的教师课时数,以便他们开展好少先队工作,学校要尊重辅导员的创造性劳动,在教师聘任、职称评定、评先评优方面重点考虑其少先队工作业绩,辅导员工作的奖励成果应与教师教学方面的奖励和研究成果同等对待,作为考核、聘用、晋级乃至职务提拔的重要依据。

## 二、辅导员的培训

辅导员的专业发展必不可少的一个要素就是培训。在师范院校,少先队辅导员专业教育还非常有限,在接受系统大学辅导员专业化训练的辅导员还非常少的情况下,大部分从教师队伍选聘上来的辅导员除了受过曾经师范学校一些教育学的训练外,很少接受过辅导员的专业培训,培训对他们来说至关重要。

在培训类型上,按培训方式分,有网络培训、集中面授、实践研修等。针对少先队辅导员在工作中需要解决的实际问题,结合辅导员的自身情况,培训可以通过讲座、实践、综合研究等多种方式进行。首先要具备一套辅导员培训教材或教学指南,开发相应的教学资源库,尤其是网络课程资源,以供辅导员学习,形成一些精品课程和精品模块。辅导员的理论学习通常以讲座的形式进行,可以邀请相关部门的专家、领导对少先队工作的政策进行解读,对少先队的理论进行系统讲解,也可以开设专家讲坛,进行深入的理论探讨和研究。实践提升往往通过实务操作和活动体验的方式进行,通过学习观摩、技能技巧培训、案例分析、热点探讨等,使辅导员接受培训后可以直接将所学用于实际工作中,规范少先队的各项活动,通过对典型学校、社会实践基地的观摩体验,全面了解少先队组织建设、活动开展中的宝贵经验和先进做法,创新工作思路,拓展眼界,提升少先队工作水平。此外,辅导员的培训应格外注重其研究能力的提升,要组织辅导员参与课题研究,培养辅导员敏锐的科研意识和初步的科研能力,通过互动式课题研究,掌握基本的科研流程,通过专题论坛等形式,形成独立思考、独立探索、创造性工作的思维和能力。

按培训对象分,有新任辅导员培训、在职辅导员培训、骨干辅导员培训等。新任辅导员培训由少工委和教师培训部门组织,是每一个上岗的辅导员必须参加的培训,其核心任务是基本理论知识学习和基本职业道德训练,要使辅导员明确岗位职责,尽快适应岗位需要,为工作打下初步的基础。在职辅导员培训的目的是及时给辅导员充电,讲解新政策,创新工作方法,提升工作质量。而骨干辅导员是指优秀辅导员的培训,往往进行一些深入的理论探讨和深层次的实践探索,通过他们来带动整个辅导员队伍的创新发展。

总的来说,培训是及时提高辅导员能力和职业精神的有效途径,也是体现组织存在的必要条件,让每一个少先队辅导员每年至少参与一次培训,并将少先队辅导员培训纳入教师整体培训规划中,这是对学校和教师发展的要求,也是辅导员队伍实现专业化发展的必然要求。

## 三、辅导员专业化考核评聘体系

以往的教师考核评级中,辅导员这一身份往往是被忽略的,甚至以辅导员身份拿到的奖励、证书都无法被计算为业绩成果,这是很多中小学班主任忽略甚至遗忘自己辅导员身份的一个重要原因。辅导员队伍的专业化建设,首要任务就是要让辅导员这一身份变得重要起来,被学校内部及社会广泛关注和重视是辅导员走向专业发展的第一步,而重视的前提条件就是要将其纳入教师的考核评聘体系。

少先队辅导员与高校辅导员一样,都属于专业技术人员,其职业发展都通过走评职称路线来实现,可以说职称是辅导员职业成长的动力,是解决辅导员付出与收获不相匹配问题的关键,也是辅导员专业化的保障。具体有两种操作办法:一是把辅导员工作的业绩考核纳入普通教师职称评聘的条件要素来进行考量,如担任辅导员工作折合为课时量进行工作量计算,辅导员的业绩成果与各学科教师的业绩成果同等对待,以辅导员身份所获得的奖励与教学成果奖励同等看待,包括发表的论文、参与的课题都可以作为其职称评聘的加分项;二是探索建立辅导员参加中小学教师职称评聘的专业科目,按照中小学教师职务评聘的规定和要求,做好符合条件的大队辅导员的评聘工作,根据大队辅导员的工作内容、工作量和工作业绩进行细化,制定出符合其职业特点的评价标准,制定如《少年队辅导员参加中小学少先队教育科目教师职务评聘办法》等规章制度,辅导员参加少先队科目评聘后,形成从中队辅导员到大队辅导员再到少先队教育党政干部的职业发展通路,如果转而从事其他科目教学,承认其原有职称等级并适用于其他科目更高层级的职称评聘。

# 第四节　专业化辅导员的自我修养

努力做一名优秀的大队辅导员,不仅是组织对辅导员队伍的要求,更是辅导员自身寻求专业化发展的必要条件,是辅导员的自我修养。结合浙江省台州市椒江区一名优秀辅导员梁群的经验,要成为一名优秀的大队辅导员必须做好以下几项工作。

## 一、做好学校少先队工作的自我诊断

大队辅导员是学校的管理者之一。作为学校的管理者,其必须站在促进学生发展、教师发展、学校发展的高度来思考自己的工作。所以要当好大队辅导员必须对学校整体发展做一个真正的理解。

一是理解学校的文化。学校文化是指一所学校在长期的教育实践过程中积淀和创造出来的,并为其成员所认识和遵循的价值观念体系、行为规范准则和物化环境风貌的一种整合和结晶。它包括学校组织中文化的各个层面,即学校的物质文化、制度文化、课程体系和精神文化等底蕴。每一所学校都有其独特的学校文化,例如,这是我去湖州考察学习时拍的几张照片,从照片中我们可以看到这是几所不同学校,他们以不同的方式,在学校的每一个角落彰显他们独特的学校文化。例如,浙江省湖州市湖州附小的"知恩诚信"文化:学校以"知恩诚信"这一校训,处处彰显这一文化,学校的宣传橱窗命名为知恩角,张贴着学生的知恩感恩事迹。少先队文化是学校文化的重要组成部分。少先队在建设中必须体现出学校"综合个性"的文化。二是理解学校少先队工作的起点(城乡差别)与原有的特色优势,学校品牌创建不是一朝一夕的,经过无数的实践,珍惜继承、创新才是大队辅导员应该做的。只有对少先队工作进行了全面的诊断后,大队辅导员才能制定出自己工作的目标,确立学校少先队发展的方向。三是理解师生、家长的需求,懂得换位思考,从家长的角度体会他们对孩子成长的期待,从学校发展全局和全体师生的需求出发去安排少先队活动。

## 二、守好 "阵地" 养好 "兵"

少先队的阵地包括:少先队队室、少先队宣传橱窗、黑板报、教室里的队角、红领巾广播站、电视台、校外实践基地等。它们是少先队组织对少年儿童进行教育的重要途径,是少先队全面培养人才的地方。他们应该是孩子们最爱去的地方。少先队的阵地还可以体现其独特的学校文化,在我的印象中有两个学校的队室令我印象深刻,如嘉兴的一所学校,他以嘉兴南湖的红船为背景,把队室设计成船,使之成为爱国主义教育的又一个基地。上虞区崧厦镇中心小学位于中国闻名的伞具之乡,他们的队室里挂满了非常有特色的各式各样的伞,伞文化成为该校少先队的品牌。

培养好自己的"兵",大队辅导员的工作千头万绪,要让你一个人去干,并要去干好它,你是心有余而力不足。这时,你就要培养好你的"兵"。兵又分为大兵和小兵,你的大兵就是你的大队干部。培养他们成为你的左右手,你才能从繁重的事务中脱身出来。要学会构建立体化的队组织机构。大队干部竞选已成为许多学校每一年最重要的一件大事。许多学校都十分重视这一项工作,例如,台州市椒江区人民小学的非常重视大队干部竞选,其竞选方案设计中,候选人要张贴大队干部招募海报,经过队知识笔试、队方案设计、海报宣传、竞选演讲,还要进行才艺表演,要经过全校师生投票产生，整个程序完全不亚于一次总统大选。通过这样过五关斩六将选拔出来的队干部无疑就是学校的精英，但是有许多学校的少先队干部的岗位形同虚设。有些干部当了几年，根本不知道他们是干什么的。如何让每一个大队干部都在自己的岗位上动起来，这就要发挥大队辅导员的聪明才智。

## 三、管理好队伍

　　少先队大队的主要成员由大队辅导员、大队长、大队委员——统称为大队智囊团。下设学习部、文艺部、宣传部、卫生部、安全部、后勤保障部等。以台州市椒江区中山小学为例，每个部门设有部长 1 名、副部长若干名，有着自己独立的运作方式。例如，学习部的三个小组经典导读组，好书推广组，小记者团。依托红领巾小社团，让每一个队干在岗位上得到锻炼。少先队辅导员在慎重选拔大队干部的同时，要放手让大队干部进行工作。岗位就是他们最好的锻炼舞台。

　　学校的管理除了少先队外还有不少部门，如教务处、安保处、总务处等，不同的部门有着不同的职责。把少先队的各部门与学校管理部门有机结合起来，第一，让这些队干部可以参与到学校管理中去，在管理中得到学习和锻炼。第二，也减轻了老师的负担，让更多的老师参与到队干的培养中，成为指导他们工作的导师。例如，学习部下设的三个小组中的经典导读组在学校教务处老师的指导下利用晨会时间引领全校学生诵读弟子规等。好书推广组则协助教师管理图书室，开展好书推荐活动。学校还成立许多红领巾小社团，如红领巾学校，由大队辅导员对大队干部进行系统性的队知识培训，他们就成了大队小辅导员定期走进一年级教室，给他们上队课，教他们学习队知识。

　　光靠几名队干工作是远远不够的，于是各部门面向全体队员广招人，充实队干队伍。那些乐于参与队活动，服务全体队员的人我们称他们为红领巾志愿者。

　　例如，我们的后勤保障部就是由一批红领巾志愿者组成，在每一次活动中,他们搬道具,排桌椅,铺地毯,从不来不怕苦不怕累。队干部岗位让更多学生参与与体验,从而提高了他们的能力。

## 四、组织好活动

活动是少先队的生命,少先队的各类活动是少先队实现组织目标、培养队员成长的主要方式。台州市椒江区中山小学把"在生活中学,规则中养,探索中寻,行动中知"作为少先队教育的基本策略。

大队辅导员的中心工作是在团中央的领导下,领引少年儿童(少先队员)向着正确、阳光、健康、快乐的人生方向前行。工作意义和目的就是帮助少年儿童端正思想、明辨是非、学会做人、从小励志,在成功成才的道路上少走弯路,为祖国培养德智体美劳心全面发展的接班人,灌输培养少年儿童对党和社会主义祖国的朴素感情。政治性是我们少先队最本质的组织属性,也是当前辅导员在组织和实施少先队活动时必须牢固树立的第一意识。

活动策划的方法有学、搬、模仿、改进、创新,最后形成自己的特色。对于缺乏经验的大队辅导员来说学习特别重要。台州市椒江区中山小学少先队活动主要有以下几种:①行为习惯的养成教育活动;②以节日为契机的教育活动。如母亲节开展的感恩教育、清明节开展的爱国主义教育等;③四个节:四月份的科技文化艺术节、五月份的读书节、十月份的建队节,十一月份的体育节等;④校外实践活动。少先队工作的任务十分繁重,作为一名大队辅导员,在设计活动时不能让活动满天飞,使活动成为老师、学生的负担。尽量有选择地精简活动把少先队活动与学校其他各条线的活动有机地结合起来。无论是什么活动,大队辅导员们要记住,大队辅导员的岗位不是一个人的战场。要做的是设计好方案,想清楚每一个细节,调动所有能调动的人一起参与到你的活动中来。世界上的事没有十全十美的,一次比赛也好,一个活动也好,结果并不重要,最重要的是过程,在这个过程中,收获的不仅仅是个人的成长,还收获了友谊,收获了同事间同心协力、同甘共苦的战友情谊。活动没有成功,我们所要做的不是抱怨,而是要反思,你在这个活动中哪里没有想好,哪里没有想到,怎样做才不会反复出

反思,你在这个活动中哪里没有想好,哪里没有想到,怎样做才不会反复出现这样的情况。

此外,少先队活动要充分利用家长资源。家长是学校之外最丰富的教育资源。家长的作用绝不是简单地配合学校,更重要的是,他们是我们的合作伙伴,我们是共同体。我们的家长来自不同的工作岗位,有不同的专长,在他们当中有许多是行业中的佼佼者,他们就是我们最好的教育资源。我们要充分挖掘家长这一资源,让家长们成为学生校外辅导师,成为学生学习的伙伴。

## 五、创设多元、开放、发展的评价制度

学习最好的动力就是兴趣。少先队活动的教育生命力也是如此。创设多元、开放、发展的评价制度是促进学生全面、个性发展的有力措施。

全国少工委从少年儿童的年龄特征出发,把对少年儿童的思想道德素质、科学文化素质和健康素质等方面的要求,具体内化为若干枚"雏鹰奖章",鼓励少年儿童从日常生活及学习的具体环节入手,通过定章、争章、考章、颁章、护章,不断为自己确立新的目标,发现自己的潜能,看到自己的进步,证明自己的成功。这就是我们的少先队品牌活动"雏鹰奖章",它既是一种活动,也是一种激励措施的评价机制。

但是这个操作过程可能有点烦琐,有些学校寻找到具有他们学校特色的评价制度,如椒江区实验二小的绿卡、三甲中心小学的海精灵卡、下陈街道中心小学的七彩阳光卡评比等,强调多元价值取向,通过自主评价,同伴相互评价,家长参与评价,社会各界协助评价,来帮助学生从各方评价中提高自我认知。

## 六、要学会宣传

学校之间的竞争是很激烈的,我们要做一个让群众满意的学校,首先我们要让家长、社会来认可我们的学校。学生是最好的名片。少先队活动就

是一个窗口。要珍惜每一次展示的机会，更要懂得宣传自己。

浙江省台州市椒江区下陈中心小学在外界人的心目中的排名一直排在农村小学的中下游，经过认真总结，他们发现问题不是做得不好，而是宣传不够：没有创造更多更好的平台让家长看到，让更多人的了解到老师严谨的教学作风，孩子们扎实的综合素质。学校要发展，要在农村小学里崭露头角，就必须充分利用好少先队这扇窗口。面对学校提出的新要求，以梁群为代表的辅导员们投入更多的精力去探索具有学校特色的少先队工作的新模式新策施。每一个活动的展示，每一次学生的比赛，都要求努力做到最好。民主选举队干部、聘请校外辅导员，一步步壮大了少先队的队伍；利用农村丰富的资源创建校外实践基地，建设校园红领巾广播站等加强了少先队阵地建设。以各类节日为契机开展丰富的活动如四好少年主题教育、校园艺术节、"校园歌手"大赛、经典诵读大赛、迎新百米长卷绘画比赛、校园阳光之星评比、"少先队农科实践"活动等让少先队活动逐渐走上了正规化、常规化、系列化的道路，丰富了学生的校园生活；成立班级学校家委会，让家长参与到学校的建设中来，构起学校、家庭、社会三位一体的教育新模式；组建家教教师讲师团、志愿服务队，为民工家庭、留守儿童送上温情……学校更以一匹黑马的姿势在区各类比赛中获得好名次，特别是在椒江区科技文化艺术中挤进了优胜的行列，并稳坐多年，在短短的几年里先后被评为了浙江省绿色学校、浙江省语言示范学校、浙江省红旗大队、台州市艺术特色学校、台州市雏鹰争章试点学校、台州市四好少年教育试点学校、椒江区"廉政文化进校园"试点学校；椒江区科普学校；椒江区党风廉政和行风建设先进学校；椒江区信息宣传先进单位；椒江区平安校园；椒江区关心下一代工作先进单位，跃居椒江农村小学少先队工作的翘首。该校辅导员梁群也被评为台州市首届农村十佳辅导员。

# 第五节　少先队辅导员专业化建设案例

（2017 年 10 月）

## 案例一：浙江省临海市回浦实验小学少先队校本建设案例

　　浙江省临海市回浦实验小学少先队现有中队 36 个，少先队员 1 592 名。近几年来，学校少先队在各级领导的重视、关心和支持下，通过辛勤耕耘，获得些许收获：两次获全国爱国主义读书活动优秀组织奖；在"辉煌共和国""历史的选择""学党史、知队史"等读书活动中获台州市优秀组织奖；2004 年获得台州市红旗大队的称号；2012 年获临海市红旗大队的称号；2014 年获临海市红旗大队称号；参加"雏鹰争章"优质中队活动课评比，一人获省三等奖，一人获台州市二等奖，六人获得临海市一等奖，并积极参加各类争章；在参加临海市的各级各类读书活动中，导读设计比赛获一等奖的有 15 人，学生征文或书画比赛获一等奖的有 20 多人，参加禁毒、学雷锋、安全等录像课比赛获一等奖的有 4 人，演讲或讲故事比赛获一等奖的有 6 人次，获二、三等奖的若干人；多人被评为读书活动先进个人，先进德育工作者和优秀少先队辅导员。

　　取得这些成绩，来源于少先队，尤其是辅导员队伍的建设。问渠哪得清如许？为有源头活水来。在全体少先队员和少先队工作者的努力下，回浦实验小学成为一个充满活力的集体，成为师生们温馨的精神家园、健康成长的摇篮，追溯回浦实验小学少先队所取得的成绩，离不开少先队工作的"四化"建设。

　　1. 以完善各项制度建设为保障，落实少先队工作制度化

　　（1）加强辅导员队伍的建设。学校领导务实求真，始终把少先队工作纳入学校的整体规划，列入学校行政会的议事日程。定期召开辅导员会议，组

织学习研究工作,提高辅导员的少先队工作水平。学校还聘请了古城派出所的杨军、检察院的李志侠为法制副校长,聘请徐文君、罗连星、成公方等人为我校的校外辅导员,通过开展系列活动,使队员们开阔了视野,增长了知识,增强了责任感。

(2)加强少先队阵地建设。学校的"红领巾"广播站内容丰富,队员们从中既能学到知识,又能受到教育。校园文化专栏实行定期更换制。黑板报实行每月一主题,每月一更换,既锻炼了队员的能力,又发挥了队员的特长。学校还充分利用队部室,定期召开大、中队干会议,研究和布置各项工作。

(3)加强干部队伍的建设。每年的少代会是所有队员最关心的时刻。少代会按照提案征集,候选人公示,大队委选举等程序进行。学校大队委员候选人由各中队队员自荐,由各中队辅导员认真把关,并由学校大队部聘请领导及辅导员老师进行面试来确定候选人,然后在校宣传栏上公示,最后在少代会上进行"竞选演说"和"特长展示",少先队代表进行民主选举产生。

2. 以强化队员思想品德教育为目的,注重少先队工作活动化

(1)深化爱国主义教育。学校少先队利用国庆节、重阳节等各种传统节日的有利契机,通过举行队活动、国旗下的讲话等活动,深入开展爱国主义教育。如结合庆祝建国、建队 63 周年,以"雏鹰争章"为活动载体,开展了"红领巾心向党"活动。了解新中国建立以来家乡及祖国建设的伟大成就和少先队发展壮大的历史足迹,对比今昔、寻找变化、感悟幸福。同时把所搜集到的资料做成展板,进行展览,从而培养队员对祖国、中国共产党和少先队组织的热爱。

(2)开展多彩的法制教育。通过国旗下的讲话、班队课、中队活动和邀请校外辅导员作法制、安全教育的专题报告等形式,组织队员学习《未成年人保护法》和《预防未成年人犯罪法》。强化队员的法制观念和交通安全观念,培养安全的法制意识,交通安全意识,使队员学法、知法、懂法、守法、用法。

(3)加强行为习惯养成教育。大队部以争创浙江省红旗大队为目标,制订三年规划,就行为习惯的养成教育方面开展了一系列活动。

首先,大队部开展"四项竞赛"活动。竞赛的内容为:仪容仪表、文明言行、卫生、两操,每块都有具体的实施办法。评比为一天一检查一小结,一周一评比一总结。同时,完善班级—学校—大队部三级检查制度,自下而上进行自主管理、自我教育。班内组织班级值日岗,开展经常性的自检工作,学校红领巾监督岗由值周班级轮流负责检查。此外,大队部再抽调人员加强四项竞赛检查力量,负责全校的四项竞赛检查工作。检查要做到扣分与激励并举,要对四项竞赛中表现突出的事迹,通过红领巾电视台等阵地,及时、快速地进行表扬。在平时,加强例会制度,加强对四项竞赛检查人员的培训,每周五中午举行红领巾示范岗交接仪式。

3.以多彩的"雏鹰行动"为基石,实现少先队工作序列化

(1)分板块,开展雏鹰争章活动。学校雏鹰争章也正常有序地开展,主要分三个层面:①结合学校举行的各项体艺活动设立奖章。如体育节、科技艺术节等。②各年级开展年级特色章。③积极参与中少雏鹰网上的争章实践活动。

(2)分序列,形成常规工作。为了能在少先队工作中开展丰富多彩的队活动,同时也为了能减轻辅导员的压力,为此,我校大队部采取了"分解活动,形成常规"的措施。如表5-1所示。

表 5-1　雏鹰行动

| 年　级 | 任　务 |
|---|---|
| 一年级 | 新生入队和队知识教育 |
| 二年级 | 队知识竞赛和队技能检阅 |
| 三年级 | 中队活动课的教研工作 |
| 四年级 | 开始网上的雏鹰争章活动(学校的特色争章活动全校参与) |
| 五年级 | 各类读书教育活动和军训体验活动 |
| 六年级 | 少年团校的学习 |

4.以丰富的红领巾社团为载体,形成少先队工作特色化

(1)创建社团,树立品牌。在学校领导的重视下,学校的红领巾社团建

设扎实而有效。如表 5-2 所示。

表 5-2　红领巾社团活动

| 社团名称 | 活动地点 | 活动时间 | 负责人 |
|---|---|---|---|
| "跆拳道"社团 | A 操场 | 周三下午 2、3 两节 | 谢素云 |
| "红领巾"创客社团 | 电脑教室(一) | 周三下午 2、3 两节 | 金燕杰 |
| "红领巾"乒乓球社团 | 综合楼五楼乒乓室 | 每天下午放学后 | 尹阳富 |
| "红领巾"竖笛社团 | 原舞蹈厅 | 每周三下午 | 朱群 |
| "红领巾"口琴社团 | 综合楼二楼 | 周二、周四下午放学后 | 郑莉琴 |
| "红领巾"春苗词调社团 | 综合楼二楼 | 周三、周五下午放学后 | 罗连星 |

其中"红领巾词调艺术团"是学校的特色。至今,艺术团成立至今已参加了各级各类的活动,例如,参加台州市地方文化进校园推进会活动;参加临海市工会组织的庆祝国庆节活动;参加临海市政府组织的团拜会活动等。此外从本学期起学校的红领巾社团全面铺开。学校倡导以原有的特色社团为基石带动新社团的开设与发展,实现学生社团的丰富多彩。

(2)实施课程,走在前列。学校的少先队活动课的开展走在临海市的前列。早在前年就实行了每周开主题队会一节,落实随堂听课制度;每学期初开展教学计划检查,期中举行少先队教研活动(三年级各中队参加);每年开展中队活动优质课评比一次;此外学校还举行了辅导员培训的系列活动:队知识和队技能比拼,组织中队课观摩;开展"班主任(辅导员)和德育导师基本功大赛"等。

少先队工作是我们力量的源泉,是我们成长进步的动力。我们将以我们最大的努力,使少先队工作充满烂若春花的色彩。只要我们心中有永不褪色的信念,哪怕有再大的风雨,少先队工作都会是阳光灿烂,雏鹰定会展翅高飞。

## 案例二:浙江省×××学校少先队辅导员知识和技能培训案例

## 认识三个人

说到少先队工作,首先我们要认识三个人。

第一个是中共中央总书记、国家主席、中央军委主席——习近平。他在参加全国第六届少代会上提出,少先队工作要单独列为一项课程,要做好三个建设:学科建设,课程建设,专业化、职业化教师队伍的建设,要作为课时数列入工作量中,并且要开辟专项的职称评定程序,有专门的少先队工作高级职称。

再来认识第二个人——魏慈英。她是浙江省少先队的总辅导员,轰轰烈烈的"雏鹰争章"活动就是她带头发动起来的。现在她已经快要退休了,她要借着习主席的这把东风把台州市"雏鹰争章"的荒原地带开发出来。她已经明明白白地指示我们的王天亚辅导员,让临海带头干起来。

最后介绍给大家的是王天亚。她是临海市少先队总辅导员,正值青春焕发的她干劲十足。在受到魏老师的指示后,立了一个目标,临海要在少先队工作上做台州市第一。

现在,我们再把这三个人联系起来看看。大家都知道,习主席曾经是浙江省委书记,"雏鹰争章"又是浙江的特产,少先队工作又是课改的盲区,现在魏慈英总辅导员又立誓要借东风发挥余热,加上王天亚书记又定下了目标,这三个人加在一起,只有一个答案——少先队工作万分重要。

再来了解一下临海现在的少先队课程建设情况:①已经作为课程进入课表,进入课堂;②已经由教研室负责,有专门的教研员;③已经有专项的台州市课题和论文评比;④已经开展三届优质中队课评比和展示活动。

自古是万事俱备只欠东风,现在东风是有了,就等大家具备万事了。下面我们就去准备吧!

## 了解队知识

1.少先队的基本特征

为了做好少先队工作,接下来我们先全面了解一下队的相关知识。

首先来看少先队的基本特征：儿童性、群众性、教育性、政治性和自主性。

2. 辅导员的理念

作为辅导员，我们该具备怎样的理念呢？

(1)做少年儿童人生追求的引领者。用鲜活通俗的语言、生动典型的事例，向少年儿童传播做人做事的道理，引导少年儿童养成高尚的思想品质和良好的道德情操，树立正确的理想信念。

(2)做少年儿童实践体验的组织者。精心设计和组织开展内容鲜活、形式新颖、吸引力强的实践活动，为少年儿童创造体验的条件，搭设体验的舞台，营造体验的氛围，通过真情实感的体验，让少年儿童养成良好的行为习惯。

(3)做少年儿童健康成长的服务者。根据少年儿童身心发展的特点和规律，满腔热情地关注少年儿童遇到的问题，耐心细致地解释少年儿童出现的困惑，为他们提供全面、具体、科学的服务。

(4)做少年儿童合法权益的保护者。维护少年儿童的具体利益，关心他们的学习、生活和成长，及时反映少年儿童的意愿，依法维护他们的合法权益。

(5)做少年儿童良好发展环境的营造者。在少先队基层组织中营造健康向上的氛围，善于调动、整合社会各方面的资源和力量，努力营造有利于少年儿童健康成长的良好社会环境。

3. 少先队技能

(1)首先学习红领巾的相关知识。说到红领巾，小时候，老师告诉我"红领巾是队旗的一角，是解放军的鲜血染红的"，我从来没有对这句话提出过质疑。但是现在的小孩不一样，我跟他们说这句话的时候，有一个孩子就问："老师，那要死多少人啊？"我顿时不知该说什么，所以大家今后也只有稍微暗示，不一定要他们接受这种说法。

(2)佩戴红领巾技能。（教完佩戴红领巾，互动：现场考核。）

(3)队干部的标志和佩戴要求。（曾经出现过一个圆形的队标，上面写着：大队长，大队委，这是不规范的。而且还有人把它戴在胸前，就更不规范了。因为队标是臂章，不是胸章，所以今后你们在工作中如果发现这些现象,一定要指正。)

(4)认识大队旗和中队旗,队徽。队旗旗杆的高度包括两部分:旗裤(0.6米)+旗杆(1.4米),合起来是2米,不要只记着旗杆是1.4米。记得有个市级主题队会在我们学校举行,有一个辅导员,他只记住了旗杆是1.4米,就把自己中队的旗杆锯断了。等我听试教的时候,旗手拿着旗往前走着,犯了原则性错误。幸亏发现早,否则后果不堪设想。

(5)敬礼、敬旗礼。(互动:集体敬礼;两两敬礼,互相更正)

(6)执旗、扶旗。

(7)宣誓、呼号。说起呼号,我想起有一次当评委,参加临海市优质中队课评比的时候,我发现了一个现象。老师在呼号时会说一句:请大家举起右手。呼号结束后,还会说一句:呼毕。这样都是不规范的。呼号就是看到辅导员举手,队员们马上举手,看到辅导员手放下,马上就放下。此时此刻,我们之间是心灵上的交流,不需要过多的言语。

(8)学习队歌指挥。指挥的事情可以向音乐老师建议,毕业前一定要教会这首歌的指挥,否则上了岗位不会指挥,就丢了名牌大学的脸了。

(9)开队会。包括队形,准备部分,开始部分。各位准辅导员们,少先队工作是一项神圣的工作,让我们肩负"只争朝夕、时不我待"的紧迫感和使命感,勇挑重担,努力拼搏。我想少先队明天的功勋章里定会有我们的风采。

# 第六章　少先队小干部队伍建设

少先队小干部队伍作为少先队基层组织自治的主体，一直以来发挥着重要的组织和育人功能。他们是少先队最直接、最接地气的管理者，不同于其他少先队管理主体，它是从少先队员中选出，是少年儿童自己管理自己的队伍。小干部队伍的领导核心是大中小队的队长、副队长，以及围绕其设置的如仪仗队队长、艺术团小团长，各类球队队长等职位。小干部通过开展活动，锻炼了自身的本领和管理能力，同时也有效地凝聚了基层少先队组织，发挥着凝聚作用、领动作用、表率作用和助手作用。小干部由少先队员直接民主选举产生，又接受队员群众的民主监督，有一年一度的民主换届制度，通过民主换届，队伍常新，富有活力。加强少先队小干部队伍的培训培养任重道远，是一项人才梯队建设的基础性工程，也是具有现实和战略意义的重要举措。

## 第一节　少先队小干部队伍建设概述

### 一、什么是少先队小干部队伍

小干部队伍是少先队基层组织自治的主体，包括大队长、中队长和大、中队委员会的委员。下至最基层的正、副小队长,上至乡、县、区、省(市)的红领巾理事会(参议机构)的委员都应由民主选举产生。小干部队伍是少先队组织的骨干,处于组织的核心地位,各级基层组织的队长、副队长构成了小干部队伍的主体。

除了队长,小干部队伍在广义上还包括组织内各类小干部职务,他们可以通过民主选举产生,也可以聘请或由上级组织委任。一类是设部门的组织招聘的部长、干事和由大、中队委派或推荐到低年级班队的小辅导员;另一类是队下设的社团组织或阵地组织的管理职位,如红领巾种植场长、少年科学院小院长、仪仗队队长、艺术团小团长、各类球队队长、俱乐部主任、电视广播台台长、各种自治性小岗位的成员、站长等,这些职位只要是由少先队员担任,都属于小干部队伍的一部分。具体而言,除了狭义的由民主选举产生的少先队核心层的各级队长(领导班子成员)外,还有广义的概念,包括外围层、横向层和基础层的为各级队集体承担某一方面工作责任的干部,其中有:

(1)大、中队委员会的职能部部长助理和干事。如一个中队委员会设五个职能部,每部招聘干事两名,就增加了十个干部职位。委员制加上职能部,形成好多个分支领导集团,组织的自主活力更为增强了。

(2)大、中队里各种直属的或横向小社团干部。如队报、鼓号队、合唱队、书画院、读书会、生物角、志愿服务队……都需要选聘负责人。

(3)高年级向低年级友谊班、儿童团派遣小辅导员。向每个儿童团小队派两位小辅导员,高年级各中队就需多设十多个"队带童"小干部。

(4)小队执行队长。民主轮流任干,重在小队中进行。小队人数少,工作机动灵活,可以做到人人有任干的机会。一个小队五六个人,在保存稳定的由民选产生的常任性正小队长条件下,让副小队长成为小队民主轮流性值勤的队长,这样每人每年可轮干好几次。最基础的是小队里人人建职立位——设各种小岗位,你做语文小先生,他做安全卫生员,我负责小队报编辑、出版、发行,人人有岗位,个个担责任。

## 二、小干部队伍的角色定位和作用发挥

小干部队伍以队长为核心，承担着少先队基层组织的管理者和领导者角色，具体来说，是队集体的管理者、队活动的组织者、队工作的首倡者、队群众的服务者。首先，队长在队集体中承担着计划、智慧、协调的责任，要带领队员将大、中、小队建设成为快乐、友爱、向上的优秀集体，形成自己管理自己、自己教育自己的优良品质，能够体现出队员在队组织中的主体性地位。其次，小干部负责带领队员设计、主持和开展队的各项活动，争取使队的活动丰富、有趣而充满意义，以利于个体智力、体能、品质和个性的全面发展。再次，少先队的活动没有现成的教科书，没有既定的套路可搬用，需要充分发挥队员的创造力和想象力，而队干部作为核心领导力量，要经常征询队员的意见建议，发挥主观能动性，创造性地发明和开展一些别出心裁的活动，丰富队的生活，促进队的建设走个性化、特色化之路，而不是简单执行上级的命令。此外，队干部还是队的服务者，要代表队员的利益、需求、愿望和意志，全心全意为队员服务，向队员负责，当好队员的"公仆"。

小干部作用的发挥主要体现在四个方面。一是凝聚作用，队长、副队长是队集体的核心，紧紧团结、依靠和吸引着周围的队员，队员们同样喜欢、拥护和支持自己的队干部，队集体正是通过小干部这一中介和纽带，紧密团结为一个坚强而充满爱的集体。二是带领作用，队长是队集体的带头人，带领大家学习、活动，并通过队活动共同进步，要带领全小队、中队、大队一起向前，实现队员和队组织的共同不断进步。三是表率作用，队长是大家通过民主选举出来的优秀分子，理所应当成为大家的表率和榜样，在做好自身的基础上，要善于用自己的品格、言行、才能影响队员，做出示范，其一言一行要被大家认可，让大家愿意当成榜样，向他学习。四是助手作用，小干部是辅导员的助手和左膀右臂，辅导员管理队的工作很多都需要通过小干部传达到每一个队员身上，并通过小干部得到切实执行，他们事实上是在帮助辅导员及学校管理者。

小干部队伍是成人世界行政领导体制的仿制品，但其不同于成人世界

的关键在于：小干部队伍的设立核心是为了帮助少年儿童的成长，让他们在集体中、在组织中进行实践学习，小干部队伍的工作岗位是队员学习做主人的最好学校，他们在岗位实践中能学会服务、学会团结、学会民主、学会管理、学会技能、学会交往、学会创造。

## 三、小干部队伍建设的重要性

小干部队伍是少先队实行自主管理的主体，其重要性是基于少先队本身在学校教育工作中的重要地位而言，少先队作为少年儿童最主要的群团组织，承担着特殊的德育和意识形态教育任务，发挥着不可替代、无可比拟的集体主义教育优越性，而小干部队伍是带领少先队基层组织开展组织教育的中坚力量，其作用和重要性不容忽视。

首先从数量上看，我国少先队的小干部是一支庞大的队伍，按照队章规定的建制和需要，大队和中队委员会的委员设 9 名，小队设正副队长各 1 名。一个中队有 7 个小队、14 名小队长、9 名中队委员。中、小队干部共有 23 名。若一个中队有队员 50 名，那么队干部就占队员总数的 40% 以上。[①] 比重很高。以此类推，全国现有少先队员 1.3 亿，推算出队干部将有 5 000 万之多。如此庞大的一支队伍，如果能够通过合理的管理和激励，巩固队伍建设，使其作用得到最大程度的发挥，将对全体少年儿童的身心健康发展发挥正向的引领和榜样作用。

从角色定位上看，少先队小干部是少先队大、中、小队各级组织的核心与骨干，在各级组织中起着带领队员群众搞活动、学自治、求进步的作用。提高小干部的素质，发挥小干部的作用，是发挥少先队整个组织作用的首要任务。在少先队集体里，小干部起着某种决定性作用，在教师与辅导员的带领下，队长怎么样，队集体就怎么样，这是无数组织活动实践的宝贵经验。少先队员是社会主义建设的预备队，少先队小干部可以说是未来各级成人干部的预备队，上至总理、总书记、国家主席，下至基层干部，国家未来的干部队伍，包

---

① 段镇.少先队学［M］.上海：上海人民出版社,2015,145－148.

括各个行业领域的管理人才很多都是从作为少先队员的少年儿童成长而来的,根基的培养直接影响着未来国家建设的方方面面。在某种程度上也可以这么认为:今日小干部的社会责任感和小主人思想强一点,民主作风多一点,明天的大干部的素质就会更好一点,腐败行为、官僚作风就会更少一点。

## 第二节　少先队小干部队伍的民主建设与培育

### 一、小干部队伍的民主管理

我国实行最广泛的基层民主集中制,少先队小干部的管理体制也理所当然实行民主制,这包括了小干部队伍选拔的民主、队教育的民主、民主监督、民主评议等方面。

#### 1.民主选拔

少先队是少先队员自主性和自治性的群众团体,它的各级领导干部不应由成人领导任命或指定,而应由全体队员民主选举产生。小干部由少先队员直接民主选举产生,又接受队员群众的民主监督,有一年一度的民主换届制度,通过民主换届,队伍常新,富有活力。

通过一年一度的改选,让大家把自己最喜欢、最信得过的人选出来当自己的小领袖。不讲民主、不选优,少先队就没有威信,就起不了作用。选优要导向,首先要有合理的择优标准,以身作则又能团结大家;热心服务又能带动大家求进步。要按干部条件选,不是谁想当队长就能当,无条件地轮流当。大、中、小队干部一年一次的换届改选,是搞活干部体制,普及民主教育的重大组织措施。换届过程有新老交替,毕业班的老队长让给弟妹班的新干部,现职干部让给更贤能的人,这里存在着民主的自然轮流。老队干中表现突出,工作需要而又为大家积极拥护的人可以连选连任。初中、小学干部连任的一般只有两年或三年,不要硬性规定队干部任期只能一年或硬性规定"上岗下岗"比例,这既不符合民主选优原则,也不利于队集体发展的连续性和稳定性,更不利于管理人才和专业人才的早期开发和培养。

2. 开展民主育优

对小干部的教育,要重视民主训练,树立为队员服务、向队员负责的小"公仆"思想,做让队员群众满意的"小公务员";学会民主管理、民主办事,有事和群众商量,团结大家一起干,养成虚心向群众学习,经常倾听群众意见的民主好作风。

小干部发挥作用的过程就是教育小干部的过程,要引导队干部在岗位上学服务、学团结、学民主、学管理、学技能、学创造,使他们健康成长。当然,对小干部也不能苛求"三好""全优",小干部的培育也要因材施教、取长补短,让每个被推选出来的干部发挥自身优势,并通过自己的长处带动全队在某个方面的创新发展,不能片面强调高分、听话,帮老师严管同学。队干部的培养要特别注意服务意识的养成,要让小干部摆正自身的位置,自觉把自己当成是队员的服务者,主动树立"为大众服务"的意识,而不是把队长当成"官"来坐,要把广大的小干部队伍培养成队员的公仆、服务生,而不是一帮"小官僚",辅导员在育人上要格外注意,不能让队长形成高人一等的优越感和"当官意识"。

3. 民主监督

小干部由队员选举,接受队员监督,自觉接受队员的民主监督,是小干部健康成长的保证。任何一个原本优秀的干部,如果没有群众监督和自我监督,都有可能落后或犯错误。

少先队的小干部都处在身心快速成长的阶段,价值观、人生观、世界观尚未形成,他们仅仅是凭借着模仿成人世界的游戏规则开展队的管理。但是,成人世界良莠不齐、鱼龙混杂,小干部们可能学到好的,也可能学到坏的,社会上的官本位思想、腐败思想也经常浓浓地包围着这些孩子们,不可避免地会侵蚀到儿童善良纯洁的心灵。例如,在队长选举中,一些名牌学校曾经发生贿选现象,在孩子中有比队长级别高低"官位"大小的倾向;有为了考重点初、高中,家长向教师、校长走后门的"跑官"现象;更有少数单位对干部子女,尤其是领导子女"送官"的现象,我们必须予以警惕、抵制,对小干部们进行保护性、预防性的教育,并很好地开展民主监督、民主评议,杜绝此类情况发生。

### 4.民主评议

对小干部的评价也不能完全由领导、由大人说了算,干部工作的好与坏,应该由其服务的对象——队员说了算。为此,要实行对队干部的民主评议制度,包括过程性评议、总结性评议和换届评议。

发扬少先队基层民主,最主要的就是要给予少先队员评价、建议乃至批评队干部的权利和机会,要经常性地召开队会议,充分发扬民主,不能由队干部和领导搞一言堂,对于队长的决策、计划。队员应有充分的质疑、否定的权利,任何活动的方案都应该在全体队员充分讨论的基础上产生,队干部在阶段性工作中存在的问题,应由队员明确指出来,并形成书面的评议材料,作为队干部工作评价的重要参考,并期待其在日后的工作中加以改正。队干部的年终工作总结和评价不应仅仅由辅导员、大队队长等说了算,应该在所有少先队员广泛发表意见、充分评议的基础上形成结论,要给队员们充分的发挥空间和发言机会,让队员和队干部在相互评议中共同成长、共同进步。此外,在小干部换届过程中,民主选举要与民主评议一道进行,包括对新旧干部的评议,评议的目的就是为了查漏补缺,让队干部听取队员的意见建议,更好地成长,并在自我成长中更好地为大众服务。

## 二、小干部队伍的培训

小干部队伍是少先队的核心和骨干,培养好这支队伍,不仅有利于队干部素质的优化提升,有利于建设良好的少先队集体,促进少先队工作的全面进步,还能促进小干部自身及带动全体队员的身心成长进步。基于此,小干部队伍的培训至关重要,队干部的培训方式多种多样,如队长学校、队干部论坛、讲座、组织交流、技能培训、示范观摩等,其目的都是提升修养、增长见识、训练技能,使其更能胜任本职工作。

例如,队长学校可以每学期对每批少先队小干部以听课、观摩、讨论、开展活动等形式进行集中培训,可以根据实际需要,有针对性地举办各类讲座,培养队干部践行承诺,带领队员开展丰富多彩的活动,提高其综合素质;队内部可以定期或不定期举办队干部论坛,将少先队工作中的问题摆出来,让干部广泛讨论、充分评议、各抒己见、群策群力,培养民主精神,提升自我教育能力,可以就某一问题、某一活动组织进行交流,让队干部现身说法,促进干部之间相互学习、取长补短;辅导员也可以定期与队干部座谈,了解干部的困难、诉求,有目的性地对其进行辅导,还可以组织各种类型的少先队工作现场观摩会和典型示范活动,增强队干部的直观感受能力;针对具体的工作技能、工作方法,可以举办专门的技能培训班,如手工制作技能培训、团队建设培训、管理方法培训等,让小干部形成专业化的意识,向专业的管理人才、领导人才转变。

总之,加强少先队小干部队伍的培训培养任重道远,是一项人才梯队建设的基础性工程,也是具有现实和战略意义的重要举措,小干部的培养,甚至可以看成是党和国家后备干部队伍的预备,直接决定着未来管理社会、管理国家者的素质、能力的高低和品质的好坏,全社会都应予以高度重视。

# 第三节　少先队小干部队伍建设实践案例
## ——仙居县实验小学小干部队伍建设
### (2018 年 11 月)

【创建背景】

## 一、什么是"小干部"

其实提出这个问题,很多老师也很迷惘,那看看我们一年级到六年级的孩子们是怎么说的吧,这是创办之前,我们随机抽取了一批同学访问的。你会发现一个很有意思的事情:孩子们都知道小干部就是"管理"人,越到高年级越能详细描述管理具体职责。就连百度词典里搜索一下,也会发现干部的定义离不开"管理"二字。

那么小干部的意义真的只在于这一层吗?我们学校少先队总部觉得这样的小干部只有浅层的认知,小干部的第一层意义除了是一个管理岗位,训练学生领导技能,培养组织协调能力以外,还应该有另外两层含义。第二层是一个引领窗口,小干部要有一定的人际交往能力,能领导正确的舆论导向,端正大家的思想意识。第三层是一个服务平台,不管是大队、中队、小队,还是对于社会来说,小干部要有奉献精神,强烈的社会责任心。有可能第二层、第三层对于小学的小干部来说难度较大,这就更需要我们去创建小干部学校。

## 二、现实中存在的问题

作为一个管理岗位、一个引领窗口、一个服务平台,每个学校都有小干部,可是小干部工作存在很大问题,主要有以下几点。

(1)认知领域上。小干部群体精英化,缺失机会的公平性。教师和学生都觉得小干部就是一些学习成绩优异,比较乖巧懂事的孩子事情,是一小部分人的事情,大部分同学只能消极被管理。

(2)思想意识上。初步的官僚主义,只知管理,不知服务。这句话有可能比较偏激,但如果你留心观察学校的这些小干部,你会发现很多孩子觉得自己就是"官"了,大家都应该听他的,他说什么就是什么,有点高高在上,凌驾于其他同学之上的优越感。

(3)行动方式上。极少有自主意识,缺少管理的具体方法。绝大部分的小干部在工作中只是遵循老师的吩咐,缺乏工作的独创性和自主性,管理同学只能靠批评或者告诉老师,导致很多小干部与同学关系紧张。

(4)评价方式上。老师说了算,没有具体考核办法与细则。小干部有任命可是很少有考核方式,即使是评选优秀班干部什么的,也是由老师说了算,仍然是以成绩论英雄。

## 【创建意义】

队干部是少先队组织中最积极最活跃的要素,他们自身的全面素质和综合能力水平,对加强少先队建设,形成优良少先队组织有着特殊的作用。为培养一批优秀的小干部,加强少先队干部思想政治教育,培养社会主义合格建设者和接班人,结合学校"新理念、新课堂,爱读书、爱活动,会思考、会生活"的素质教育目标,特创办"小干部学校",大力开展礼仪、安全、自主管理、社会服务等学校德育活动,不断提高队干部素质和管理组织能力,使之成为班主任、辅导员的得力助手。

## 【培养目标】

### 一、思想素质方面

①爱国主义教育;集体主义教育;为人民服务的思想教育;

②模范遵守《小学生守则》和《小学生日常行为规范》方面的教育;

③责任心强,积极主动承担学校各项工作;

④团结同学,起好模范带头作用方面的教育;

⑤谦虚好学,做一个合格的社会小公民。

### 二、能力素质方面

①能提出少先队工作或活动方案,有一定的策划能力;

②具有较强的组织能力和口头、书面表达能力;

③在少先队组织中,能团结大多数人,有较强的协调能力;

④工作中有创新意识,能从实际生活中寻找工作点;

⑤有良好的学习习惯和获取新知识的能力。

### 三、身心健康方面

①身体健康,协调发展,积极参加体育运动;

②有良好的学习、生活、卫生习惯;

③性格开朗,意志坚强,能克服困难,经受挫折。

### 【培养模式】

在学校学生处及大队辅导员的共同努力下,我们学校创建了少先队大队部为主管部门的"三部十岗位"培养体系,除了中队干部由中队辅导员落实培训以外,校级培训分为三个职责部门分别是管理部、宣传部及服务部,每个部门下设多个岗位:比如管理部下设自主管理岗位、文明监督岗、卫生监督岗、安全监督岗,宣传部以社团形式开展活动,下设小记者社团、播音主持社团、鼓乐社团,服务部以服务队形式组织各种类型的服务:礼仪服务队、奖品超市服务队、亲子志愿服务队。各个岗位由不同的老师担任辅导员,负责培训及指导工作开展。

### 【培养方式】

### 一、人员选择

世界上没有两片完全相同的叶子,自然每个孩子适应的岗位就不同,我们学校每个中队根据学生的特点,都会给予一定的岗位加以锻炼,保证每位同学人人有事做,事事有人做。而身为学校层面的小干部学校,我们更多地是从每个中队中选取合适的人才进入相应的岗位。比如我们的奖品超市服务队怎么样挑选合适的人才呢?

①组织:大队部自主管理成员组成招聘委员会;

②动员:张贴《小营业员》招聘海报,下发报名表;

③竞选:采用评委打分制,公正公平公开竞选;

④公示:我们的小干部人选都要经受大众的检验。

秉承"大众化、自主性、公平性、公开性"的原则,我们希望每个孩子都可以积极主动地加入各个岗位,在主动热爱的基础上才能把事情做好。

## 二、培训上岗

### 1. 理论研修

学校除了开设图书馆、红领巾书吧外,还有专门的红领巾读书角,里面存放了大量的少先队工作专业书籍,如《辅导员》《少先队活动》《少先队干部》等,指点小干部工作方法。

### 2. 教师讲座

孩子的自学能力毕竟有限,我们每月一次分部门、分主题讲座,邀请学校骨干辅导员对小干部们进行队知识、文礼、卫生管理、安全等方面的集中培训。成立"小百灵"播音主持中心小组、军鼓、腰鼓、军乐、礼仪等各类中心社团,参与学校各类展示活动,成为活动的小主人。

### 3. 互帮互学

小干部学校的每个部门定期召开例会,提出工作方案,总结工作成效,方便对小干部进行工作指导。以自主管理部为例,俞老师会在每个学期举行大型的学习交流会,队干部在工作中总结出经验,制作出 PPT(演讲文稿),现场交流互动非常有实效,每个干部要研讨的主题很多:合格的中队委怎样开展队活动,特殊情况如何处理等,有的小干部参加完学习会后,还把会议学习到的经验与其他同学分享。

### 【中期培训】

除此之外,我们也会对小干部的工作情况进行及时总结、分析,并为他们更好地开展工作进行辅导,我们在培训中强调指导性、过程性、实效性。

### 【实践锤炼】

理论是为了更好地开展工作,实践才是检验小干部培训成效的最重要的途径。每个岗位的孩子，每天都为学校的正常运作忙碌着。

一大早，礼仪服务队的孩子已经站在校门口用微笑开始迎接每一位师生，他们来的最早，回家最迟，他们总是风雨无阻地站着，代表学校最美的形象。教学楼中，自主管理岗的小干部对学校的文礼、纪律等各项工作进行着一丝不苟的检查，卫生部成员每天不辞辛苦地巡查教室、场地的卫生，让我们每天都有干净整洁的校园环境。楼梯口，安全监督岗小干部提醒着同学们时刻把安全铭记在心，做到平平安安上学，快快乐乐成长。每周的升旗仪式、小百灵广播站中都能听到播音主持社团中的同学甜美动听的声音，他们给我们带来了精神般的享受，提高我们校园生活的品位。鼓乐社团的孩子敲出阵阵鼓点，平时的艰苦训练，是为了在大型活动中振奋人心。小记者社团的孩子总是关注着校园实事，用敏锐的视角观察、用生动的笔墨描述发生在身边的新闻，并粘贴在"我为校园添光彩"宣传窗中。"奖品超市"服务队的孩子们每天中午在学校奖品超市为大家兑换奖品。而我们的亲子志愿服务队每个月总会带领大家去奉献爱心。

**【考核奖励】**

### 一、提高考核的"质"：完善制度

各个岗位负责的辅导员，根据考核制度及细则，对每个参加小干部学校培训的小干部岗位进行考核，每学期一次，按分数从高到低，按20％的比例推选出优秀小干部。

### 二、积累考核的"量"：《好习惯储蓄卡》积分制

《好习惯储蓄卡》从德、能、勤、绩四方面考查学生表现，在每天的工作中，由辅导员或组长给表现好的同学盖章，注重过程化管理。

### 三、丰富奖励方式：周奖、月奖、学期奖、学年奖

每周积累到 5 个，就可以获得周小干部星，每月积累到 20 个，可以获得月奖，学期评选出的优秀小干部将在期末典礼上得到领导颁奖。学年奖结合两学期的情况，评选出 10％的同学在校少代会上接受表彰，并将照片展示在我们学校走廊的星愿树上。

### 【花香满蹊】

这三年来的小干部学校工作从零散到整体，摸着石头过河，每天看到小干部们穿梭在校园的每个角落，把学校当成家庭，以小主人翁的精神忙碌着时，我们这些辅导员就会感到由衷地欣慰，我们发现改变的不仅仅是孩子们，也改变了我们这些教师。

## 一、孩子们快乐着，成长着

在小干部学校中变成学校的小主人，学会合作、学习做人、学会管理，乐于奉献，提高综合能力，心理更加阳光健康。他们把关爱残疾人的行动这种想法跟辅导员老师讲后，辅导员蒋老师就和六年级亲子志愿服务队一起联合到仙居县特殊教育中心进行联谊活动，这种行动发自孩子们的内心，可以感受到这些孩子从小就有强烈的社会责任心。

## 二、教师快乐着，收获着

从管理的直接实施者变成幕后指导者，学会策划，学会指导，学会思辨，提升管理品质，管理工作会更加轻松。值日老师和值周老师同时要做好指导和评价小干部的工作。

### 三、在学校快乐着,收获着

在小干部学校培训中完善学校制度,贯彻先进理念,不但提升了知名度,还丰富了校园文化内涵,特别是我们的亲子志愿服务队,成了穿梭在仙居大街小巷一道亮丽的风景线,孩子的奉献意识与服务意识非常高。

### 【我们的愿望】

我们的小干部学校工作还不够完善,下一阶段我们会在小干部考核中增加学生的民意调查、小干部工作述职等环节,还会在小记者社团中引领小干部走出校园,到社区、到社会去发现新闻。未来的路还很长,但是我们坚信,心有多大,舞台就有多广,就像诺贝尔文学奖获得者米斯特拉尔在《一个女教师的祈祷》中写到的,"我要把每个学生都陶冶成一首最美丽的诗歌,当我停止歌唱,我要让最动人的旋律留在他们心上"。让小干部学校培训这段经历成为孩子学习生涯中光辉的一笔。

### 【学校简介】

仙居实验小学是中国浙江东南地区一所集实验性、示范性于一体的县级实验小学。它坐落在风景如画的永安溪畔,学校占地面积 32 400m²,建筑面积 24 924m²,截至 2017 年,共有 48 个教学班,131 名在职教师,2 194 名学生。

学校以"为有差异的学生创造幸福成长的空间"为办学理念,秉承"质量立校、教科强校、特色名校、追求高效"的工作方针,先后荣获"全国学校艺术教育先进单位""浙江省示范小学""浙江省教育科研百强学校""浙江省体育特色学校"等 20 余项省市荣誉。

学校坚持科研兴教,在"先学后教"教学模式研究、作业改革、课程改革、评价改革等方面进行了积极的探索和研究,在教师梯队培养上形成了"专家引领、骨干共进、小组互助"的新模式。

学校立足于每一个生命的健康快乐成长,追求艺术特色,倡导小组合作、主动学习,推行校本课程选修制度,推进学生综合素质培养活动,搭建了"艺术节""阅读节""体育节""英语节"等展示平台,营造了快乐学习、幸福生活的浓郁氛围。

## 【作者简介】

李飞燕,本科学历,仙居县实验小学大队辅导员。曾被评为浙江省优秀少先队辅导员,县教坛新秀、县优秀教师,她带领全校50个中队辅导员开展特色情境德育活动,编著的《我们天天追梦想》校本德育教材被评为浙江省精品课程;她努力扎根辅导员岗位,积极汲取先进的教育教学理念,主动学习教育教学新方法,以创新和研究的心态对待自己的工作实践,让学校少先队取得浙江省"先进大队"称号。

# 第七章　少先队活动课的设计与实践

活动是少先队组织的灵魂。少先队活动犹如一块磁石,可以将少先队员紧紧吸附在周围,少先队通过能满足儿童兴趣爱好及其自主意愿需求的群众性活动把他们吸引在队的组织中,把大家团结联合在一起,组建成为快乐向上、团结友爱的自主自动集体;通过队活动,少年儿童把所接触的客体教育资源转化为主体的自我教育因素,达到认识世界(包括自我世界)、发展自我的目的。《少先队活动课程指导纲要》颁布以后,少先队组织活动也有了指导思想和行动指南。以此为契机,少先队活动课的设计格外重视创造性、趣味性和教育性,并积累了丰富的活动经验,形成了一些可资借鉴的案例。在不断地推陈出新中,少先队活动课逐渐打破窠臼和套路,走上了一条持续创新发展的新路。

## 第一节　少先队活动课的设计概述

### 一、什么是少先队活动

1. 少先队活动的特性

顾名思义,少先队活动是少年儿童群体以少先队组织为依托开展的团体活动,是以少先队员为主体的,由少先队各级组织发起和领导管理的,具有联合性、群体性、实践性、娱乐性的活动。一般而言,少先队建在学校里,少先队活动也自然而然成为学校活动的一部分。除了具有一般活动的共性外,少先队活动还具有一些特性。

首先,少先队活动是一种寓教于乐的活动。核心是玩和学,强调快乐学习、快乐玩耍、快乐自治、快乐实践、快乐创造、快乐发展的活动,少先队活动的娱乐化和游戏化,是体现童性和队性标志的重要特征。通过让少年儿童体验集体生活、参与集体生活,实现在集体中教育的目的,活动是方式和途径,教育才是最终目的。

其次,少先队活动具有很强的实践性。少先队活动是少先队员应用知识、探索新知、行使队员义务责任的基本途径,又是玩学结合、手脑并用、促进交往、锻炼体力和能力的良好舞台。通过少先队开展的教育不同于书本教育,它更加生活化,更具有实践性,着重培养少年儿童的动手实践能力、团队协作能力、组织管理能力、语言表达能力、沟通交流能力等,具有一举多得的教育意义。

再次,少先队活动具有启发性和创造性。少先队活动是少先队员自我教育和相互教育的基本手段。但是,少先队的活动教育不是行政化的灌输式教育,而是启发式和启蒙式教育。在少先队活动中启发孩子们的好奇心,引导他们主动探索与拓展知识,启发他们独立思考的创造思维;并使他们受到启蒙性教育,在活动中使孩子们得到基础的人生观、价值观和世界观教育,萌生美好的愿望、理想和志向。有目标激励、兴趣激励、成果激励,激励儿童不断攀登,天天向上。少先队活动没有教科书,也不是系统地传授知识、被动地接受知识。它靠儿童们的自主创新,在创造性设计和实践中学会建设,是参与未来社会建设的预习。建设性和创造性活动,是少先队活动的最高价值。

最后,少先队活动是队员自愿参与的群体性、普及性活动。少先队活动是由少先队员当家做主、自主设计、自愿参加、自动参与的活动,成人可以予以指导,但不能越俎代庖,以命令的方式指导队活动,更不能包办代替。少先队活动是有组织性、合作性的活动。它是以队的组织为单位、为领导,有上下左右的分工协作,并采用少先队特定的组织形式和组织方法开展的活动。少先队活动是普及性群众活动,不只是培养或展示少数"尖子""明星儿童"的活动。它是广大儿童人人都能成群结伴地自由参与,人人都有机会展示、表现和锻炼发展自己个性特长的普及性活动。

2.少先队活动的类型

少先队活动可以从多个维度进行分类,根据段镇在《少先队学》中的分类,有按组织级别、按建设性与自治性、按时间、按空间、按特性、按内容六个维度的分类体系。[①] 多维度的分类是非常有意义的,有利于从分类的比较中显示出各类活动的主要特点,便于队员和辅导员了解和掌握其内在规律,运用其特点组织开展活动,提高活动的实效性。

按组织级别,少先队活动可以分为大队活动、中队活动、小队活动。大队活动具有全校性,规模较大,一般选择在重大节日开展;中队活动可以说全班性的活动,由中队以班级为单位进行策划;小队活动是规模最小的队活动,具有相对的随意性和临时性,由小队队员一起组织策划,随时随地都可以开展,活动周期较短且时间比较灵活。大队、中队、小队三级活动各自独立开展,又相互结合,三级活动之间是互相依靠、互相影响又互相促进的关系。

按建设性与自治性,少先队活动可以分为阵地活动、社团活动、民主活动和自发组合团体活动。阵地活动以队室、队刊、实践活动场所等少先队阵地为依托开展,相对正式,有专门内容、专门组织形式和专门阵地,具有经常性和相对固定性,是少先队的集体事业;社团活动是围绕少先队员的兴趣爱好,自愿组成的团体,如象棋社、器乐社、摄影社、书法社等,是少先队员的技能爱好养成所,可以定期不定期举办活动,集体学习、排练、表演等;民主活动是少先队民主化建设的活动,包括民主选举、民主自治活动、民主评议和民主评优活动等;此外还有自发组合的小群体活动,不依赖教师、辅导员,不拘形式,不受时空限制,不需要列入大、中、小队活动计划,随意性强,却实实

---

① 段镇.少先队学[M].上海:上海人民出版社,2015,291-300.

在在丰富着队员的课外生活。

按时间分类,少先队活动有季节性活动、重大节日活动、双休日活动三类。季节性活动结合了季节特征,如夏季搞夏令营,冬季有冬令营,春天踏青,夏天游泳,秋天采摘,冬季滑雪;重大节日活动通常比较正式,比较典型的如六一儿童节,往往会举办全校、全队性的大型活动,此外还有植树节、国庆节、建军节等都可以举办一些相应内容的活动,也能利用清明节、端午节、重阳节等传统节日举办如祭扫烈士墓、赛龙舟、登山等活动;双休日活动以自愿组建起来的假日小队为单位开展,活动方式如家务、游戏、制作、集体做作业、参观、社会服务、体育锻炼等,灵活多样。

按空间分类,少先队活动有校园活动、课堂活动、户外活动。校园活动是少先队在本校范围内开展的活动,比较安全,便于监控,分室内活动和室外活动,可经常性开展;课堂活动是结合了课堂教学的队活动,通常都在教室中或教室外举行,户外活动是带领少先队员到工厂、农村、部队等,通过接触社会、接触大自然、接触现代科学技术,实现活动育人的目的。

按内容分,少先队活动有德育、智育、体育、美育、劳动实践教育等,少年队活动的设计一般具有较强的目的性,如参观爱国主义教育基地,其目的是为了道德养成,举办知识竞赛、技能大赛、参观科技馆是为了培养智能;歌唱比赛、体育竞技赛、登山、春游等活动是为了发展音体美方面的才能;手工制作、社会服务、田野劳动是为了锻炼劳动实践的能力。活动的目的虽然具有一定指向性,但实际作用往往是多方面的,任何一类活动都能使少年儿童的各个方面整体提升。

按特性分,少先队活动课分为主题性活动、系列性活动、创造探究性活动、传统性活动等,主题性活动围绕项目和固定题目开展,如主题演讲、主题研究、主题队会等;系列性活动具有连续性,分周期不间断开展,把若干活动按顺序有机地组合串联起来,有目的、有计划、有步骤地由浅入深、由易到难、由近及远地分阶段进行活动,引导队员为追求某个有趣、有意义的目标或目的而不断地努力;创造探究性活动与传统常规性活动相对应,前者是由队员自己发明创造的课题研究、发明创造、社会实践等,后者是规定性的动作,如召开各级队会,各类入队、离队仪式,以及长期以来固定下来的一些活动形式。

## 二、少先队活动课的功能

在活动中建队育人是少先队发展的基本经验、基本方式,那么,活动的作用和功能顾名思义就是两个方面:建队、育人。

活动的建队作用体现在通过活动凝聚队员、团结大众。任何组织都需要通过活动实现凝聚和团结的效果,少先队活动犹如一块磁石,可以将少先队员紧紧吸附在周围,少先队通过能满足儿童兴趣爱好及其自主意愿需求的群众性活动把他们吸引在队的组织中,把大家团结联合在一起,组建成为快乐向上、团结友爱的自主自动集体。少年儿童作为少先队的主体,他们从小就喜欢有参与感、融入感,惧怕孤独和被集体抛弃,这种参与欲决定了他们对集体活动天然的兴趣和亲和,少先队活动便是为孩子们的主体参与提供了必要条件,少先队组织的建设要充分利用少年儿童的这一特点开展队活动,凝聚队员、团结队员,形成快乐、团结而充满力量的集体。活动是建队的必要条件,如果长期不开展活动,少先队员势必会淡化组织观念,遗忘队员的身份,久而久之,组织也就会形同虚设。

活动的育人作用是不言而喻的。少先队活动是实践育人最好的途径,不论是演讲、知识、歌唱、绘画、书法、体育等各类竞赛,还是科技馆、博物馆、纪念馆;不论是各种仪式、会议,还是夏令营、登山、劳动等社会实践,都能很好地促进少年儿童德智体美劳全面发展,培养少年儿童知识以外的各种能力,给他们带来课本知识所给不了的社会经验、人生体验,是培养创造力、感悟力、审美能力的有效途径。通过队活动,少年儿童把所接触的客体教育资源转化为主体的自我教育因素,达到认识世界(包括自我世界)、发展自我的目的;同时,又使作为主体的少年儿童的脑力、体力、心智、精神转化到客观世界的改造与创新发展的实践中去。在活动的过程中,孩子们快乐玩耍、快乐求知、快乐自主、快乐交往、快乐参与和快乐创造的主体需求也得到最大程度的满足。通过主体的满足、主体的参与,达到主体的发展,这就是活动育人过程的本质。

## 三、少先队活动课设计的指导思想

2015 年,全国少工委印发了《少先队活动课程指导纲要》(以下简称《纲要》),在多年来总结少先队活动经验的基础上,明确了少先队活动课程的性质、目标和内容,指出了少先队活动课的实践途径、实施方式、实施要求及激励评价方式,制定了相应的管理和保障措施。《纲要》的颁布为此后少先队活动课程的开展提供了指导思想和依据,《纲要》对少先队活动课的指导作用也越来越明显,以此来指导少先队实际工作,做好《纲要》的解读与创造性运用,是少先队活动课设计的基础。

一是要认真学习和解读纲要。《少先队活动课程指导纲要》颁布时间不长,任何新生事物从诞生到成熟,都要经历循序渐进的过程,纲要规定了少先队活动课实施的方方面面,如何将规定落地,落实到具体的活动设计中,首先需要学习和解读。《纲要》作为理论基础和实施指南,详细阐述了少先队活动的目的、意义、指导思想和分阶段目标,相当于其他学科的教学大纲。如果将队活动比作轮船在大海里航行,《纲要》就是轮船的方向舵,指引着前进的方向。各级辅导员要认真学习研究《纲要》的精神,自觉拓展组织教育、自主教育、实践活动的途径,自觉利用队会、队课、队仪式、队组织生活、队实践活动、队品牌活动,进行丰富多样的活动课设计,按照《纲要》的规定,正确开展队活动的激励评价,坚持主题鲜明、目标科学、内容集中、元素丰富、特征突出、形式多样、时代感浓郁和科学客观,充分发挥活动课评价对少年儿童的激励作用和对队集体的鼓励作用。相关部门要认真研读《纲要》,按照要求为少先队活动课的开展提供充分的保障,确保少先队活动课时,鼓励创造发挥,开发形式多样的课程体系,组织力量,开展课程教研,研发少先队活动的课程资源。各级教育部门、各级团委、少工委要大力支持,加强少先队辅导员队伍建设,切实保障少先队活动课程有效实施。

二是要在活动中用好纲要。《纲要》规定了少先队活动课的内容，可以称为少先队活动的工具书。2012 年，教育部要求全国中小学必须落实每周一课时的少先队活动，课表的落实必须结合课程内容，少先队活动课必须纳入中小学教学的常规管理体系。纲要的出台不但明确了少先队活动课的理论基础，更是对各年度的教学目标、路径和方法进行了合理的规划和方法建议，这极大地方便了辅导员的活动课方案设计，不再像以前缺乏指导的情况下无从下手，而是有了操作指南和指导框架。此外，《纲要》也为教研和调研提供了很好的参考和标尺，有关部门可以依据《纲要》对少先队活动课的开展进行调研、评价和指导，并提出合理的建议和意见；教研人员也可以以《纲要》为准绳，分析研究少先队活动课所涉及的教育教学行为，规范教学行为，建立评价标准，推动少先队活动课走向更加正规、更科学的轨道。

## 四、少先队活动课设计的指导原则

### 1. 教育性原则

搞少先队活动是为了对少年儿童形成正向的教育影响，促进其身心发展。因此，少先队活动课设计首先要考虑的是活动的教育意义，要尽量挖掘教育的内容，通过主动建构，使活动受到最大的教育效果。

### 2. 指向性原则

少先队活动具有明确的目的，队活动设计要有的放矢。一是对象上要牢牢把握儿童中心，队活动的形式、内容要适合少年儿童的年龄特点，不同年级、不同性别、不同地区的队员，其需求、兴趣点、接受能力都不同，要根据这些差异和层次设计相应的活动。二是开展活动的目的要明确，不管是科技活动、竞赛活动、参观活动、体育活动、户外体验活动，都要有一个中心的目的，如发展智力、开展德育、锻炼劳动能力等，在特定目的指导下，活动设计才能有迹可循、有的放矢。

### 3. 趣味性原则

少先队活动课讲究寓教于乐，活动形式要新颖而富有童趣，符合少年儿童的接受能力,留下回味、思索、实践的余地。例如,少先队开展体育竞技活动一定要区别于常规的运动会和体育赛事,要尽量搞成趣味运动会、亲子运动会和全员运动会,大家在集体的娱乐中共同成长,而不仅仅是少数体育尖子的战场。

### 4.小处入手原则

少先队活动的设计是针对一节课、一个目标,无论从活动时长来看还是从受众的身心特点来看,主题都宜小不宜大,像"做社会主义接班人"这类找不到抓手的宏大主题尽量不用;方法都不能太过复杂,切忌竞赛、体验、会议、参观等放在一个锅里煮。切入口小的活动,符合儿童由点及面、由小到大认知世界的规律,容易使孩子成为活动的主人,活动本身也容易在少年儿童的主动探索下走向深入。只有从小处入手、大处着眼,才能逐层打开少年儿童的心灵世界,最终以小见大。

### 5.发展性原则

少先队活动课虽然强调趣味性、儿童性,却也不能一味迎合少年儿童的现有发展阶段,降低难度层次和水平,最终活动成了单纯的玩耍,对队员成长没有太大作用。活动课设计要遵循维果斯基的最近发展区理论,在遵循不同阶段儿童接受能力的基础上,适当超前和增加难度,以便其通过活动开展实现从低层次阶段向下一阶段的顺利过渡。

# 第二节　少先队活动课的设计

## 一、少先队活动的基本要素

(1)辅导员。辅导员是共青团选派的少先队员的亲密朋友和组织者,也是当之无愧的少先队活动的领头羊,帮助队组织策划活动,并亲身参与活动。

（2）少先队组织及队员。这是少先队活动的参与主体，另外还可能包括少先队所在的学校、团体，领导少先队的上级单位、组织等。

（3）活动的目的、内容和任务。少先队活动要目的明确，突出思想性、教育性，突出党对少年儿童的要求，体现强烈的时代气息，树立正确的荣辱观和培养强烈的社会责任感、高尚的道德情操。活动内容要具有整体性、可行性、适度性，并为活动目的服务。

（4）活动方法。方法以活动形式具体体现，有参观、体验、竞赛、研讨等多种，选择具有新奇性、动态性的活动方法，可以收到事半功倍的活动效果。

（5）环境和条件。活动前要对活动可能面对的各种外围因素进行充分评估和考量，包括天气的因素、人的因素、吃住行等。

## 二、活动题材与内容的选择

少先队活动题材范围非常广泛，既有传统活动的题材，又有大量符合社会热点、时代气息的题材，在选取时可以结合的点有以下几点：

（1）节假日。针对节假日富含的意义设置活动，如清明节开展祭扫烈士墓活动，培养学生爱国主义情操；植树节开展植树活动，增强环保意识；重阳节举行登高活动，锻炼健康体魄，感受敬老、感恩的传统美德。

（2）现代科学技术。为了让少先队员从小热爱科学、学科学、用科学，要让少先队员通过各种方式接触现代科学技术，通过听报告、参观展览、动手操作等方式，开展一些"小调研""小实验""小发明"，帮助少先队员了解科学，并对科学产生浓厚兴趣。

（3）日常社会生活。结合生活中发生的日新月异的变化，让少先队员参与社会实践，参加工农业劳动，体验生活的美好，帮助少先队员深入了解社会，热爱生命。

（4）家庭。家庭也是少先队活动的阵地之一，可以组织队员深入不同的家庭开展互帮互助活动，培养队员独立自主的生活能力。

## 三、活动设计的基本要求

### 1.策划案格式要完整

课案是学科教学活动中教师课堂设计的蓝本,少先队活动以培养队员的实践能力为宗旨,作为学校教学活动之一的少先队活动课,其设计也必须符合学科教学的基本要求格式。对于一份规范的教学案例来说,基本格式可以从纵向和横向两个方面考虑。从纵向看,应该包括教学内容、教学目的、教学重点、教学难点、学情分析、教具准备、教学过程、课后反思等。从横向看,应该包括教学方法设计和队员教学行为预估等。很多辅导员设计的少先队活动案格式都不尽完整,都不能全面反映活动课的整体面貌和教学思想,应该着重加强。

### 2.主题和过程要统一

活动过程和目标之间缺乏联系是少先队活动课设计中比较突出的问题。所谓主题,是少先队活动的方向和中心思想,开门见山告诉别人活动内容,过程及活动版块要做到有序连接。确定了主题后就要围绕主题确定的方向进行板块组织,即通过哪个维度来表现主题,不同维度要和确定的主题保持高度一致。例如,某个少先队活动确立了"梦想体验"的主题,那么围绕这一主题设计的活动板块必须与梦想密切相关,如果中间穿插了其他的不相关内容,就会使主题和过程显得游离,从而破坏了活动的连贯性。此外,过程设计要体现层次变化,例如,以爱国主义为主题的少先队活动课,相应的层次应该是逐步递进的,从初步感知祖国到欣赏祖国、赞美祖国,最后归结到为祖国做贡献,这种层次变化除了要考虑内容合理之外,也要兼顾少年儿童的认知接受能力。

### 3.活动要体现"活"的特点

以往,我们经常会看到很多少先队活动搞得死气沉沉的局面,本来应该比学科教学更能体现活力的平台,结果比上课更让学生"头疼"。因此,少先队活动课一定要活起来、动起来,调动所有队员的积极性。一是思想理念要活,不能总是搞老一套,要懂得推陈出新,结合新的时代特点和科技进步,创新活动方式,例如,知识竞赛不能总是强调标准答案,辅导员不能一味排斥信息技术、自媒体、游戏这些看上去跟"学习"二字相悖的新事物。二是主题和素材要活,活动的方向选择可以朝着少年儿童关注的焦点选材,要尽量体现地区特色和时代气息,这样才能引起少年儿童的共鸣。三是课堂设计要活,通过互动和全员参与,让所有队员都有一种融入感,可以借助游戏、表演、讨论等多种方式搞活场面,避免陷入僵化和一言堂。四是语言设计要活,尽量用生活化的语言开展队活动,避免官方的、过于正式的语言,让学生以自由轻松的心态投入活动中。

## 第三节　少先队活动课的学校实践案例

（2016 年 5 月）

### 案例：临海师范附属小学少先队活动课的学校实践[①]

少先队活动比较杂,好像什么都要做;少先队活动比较多,那么在这样的前提下,我们该如何有序、有效地开展呢？我们要学会梳理。

其实少先队活动课程不单单指一套教材,更应该是学校少先队活动开展的全部。每周一节课的少先队活动课只是其中的一部分。少先队活动可分为常规性活动和主题性活动两大类,这两大类活动下又划分了多种活动形式,如图 7-1 所示。

---

①　本节是一个关于少先队活动课学校实践的课堂实录,授课者金娇系浙江省台州市临海师范附属小学德育主任,她是台州学院《少先队学》课程导师。

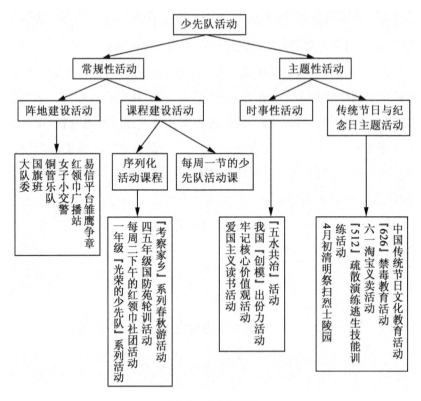

**图 7-1　少先队活动**

常规性活动中的阵地建设活动(见图 7-2)是指固定化的少先队活动阵地的建设。比如大队委改选及培训及国旗班、铜管乐队、小交警、红领巾广播站等队伍的培训、活动。这些阵地的建设主要是要突出少先队活动的特色,强化少先队活动的氛围。

**图 7-2　阵地建设活动**

课程建设活动(见图 7-3)包括序列化活动课程和一周一节的少先队活动课。序列化活动课程是指学校有计划、有序列,在固定的时间或对象中开展的一些活动。比如临师附小每周二下午的红领巾社团活动有:二年级的篮球操,三年级的游泳,四年级的戚家拳,五年级的智能机器人,还有茶艺社、小小戚家军等社团课程的开设,充分满足了少先队员成长过程的多样需求。

**图 7-3 课程建设活动**

再比如每年一次的四五年级国防苑轮训,对学生自理能力、纪律性、团结合作能力等都是一次锻炼。

再说说每年一年级新生"光荣的少先队"入队系列活动,从入队前的队知识教育,到入队申请书的填写和入队前五个必做(学会入队誓词和呼号,学唱队歌,学戴红领巾,养成一个好习惯,做上一件好事)的完成,再到入队仪式的开展,一步步让一年级小朋友了解队组织,亲近红领巾,并为自己能加入少先队而自豪。入队仪式最好隆重一点,要成为孩子一辈子的记忆。以临师附小 2015 年入队仪式为例,此次入队仪式就和抗战 70 周年相结合,下面为此次活动的流程。

## 临师附小"铭记历史,圆梦中华"主题大队活动暨新队员入队仪式流程安排

"铭记历史、圆梦中华"主题大队活动暨新队员入队仪式在校园中展开,如图 7-4 至图 7-7 所示。

**新入队**

1.大队长报告人数

图7-4 入队仪式

2.出旗(党旗、团旗、队旗一起)

3.唱队歌

4.介绍领导嘉宾

**忆历史**

5.红歌联唱

6.演讲:《犯我中华者,虽远必诛》

**亮榜样**

7.十佳少先队员、优秀少先队员颁奖

8.十佳小达人代表联合表演

**迎新生**

9.宣读新队员名单

10.五年级队员为新队员佩戴红领巾

图7-5 少先队员颁奖

图7-6 赠队旗

11.大队长带领新队员宣誓

**赠队旗**

12.颁发新辅导员聘书

13.新队员代表讲话

14.合唱:校歌《七彩梦想》《大禹纪念歌》

**寄希望**

15.团市委办公室主任学少部部长黄宇迪讲话

16.呼号

17.退旗

18.延伸:六年级队员在印有"祖国,您的未来请放心!"字样的白色横幅上印彩色手印

图7-7 横幅印手印

其中,1、2、3、9、10、11、12、13、14、16、17、18项是基本的大队活动仪式,要规范。中间的活动又分为"忆历史、亮榜样、迎新生、寄希望"四个篇章,通过红歌联唱、演讲、十佳少先队员颁奖,一、六年级队员在印有"祖国,您的未

来请放心!"字样的白色横幅上印彩色手印等形式引导队员铭记历史,向上向善。台州日报头版和临海新闻都对这场活动做了相应的报道。

课程建设活动还包括每周一节的少先队活动课(有教材),这个后面会具体讲到。

再来看主题性活动,它包括时事性活动和传统节日及纪念日的主题性活动。

时事性活动政治色彩比较浓,每年的爱国主义读书活动,比如"牢记核心价值观"活动,"五水共治"活动及临海"创建国家卫生模范城市"活动等。如何将这些活动做得符合孩子的年龄特点,有趣又有实效呢?举个例子,比如"五水共治"活动,临师附小就成立了护

**图 7-8　护水队实践活动**

水队,走出校园开展"考察临海母亲河"的社会实践活动(见图 7-8),孩子们和家长一道追溯灵江源头,采集各段流域水样观察、比对、分析影响水质的原因,采访临海市水文站站长了解母亲河近年来水质及水资源保护工程等相关情况。最后还分发"五水共治"倡议书,向广大市民宣传护水、节水知识。最后将此次活动编辑成册,成为学校和孩子一笔珍贵的精神财富。

**图 7-9　六一淘宝义卖活动**

传统节日及纪念日的主题性活动,指在特定的日子里开展的活动。比如现在很多学校都在搞的"六一淘宝义卖"活动(见图 7-9)。孩子们将自己用不到的书籍、文化用品、小制作、家长制作的食品等拿到淘宝市场展示、出售。"爱心商铺""七彩小铺""童话阁"……

一个个各具特色的店铺有的抽奖,有的"秒杀",有的拍卖,还有的流动推销,让顾客血拼之余,惊喜不断。临师附小的孩子们还将义卖所得款额全部存入学校"梦娃"基金,捐赠给需要帮助的孩子。这样的活动又有吸引力又有意义。

下面重点讲讲每周一节的少先队活动课程,也就是以前的队会。

**图 7-10　《少先队员活动课》教材**

以前,队会怎么上,小品、相声、三句半,加上舞蹈和朗诵,这些表演类的节目是主要形式。花费精力大,准备时间长,但学生心灵上的共鸣与探究合作、临场发挥等能力的培养不见得很好。现在借助《少先队活动课》这一套教材(见图 7-10),设计少先队活动课除了仪式要规范,体现队员的主题性之外,在设计时这要遵循三字口诀:"小、近、新"。

## 案例:台州学院"少先队学"课程观摩研讨会

**表 7-1　"少先队员"课程观摩研讨会**

时间:2016 年 5 月 26 日　　　　　　　　地点:临师附小

| 时间 | 内容 | 执教老师 |
|---|---|---|
| 第一节<br>2:00—2:15 | 说课"附小在我心中　做文明附小人" | 蒋婷婷 |
| 第二节<br>2:25—2:40 | 说课"七彩社团　美丽校园" | 潘敏芬 |
| 第三节<br>3:00—3:40 | 少先队活动课<br>"了解伟大中国梦　喜看幸福临海城" | 金娇 |
| 3:50—4:30 | 课例研讨 | 周娇娇<br>吴银银 |

**图 7-11　课程观摩研讨会**

## 了解伟大中国梦　喜看幸福临海城

**一、活动名称**

了解伟大中国梦;雏鹰奖章;五星红旗章

**二、活动概述**

结合单元"五星红旗章"的获章要求,本活动设计"图说改革开放"和"喜看幸福临海"两大板块,通过实地寻访、现身说法、游戏故事等形式,让队员感知改革开放以来家乡、祖国发生的巨大变化,了解中国梦的伟大进程。

**三、课时安排**

1 个课时,按以下几个环节开展。

◆激趣导入活动

◆活动一:图说改革开放

◆活动二:喜看幸福临海

小队 1 展示:环保梦

小队 2 展示:平安梦

小队 3 展示:教育梦

小队 4 展示:健康梦

◆结束活动,辅导员总结

◆活动拓展:上网搜寻并观看 2013 年六一儿童节习近平总书记参加少先队主题队会的视频及第七届少代会上习近平总书记的重要讲话。

**四、相关知识**

①中国梦:实现中华民族伟大复兴。

②改革开放三十年我国的重大事件(见教材第 35～36 页)。

③五水共治:治污水、防洪水、排涝水、保供水、抓节水。

④平安临海知识题选(详见活动素材)。

⑤教育政策的改变:学杂费减免。

⑥医疗保险的保险金和赔率。

### 五、活动目标

#### 1. 知识目标

了解伟大中国梦是指"实现中华民族的伟大复兴",并了解改革开放后祖国发生的重大事件,同时了解临海在环保、平安、教育、健康等各个方面所做出的努力及成就,了解中国梦,临海梦的伟大进程。

#### 2. 能力目标

通过实地寻访实践活动、游戏故事等形式,提高学生的实践操作能力、口头表达能力、团队合作能力等。

#### 3. 价值观目标

通过活动,了解伟大中国梦其实是由一个个小梦构筑而成,并产生为实现伟大中国梦而一同奋斗的美好愿望和自豪感。

### 六、活动重点与难点

#### 1. 活动重点

通过实地寻访、现身说法、游戏故事等形式感知改革开放以来家乡、祖国发生的巨大变化,了解中国梦的伟大进程。

#### 2. 活动难点

伟大中国梦这个主题高大上,如何如何将它化小、化实,化为适合孩子们年龄特点的有趣又有意义的内容和形式是个难点。

### 七、活动准备

#### 1. 辅导员的准备

设计活动内容和形式,制作课件,指导学生活动前的准备。

#### 2. 队员的准备

分小队了解中国梦,临海梦的四个具象体现:环保梦、平安梦、教育梦、健康梦,具体活动有:

(1)开展了"考察临海母亲河"社会实践活动;

(2)搜集节水金点子;

(3)了解掌握"平安临海"知识竞赛题;

(4)回家了解祖孙三代人别样的学习生活;

(5)了解医疗保险给家人带来的便利与实惠;

（6）了解政府在休闲场所开设方面所做的努力及效果。

**八、活动组织（辅导队员组织开展）**

图 7-12 少先队课程观摩研讨会活动

**九、活动开展**

1. 小——切入点要小

这节课是四年级上册第 9 课《了解伟大中国梦》。结合单元"五星红旗章"的获章要求：感知改革开放以来家乡、祖国发生的巨大变化，了解"中国梦"的伟大进程，根据教材中的四个活动，设计者将主题具象为：了解伟大中国梦，喜看幸福临海城，以小见大。

2. 近——内容要贴近孩子的生活

光说中国梦，太遥远了，太不可及了。其实中国梦的落脚点可以是临海梦乃至一个个小家庭、每一个个体梦的实现。为此设计者将"喜看幸福临海城"分解成四个小梦：环保梦、平安梦、教育梦、健康梦，分绿水蓝天小队、平平安安小队、好好学习小队、健健康康小队四个小队汇报展示。

（1）环保梦。主要结合五水共治，通过今夕灵江、治理前、治理后灵江的对比，让孩子明白保护环境、绿水蓝天是我们临海、浙江乃至全国今后的发展之路必须要考虑的一条。而且各个小队的汇报都是孩子们亲身实践的，体验特深（见图 7-13）。

图 7-13 活动观察中

（2）平安梦。主要结合平安临海的建设，进行平安临海知识抢答和小警花教我学做指挥交通手势的活动。这些知识就是平时生活中要涉及的。

(3)教育梦。设计者根据近几年学校硬件的改变设计了《三代人别样的学习生活现身说法》,根据教育政策的转变,寻找一个小点:学杂费减免,设计小故事《学杂费退出历史舞台了》,从而晒出我们的幸福学习生活。材料全部源自孩子身边的生活。

(4)健康梦。主要设计成乘坐"和谐号"列车走三站:奶奶家、崇合广场、江滨绿道和学校,看临海医疗保险、锻炼场所设施、阳光体育等政府措施的实施后带来的改变。之后小队展示擅长的体育项目。

3.新——活动形式要新颖

例如这节课中有以下几种形式。

图7-14 梦想树的设计

(1)梦想树的设计。将祖国比做一棵大树(见图7-14),改革开放的一个个历史性的时刻就是一片片绿叶丰茂着这棵大树。并在课件中做出动画效果,让学生形象地感知这一个个历史性时刻的重要性!而这棵大树,叫梦想树,也将串联起整个活动。在之后每个小队汇报完毕小结时主题词都会转化为一片绿叶继续丰满着梦想树。

(2)主持人的身份设置。一个梦梦,一个蛋蛋。特别是蛋蛋这个角色,从不了解中国梦到自己也会说中国梦,这个转变就是这节课每个孩子的转变,也是我们本次活动的目标。

(3)各环节的活动形式以实践活动和游戏类为主。比如环保梦一环节设计了以下活动:"考察临海母亲河"社会实践活动母亲河各段水域的水样展示;观看水文站站长讲述灵江水的水质的视频;倾听老一辈讲述以前灵江的音频;图片了解五水共治全民行动及效果;最后说说我们的节水金点子等。

平安梦环节的平安临海知识抢答以"跳搭石"的游戏形式进行。答对一题往前跳一个,易操作又有趣味。还有小警花教我学做交通指挥手势,全体队员参与学一学、做一做,体会交警们的辛勤,并强化交通安全意识。

教育梦一环节请来孩子的奶奶、妈妈现身说法《三代人别样的学习生活》,最后全体队员书写争章感言,并让孩子们将感言卡贴到中国版图上,形象感知一个个小梦想汇聚成了"中国梦"这个大梦想。

少先队活动课程的建设和实践的过程是充满创造性、充满个性的,更是充满快乐的,队活动让孩子的童年更美好,人生起步更坚实。为此,让我们不断地探索、努力吧!

# 第四节　少先队活动课的学生实践案例

## 案例:心怀感恩,持爱同行①

**一、活动名称**

"心怀感恩,持爱同行"主题活动　　雏鹰奖章:五星红旗章

**二、活动背景**

识恩、知恩、感恩、践恩是中华民族的传统美德。一个常怀感恩之心的人,首先是一个对世界抱有善意的人,他的内心是充实的。所以,组织以"感恩"为主题的系列少先队活动课程,可以在每位队员心中播下感恩的种子。从身边的事情着手,引导少先队员留意平时父母对自己的呵护,老师对自己的悉心教导,同学对自己的帮助,陌生人对自己的善意流露,从而教育队员心怀感恩,爱父母、爱老师、爱身边的人,进而爱集体、爱祖国。同时,活动课程的开展有利于落实学校的德育教育,促进少先队员不断提升自我道德水平。

**三、课时安排**

1个课时,按以下几个环节开展,在活动开展中将具体展开描述。

◆激趣导入

◆活动一:交流身边真善美

◆活动二:唱出同窗深情谊

---

① 设计者:杜琼(台州学院)

◆活动三:谆谆教导记心中

◆活动四:携手共建爱心树

◆活动评价

◆活动结束

◆活动延伸:中队组织"心怀感恩,持爱同行"成果展,各小队把收集到的资料按名言、绘画、爱心树分类,布置展板。

◆活动反思

**四、活动目标**

1.知识目标:了解"恩",学会用实际行动感谢父母、感谢老师、感谢身边人。

2.能力目标:通过课程活动的开展,学生体会父母、老师、身边人的关怀与帮助,学生带着感恩之心,学会思考观察身边事,提高团队合作能力和口头表达能力。

3.价值观目标:丰富生活体验与情感积累,感受中华民族的传统美德。学生能心怀感恩,爱父母、爱老师、爱身边的人,进而爱集体、爱祖国。

**五、活动重点与难点**

1.活动重点:学生了解"恩",感受中华民族的传统美德,能心怀感恩,爱父母、爱老师、爱身边的人,进而爱集体,爱祖国。

2.活动难点:学生能体会父母、老师、身边人的关怀与帮助,带着感恩之心。

**六、活动准备**

1.辅导员的准备

(1)仪式准备:中队旗一面、《出旗曲》《退旗曲》《少年先锋队队歌》音乐。

(2)活动准备:编排内容,组织学生排练情景剧、朗诵、合唱等节目。

2.队员的准备

(1)以"世界的善意"为主题,组织队员以小队为单位,在校园或小区内进行走访、调查、收集资料(图片、文字、音像)。

(2)通过上网查询,收集有关感恩的格言,了解背后蕴含的感恩知识。

(3)与父母长辈交谈平时身边的小事,了解父母的生日、喜好等。

### 七、活动开展

1. 队仪式部分

(1)各小队整队,报告人数

(2)出旗(奏乐、敬礼)

(3)唱《中国少年先锋队队歌》

(4)中队长讲话,宣布活动开始

2. 环节开展

◆激趣导入

【活动目的】 以感恩视频为背景,从最直接的亲情入手,引发队员回忆老师、同学、陌生人的善意。为活动的展开做好铺垫,同时为队员的情感升华做好准备。由主持人扮演人物"梦梦、福福",为课程活动增添一抹亮色。

【活动过程】

(轻声播放《爸妈谢谢你》视频,主持人在音乐声中入场)

梦梦:嗨!大家好,我是你们的好朋友梦梦。

福福:我是福福。

梦梦:福福,你看视频,爸爸妈妈教我们那么多,对我们那么好,我也要对他们那么好!

福福:是呀。其实不光爸爸妈妈对我们好,老师们、同学们也十分照顾我们呢,甚至是陌生人都会对我们给予善意。不信,你瞧。

◆活动一:交流身边真善美

【活动目的】 队员通过观察生活中碰到的陌生人的善意行为,初步感知"恩",建立基础的感恩意识。在收集故事的过程中培养语言表达能力与合作交流能力,为下面情感的升华做铺垫。

【活动过程】

**1. 共同交流真善美**

福福:我们身边处处有爱,爸妈爱我们,老师呵护我们,同学帮助我们,陌生人对我们微笑。前阶段,队员们收集了许多善良的陌生人的故事,或许是亲身经历,或许是听他人提起,或许是在哪里看到过。下面我们来看看,小记者们都遇到了哪些事呢?

(1)第一、二小队汇报:"善良的陌生人"

①两位队员叙说自己的亲身经历,表达自己的感受。

②组内其他队员表达自己的想法,并说说自己以后想怎么做。

③小结:我们身边的确有这样善良的陌生人!

(2)第三、四小队汇报:"我听闻的善意"

①分享内容可以是向他人采访得知的,或是自己在网上看到的。

②组内其他队员表达自己的想法,并说说自己以后想怎么做。

③小结:感谢他们的善良,希望我们也能做个善良的"陌生人"。

**2. 小品表演《身边的真善美》**

【活动建议】

①活动建议 10 分钟。

②此活动由主持人福福主持,各小队派代表上台介绍课前收集的关于善良的陌生人的故事。

③在第 2 环节由第一小队表演小品《身边的真善美》对此环节做一个小结。

◆活动二:唱出同窗深情谊

【活动目的】 由两个小队代表收集整理故事,提高彼此的团队合作能力。对象从陌生人到同学,队员们从具体的事物中进一步感受了解"恩",学会留心观察身边的人与事,同时激发学生对其的情感,珍惜来自他人的关心与呵护,做到爱父母、爱家长、爱同学。

【活动过程】

**1. 融洽相处忆情谊**

梦梦:在我们生活中,陌生人都能以善意相待,那看看我们的身边,是我们最可爱的队员也是同学们。我们特地安排了第一、二小队的几位小记者收集整理了队员们之间的回忆,让我们来一起看看。

(1)第一小队——我们的照片

①第一小队结合课件进行展示。

②借助语言让照片变得更加生动。

(2)第二小队——我们的故事

①第二小队讲述队员之间发生的趣事。

**2.畅谈内心真感受**

①梦梦:同学们之间发生了许多故事,听了刚才同学们的汇报演出,你们有什么感受?(队员畅谈感受)

②齐唱歌曲《心愿》。

【活动建议】

①活动建议15分钟。

②此活动由梦梦主持,各小队派代表上台结合课件展示队员间的故事。

③在第2环节让全体队员交流感受,中队长根据队员发言给予评价,后由第二小队四位队员齐唱歌曲《心愿》。

◆活动三:谆谆教导记心中

【活动目的】 队员查询有关"感恩"的名言,经过理解、分享,感受来自多层面、多角度的爱。通过展示"我心中的老师"绘画作品,使得队员们与老师的情感得到升华,加深队员对于"感恩"的体验。

【活动过程】

**1.尊师重道享格言**

福福:拥抱了我们亲爱的队员们,相信大家已经注意到了,我们敬爱的老师同样也爱着我们,呵护着我们。我们三、四小队带来了相关名言名句,我们一起来看。

第三、四小队——分享感恩名言

①队员结合课件分享名言。

②展示"我心中的老师"绘画作品,并做介绍(配轻音乐)。

**2.诗朗诵《辛勤的园丁》**

【活动建议】

①活动建议15分钟。

②此活动由两位主持人共同主持,队员在学习名言后,对自己心中的老师形象进行描绘,课程活动上展示绘画作品。

③在第2环节由第三小队进行诗朗诵。

◆活动四:携手共建爱心树

【活动目的】 通过课程活动的开展,让学生体会父母、老师、身边人的关怀与帮助,学生带着感恩之心,学会思考观察身边事。通过爱心树激发学生对父母的情感,让学生完整感受来自陌生人、同学、老师、父母的爱,环节之间相互连接,队员学会爱身边人,进而爱社会、爱祖国。

【活动过程】

**1. 制造冲突引发思考**

梦梦:我们感受到了来自陌生人、同学、老师的爱,每日每夜在身边照顾我们的是谁?

福福:是父母呀。

梦梦:从一出生下来,父母就不让我们吃一点苦,受一点累。可有一些人认为父母养我们,关心、照顾我们是天经地义的。总是埋怨父母唠叨,经常和父母发生冲突。

福福:请看情景剧《如此儿子》。

**2. 内心感受同来说**

梦梦:大家看到这位儿子的做法,有什么想说的?(队员畅谈感受)

福福:那你们知道自己父母的生日、喜好吗?(队员共同交流)

**3. 你我同建爱心树**

福福:现在,想必你一定有话想要对你的爸爸妈妈说吧? 把你想说的话写下来,我们一同贴到爱心树上。(背景音乐:《感恩的心》)

【活动建议】

①活动建议 20 分钟。

②情景剧《如此儿子》由第四小队表演。

③此活动由两位主持人共同主持,队员畅谈自己对情景剧的思考。

④在第 2 环节由主持人组织队员写下自己想对父母说的话,一同贴到爱心树上。

◆活动评价

【活动目的】通过自我评价和他人评价,让队员明白自己在活动中的表现,对自己有一定的自我认识。

【活动过程】

| 活动内容 | 活动一 | 活动二 | 活动三 | 评核人 |
|---|---|---|---|---|
| 自我评 | | | | |
| 队友评 | | | | |
| 小队长评 | | | | |

(1.优秀★    2.良好☆    3.合格△    4.加油！)

①根据自己在活动中的表现,进行自我评价,填写表格。

②组内队员互评。

③小组长评价,每组评出一个最佳队员获得"五星红旗章"。

④颁发雏鹰奖章。

【活动建议】

①活动建议5分钟。

②此活动由中队长组织,队员进行活动过程自我评价和他评。

③在第4环节中由中队长颁发"五星红旗章"。

◆活动结束

【活动过程】

**1. 主持人宣布活动结束**

福福:感恩是一杯清醇的酒,使人生陶醉;

梦梦:感恩是一首浪漫的诗,使人生丰富;

福福:感恩是一首动人的歌,使人生快乐!

梦梦:从我做起,留意身边真善美,常怀感恩之心吧!

(合)主题队会《心怀感恩,持爱同行》到此结束!下面请辅导员讲话。

**2. 整队(集合)、辅导员讲话**

队员们,这次中队活动开展得非常成功,大家准备得很充分,节目表演得也很精彩。在活动中,大家都积极地表达了自己的想法和观点,并具体说出了自己今后打算如何去做,我觉得这点很好。相信大家在今后的日子中,会带着自己的理解践行运用。让我们一起好好学习,用自己的实际行动去建设我们的祖国,使它更加繁荣富强,争得"五星红旗章"。

**3. 呼号、退旗**

中队长:全体起立。

(全体起立,面向队旗,举起右拳)

中队长呼号:"准备着,为共产主义事业而奋斗!"

全体队员:"时刻准备着!"

(旗手、护旗手退旗,全体队员行队礼)

【活动建议】

①辅导员就本次活动做最后总结。

②第2、3环节由中队长主持退场。

◆活动延伸

中队组织"心怀感恩,持爱同行"成果展,各小队把收集到的资料按名言、绘画、爱心树分类,布置展板。

【交流身边真善美】

**1. 共同交流真善美**

第一、二小队

A:一天,我在公交车上看见一位卖花的大婶倚在栏杆上,神情疲惫,而我旁边刚好有个人要下车,于是我赶紧示意大婶坐下来。她坐下后,从篮子里拿出一枝花送给我。惊喜之余,我的心情也如这朵花儿一样绽放。

B:一次早上我就要赶不上考试了,我一路小跑赶到公交车站,公交车却即将要开走。一位拄着拐杖的老先生见我飞奔过来,就一直等在车门口,没让车开走。然后,老先生坚持让我先上车,脸上还带着非常谦和的笑容。

C:那天晚上下了特别大的雨,我没有伞,犹豫了很久,终于还是冲进了雨里。一直跑,一直跑。路上听一个人喊我,匆匆跑上来叫我躲她伞下。途中我着急走得快,她还说再走你就出去了。我被雨淋湿了很冷,但心里很暖和。

D：有一次爸爸来看我带来一袋苹果，我拎着袋子走到校门口袋子突然破了苹果滚一地，路过的好几个同学纷纷弯腰帮我捡。

第三、四小队

A：山东济南一位产妇因大出血急需 AB 型血液，引发全城居民深夜排队献血。看到消息后，震惊的同时，我也被深深地打动。这些素未谋面的人们，给我们送来了一缕怡人的清风。

B：一位出租车司机在开夜车时，因为路不熟，加上天黑，简直就不认道了，他说："都是乘客为我指路。有些时候我送乘客回家，进了楼群三拐两拐就迷了方向，深夜里下车的乘客并不着急上楼，都是先告诉我驶出楼群的路线，然后才摆手离去。"

C：一位留学生在国外一个人过春节，地铁的卖艺大叔为她弹奏了一首《茉莉花》。

**2. 小品表演《身边的真善美》**

改编自小品《陌生人》。

【唱出同窗深情谊】

第一小队

A：帮助别人是一件快乐的事情。我和我同桌就互相帮助，有时她没带橡皮、课本，我就愉快地把我的借给她用。我有时也没带铅笔、课本，她就主动地借给我用。

B：今天下午我帮老师拿数学卷子时，太多了拿不动，一不小心有些卷子掉在了地上，这时班里有好几个同学来帮助我，把卷子捡起来，我才顺利地帮老师把卷子送到了办公室。

C：我在楼梯上走路不小心摔倒了，同学马上跑过来拉了我一把，觉得很感谢。

D：上个周末的时候，我们布置了登高实践作业，我是和同桌一组去的，一路上我们两家人都玩得很开心，互相帮忙，我有什么就给他，他有好玩的也会给我。

第二小队

A：我的语文比较好，同桌的数学比较好，所以我们在学习上都会互相帮助,她有疑问的地方会问我应该怎么想,我会向他请教学习数学有什么解题技巧。我们已经做了一学期的同桌了,我感觉我们的成绩都有提高。

B:好朋友就应该互相帮助,同学病了,我帮她把书包送回家;上美术课我忘带彩笔了,同学主动借给我用。互相帮助,困难没有了,我们大家都很快乐!

C:有次我的脚被砸伤了,在家休养了近一个月,每次放学后,同学们都会轮流到我家,陪我聊天,拿作业给我。如果不会做,同学们会给我耐心讲解,把当天上的课给我讲一遍,直到我弄懂了才离开,每一天都是这样。很多同学经常关心地问一句:"你的脚好点儿了吗?"

D:我看见小明正为一道题发呆。仔细一看,是填近义词的。我告诉他:"近义词就是意思差不多、相近的词语,平时要多看书,才能积累多词语,对这类题才会做。"小明若有所思地想了想,点点头。第一题是写出"霎时"的近义词。我问小明:"霎时是什么意思?"小明摇摇头。我启发他:"霎时就是很快、非常快的意思。"后来他理解了我的意思,学着自己理解分析题目,提升很快。

【谆谆教导记心中】

**1. 尊师重道享格言**

A:老师,您多像那默默无闻的树根,使小树苗壮长大,又使树枝上挂满丰富的果实,却并不要求任何报酬。

B:假如我是诗人,我将以满腔的热情写下诗篇,赞美大海的辽阔和深远。并把它献给您——我的胸怀博大、知识精深的老师。

C:教师是火种,点燃了学生的心灵之火;教师是石级,承受着学生一步步踏实地向上攀登。

D:一日为师,终身为父。

E:您像一支烛炬,固然细弱,但有一分热,发一分光,照亮了别人,耗尽了自己。这无私的奉献,令人永志不忘。

F:疾学在于尊师。

(展示绘画作品时配上轻音乐《Town of Windmill》)

### 2. 诗朗诵《辛勤的园丁》

多少年季节轮回，多少个春夏秋冬，

你是红烛燃烧着亮丽的生命，

奉献几多血和汗，不求青史留英名，

你用真情传播着智慧的火种。


就像那春蚕献出一生的忠诚，

就像那冬梅吟唱着早春的歌声。

多少个不眠之夜，多少次灯光长明，

你在漫漫的长夜里有伏案的身影，

青丝之间添华发，三尺讲台荡笑声，

你用友爱缩短着心与心的路程。


你是那阳光融化冷漠的冰雪，

你是那向导引人走出科学的迷宫。


啊！光荣的教师，辛勤的园丁！

桃李芬芳是你的欢乐，默默奉献无私的心灵。

啊！光荣的教师，辛勤的园丁！

桃李芬芳是你的欢乐，默默奉献无私的心灵。

【携手共建爱心树】

### 1. 制造冲突引发思考

**情景剧《如此儿子》**

（儿子在房间偷偷玩手机游戏，妈妈在门外头看，儿子发现马上把手机收起来了。一会过后，儿子开始边听歌边写作业。）

妈妈突然进来说："儿子呀，来，喝瓶牛奶，休息一会儿。"（儿子没动静）"唉，你听什么呢？妈跟你说话呢。"

儿子："听英语呢，你能不能安静点！"

妈妈："哦，是吗！那你好好听吧，我先出去了！"

旁白：（半个小时过去了）儿子开始玩电脑，妈妈又进去了。

妈妈:"儿子,作业写完了吗?"

儿子:"写完了!"

妈妈:"是吗? 来,我帮你检查检查。"

儿子:"反正做完啦,明天再检查不行啊!"

妈妈:"不行,今天的事情今天完成! 拿来!"

(儿子一边喃喃自语,一边拿了作业给妈妈)

妈妈:"昨天的作业怎么那么多叉和问号! 你还没订正?"

儿子:"答案对了,老师看不懂!"(边玩电脑边跟妈妈说话)

妈妈:"老师不懂怎么当你的老师啊! 她不懂怎么给你讲啊! 赶快当着我面改了!"

(儿子不情愿地改了)

妈妈:"今天的作业为什么这么多没写,空着呢?"

儿子:"不会! 明天问老师!"

妈妈:"今天干嘛去了? 为什么今天不问? 为什么上课不认真听讲? 现在马上写,我看着你写!"

儿子:"行,我写就是啦,你先出去!"

妈妈:"我不出去! 你快写!"

儿子:"你在这我没办法写下去!"

妈妈:"我不出声!"

儿子:"不行,我看着你烦!"

妈妈:"我就不出去了! 快写!"

儿子:"我就不写,熬呗,看谁先熬到 12 点!"

妈妈:"你说说你,你现在不好好学习以后怎么办啊? 现在学习为了谁啊,不就是为你以后能上个好学校吗! 我能得到什么啊! 不都是为你好吗! 我这何苦……"

儿子:"行了行了,你烦不烦啊! 说够了吗? 在学校这个老师也说那个老师也说,天天说大道理,回家你又唠叨个不停,你还让不让我活啊? 你不走吧! 行! 我走!"

妈妈:"你给我回来! 你要去哪?"(退场)

**2.内心感受同来说**

A:当老师布置了调查爸爸妈妈的生日喜好时,我才发现,爸爸妈妈只给我过过生日,而我从来没给他们过过。我居然根本不知道他们的生日! 现在我终于知道了,我要牢牢地记住,给他们买蛋糕!

B:我知道爸爸妈妈的生日,每年都会跟他们说生日快乐。但一提到喜好,我又犯了愁,我不知道他们喜欢什么。只知道自己喜欢什么,我回家问他们时,他们还奇怪地问我,"为什么突然问这个?"看来我平时实在太不像话了!

C:我家里还有一个小弟弟,妈妈总是把更多的关注放在他的身上。我常常因此不开心,后来妈妈对我说,是因为弟弟还小,许多事情不懂所以要多照顾,我很小的时候妈妈也是这样照顾我的。现在我记得家里所有人的生日、喜好,也会和小弟弟一起玩游戏。

D:每次我放学回家,爸爸妈妈总会问我今天在学校里发生了什么呀? 我都会开心得讲我的故事。其实,爸爸妈妈的一天也发生了许多事情,但他们还是不辞劳累地照顾我们,记得我的生日,记得我喜欢什么。而我……我从来没想到这些,后来我马上在我的小本子上记下了他们的生日,今年我也要帮他们一起过生日!

**3.你我同建爱心树**

A:对不起,妈妈,之前是我不懂事。以后我会好好学习,不再让你操心!

B:妈妈我已经有好多小裙子了! 希望你也能给自己买漂亮的裙子,不用老给我买啦!

C:爸爸,虽然每次我都跟你置气,惹你不开心,其实我也不想的。我爱你,爸爸。

D:爸爸,你上次把伞都撑在我这边,自己感冒了,希望爸爸的感冒能早点好。

◆活动反思

这次活动主要是希望学生传递中华民族的传统美德,在识恩、知恩、感恩、践恩的过程中提升自己。活动前队员搜集调查资料比较充分,再加上精心设计,使这次主题班会不仅内容丰富多彩,而且充满了生机和活力。更重要的是,孩子们的确在活动中表达了自己的真切感受,体会父母、老师、身边人的关怀与帮助,带着感恩之心,思考、观察身边事,做到爱父母、爱老师、爱身边的人,进而爱集体,爱祖国。

# 案例:祖国在我心中①

根据"大主题,小切口"的设计理念,本次活动的主题是《祖国在我心中》,以爱祖国的方面细细展开,有层次地设计了四个活动环节,由浅入深,形式多样,以"小分队"形式开展活动,充分尊重队员的主体性,同时在内容的选取上科学合理地利用好当地特色资源,如临海古长城,爱国英雄戚继光,台州本地的名胜古迹等,不但资源"活",形式也"活"。对之前的少先队活动设计的九个环节都有改进,在活动中开展"知识竞赛"等游戏环节中体现活动设计的娱乐性;在活动中以"爱国小分队"和"英雄小分队"为主体进行游戏环节和故事分享等环节充分体现了活动设计的自主性和互动性;音乐、影频、课本剧、朗诵等多种形式的活动,以及队员自己讲述等活动都体现了活动设计的体验性、参与性;在整个活动设计中以引导为主,体现启蒙性;模型制作和最后的制作手抄报充分体现了创造性和实践性,整个活动方案设计充分贯彻落实了科学设计少先队活动的八个特性。具体设计如下。

**一、适合年级**

五年级

**二、活动名称**

"祖国在我心中"主题活动　　雏鹰奖章:五星红旗章

**三、活动背景**

当嘹亮的国歌回荡在耳边,当鲜艳的红领巾飘扬在胸前,我们的梦想变得飞扬热烈,共同的追求展现在眼前——中国梦。中国梦无比伟大而又艰巨,它,是我们中华民族近代以来最伟大的梦想。实现中华民族的伟大复兴,需要一代又一代人的不懈努力。从未成年人抓起,培养和造就千千万万具有高尚思想品质和良好道德修养的合格建设者和接班人,既是一项长远的战略任务,又是一项紧迫的现实任务。因此我们特开展《祖国在我心中》

---

① 设计者:张和杰(台州学院).

的主题教育实践活动,激发队员的爱国主义情操,提高队员思想品德水平,同时在活动中培养队员的实践感受能力、语言表达能力及社会经验。

本活动结合《少先队活动课指导纲要》,整个设计以队员自主活动为本,让队员分小队收集整理祖国版图和祖国的相关基础知识,交流介绍有关爱国人物、事件等特色资料,通过有趣的活动环节让队员感受祖国的伟大,激发全体队员对自己祖国的热爱之情,立志于建设祖国,热爱祖国,爱自己。

本活动需要 2 个课时,按以下几个环节开展,在活动开展中将具体展开描述。

◆激趣导入

◆活动一:祖国,我想走进你

◆活动评价

◆活动结束

◆活动延伸:中队在结束之后,辅导员布置任务,以《祖国发展我成长》为主题,制作一份手抄报。每位同学在自己的手抄报上记录祖国的强大,爱国事例或人物,以及想对祖国想说的话,在此之后选取优秀作品进行展示。

◆活动反思

**四、相关知识**

中国共产党,简称中共,成立于 1921 年 7 月,1949 年 10 月至今为代表工人阶级领导工农联盟和统一战线,在中国大陆实行人民民主专政的中华人民共和国唯一执政党。中国共产党是中国工人阶级的先锋队,同时是中国人民和中华民族的先锋队,是中国特色社会主义事业的领导核心,代表中国先进生产力的发展要求,代表中国先进文化的前进方向,代表中国最广大人民的根本利益。中国共产党以马克思列宁主义、毛泽东思想、邓小平理论、"三个代表"重要思想、科学发展观、习近平新时代中国特色社会主义思想,作为自己的行动指南。党的最高理想和最终目标是实现共产主义。

中华人民共和国,位于亚洲东部,太平洋西岸,是工人阶级领导的、以工农联盟为基础的人民民主专政的社会主义国家。

1949 年(己丑年)10 月 1 日成立,以五星红旗为国旗,《义勇军进行曲》

为国歌,国徽内容包括国旗、天安门、齿轮和麦稻穗,首都北京,省级行政区划为 23 个省、5 个自治区、4 个直辖市、2 个特别行政区,是一个以汉族为主体的民族,由 56 个民族构成的统一多民族国家,汉族占总人口的 91.51%。中华人民共和国陆地面积约 960 万平方公里,大陆海岸线 1.8 万多千米,岛屿岸线 1.4 万多千米,内海和边海的水域面积约 470 多万平方千米。海域分布有大小岛屿 7 600 多个,其中台湾岛最大,面积 35 798 平方千米。陆地同 14 国接壤,与 6 国海上相邻。

国旗、国徽、国歌,中华人民共和国国旗为五星红旗,旗面为红色,长宽比例为 3∶2。左上方缀黄色五角星五颗,四颗小星环拱在一颗大星的右面,并各有一个角尖正对大星的中心点。中华人民共和国国徽图案由中华人民共和国国旗、天安门、齿轮和麦稻穗组成。中国国歌为《义勇军进行曲》。

### 五、活动目标

#### 1. 价值目标

通过活动,让队员了解自己的祖国,认识祖国的大好河山和强大的实力,感悟爱国的深层意义,树立爱祖国爱自己的价值观,培养崇高的爱国情操,做一个品德高尚,有着正确三观的有为青年。

#### 2. 过程目标

欣赏、感受到自我感想,发挥小组的积极性、创新性,从身边出发,切身感受祖国的伟大。

#### 3. 能力目标

培养队员的感受能力、思维能力和动手操作能力,自主收集整理资料和合作交流的能力。

### 六、活动重点和难点

#### 1. 活动重点

通过活动让队员感受到党和祖国的伟大、社会的和谐,激发队员对党、对祖国、对社会的热爱,培养队员高尚的爱国情操,树立正确的三观和良好的思想品质。

#### 2. 活动难点

让学生为祖国建设贡献一份力,理解爱国的深层内涵,并感知自身作为一个中国人的自豪情感。

**七、活动准备**

**1. 辅导员的准备**

准备工作前期,充分听取队员的意见,分工明确,发挥部分队员的特长进行准备节目。

(1)仪式准备:中队旗一面,音乐——《出旗曲》《退旗曲》《少年先锋队队歌》。

(2)活动准备:祖国的相关知识和图片,以及相关问答题;祖国大好河山集锦视频;祖国版图的拼图;故事——《戚家军抗倭显神威》,节目和歌曲的相关材料;积分卡。

**2. 队员的准备**

将队员按意愿分成两个小队:爱国小分队和英雄小分队。

(1)根据小组任务,自行收集相关爱国英雄的故事和军事模型的制品。

(2)每个队员写给自己祖国的一段话。

(3)根据小组任务,记录自己身边的爱国事例或劳动模范。

(4)部分擅长表演的队员志愿准备《少年英雄王二小》课本剧,部分擅长歌唱的队员志愿准备歌曲《祖国在我心窝里》,部分擅长朗诵的队员志愿准备《少年中国说》。

**八、活动开展**

**1. 队仪式部分**

(1)各小队整队,报告人数。

(2)出旗(奏乐、敬礼)。

(3)唱《中国少年先锋队队歌》。

(4)中队长讲话,宣布活动开始。

**2. 活动过程**

◆激趣导入

【活动目的】 通过背景音乐的渲染,由主持人充满自豪的开幕词拉开序幕,用语言魅力感染每个队员,直奔主题。

【活动过程】

轻轻播放背景音乐:《中国人》

主持人 A:敬爱的辅导员,亲爱的少先队员们,

主持人 B:今天我们大家欢聚一堂,共赞伟大祖国好。

主持人 A:中国,他是亚洲的一颗明珠,

主持人 B:中国,他是东方的一条巨龙。

主持人 A:中国,以他的地大物博吸引着全世界的瞩目。

主持人 B:中国,以他的美丽神秘牵动着亿万人民的心。

合:我骄傲,我是中国人!《赞美伟大祖国好》少先队活动课现在开始!

(播放音乐,主持人朗读)

◆活动一:祖国,我想走近你

【活动目的】 通过游戏的方式使队员了解祖国,再进行具体的知识介绍和讲解以加深印象,激发队员的学习兴趣,提高队员们的活动参与积极性,同时通过动手拼地图来学习祖国的版图知识,培养队员的动手操作能力。

【活动过程】

主持人 A:中国,一个响亮的名字,铭记在我们每个人心中,同学们,你对祖国有过了解吗?

队员 A:我知道祖国妈妈的名字叫作中华人民共和国。

队员 B:我会唱《国歌》。

主持人 B:那我们就来比一比,看谁对祖国最了解? 拿出你们的积分卡,以下是知识大比拼环节,你们有信心接受挑战吗?

(队员们齐说:有)

**1. 知识竞答(积分卡)**

主持人 A:有请爱国小分队给我们出题,每答对一题记 1 分,记录你们的成绩,请看第一题。

……

请听题:(小队长读题)

①中国共产党的建立时间?

②中国共产党的党旗有什么特点?

③中华人民共和国的成立时间?

④你能说出几个我国的国家主席?

⑤我们中国的版图像什么？

⑥我们的家乡的地址是省—市—市？

⑦我国土地辽阔，有多少万平方公里？

⑧我国最长的河流是？

⑨我国最高的山峰是？它也是世界最高峰。

⑩"飞流直下三千尺，疑是银河落九天。"赞美的是我国的什么地方？

⑪中国的四大领海包括渤海、黄海、东海和哪个海？

⑫我国最大的湖是什么湖？

⑬说出我们家乡的三个著名旅游景点。

⑭你能说说祖国的国歌、国旗、国徽分别是什么吗？

⑮你能背诵赞美祖国山河的诗吗？

主持人 A：请你把得到的分数记在自己的积分卡上。

主持人 B：同学们都很棒，对祖国妈妈都有一定的了解，那么我们来走进我们的祖国。

（荧屏上呈现中国共产党、中华人民共和国、中国版图等相关知识）

**2.学习相关知识**

爱国队员 A：中国共产党，简称中共，成立于 1921 年 7 月，1949 年 10 月至今为代表工人阶级领导工农联盟和统一战线。

主持人 A：是啊，我们党带带给我们美好的生活，是我们的领头羊。

爱国队员 B：中华人民共和国位于亚洲东部，太平洋西岸，是工人阶级领导的、以工农联盟为基础的人民民主专政的社会主义国家。1949 年（己丑年）10 月 1 日成立……

队员：哇！原来我们祖国这么大啊。

主持人 B：你知道吗，我们祖国面积是世界第三，拥有很多资源，文化也特别悠久，有 5 000 多年的历史。

爱国队员 A：我国的国旗为五星红旗，旗面为红色，长宽比例为 3∶2。左上方缀黄色五角星五颗，四颗小星环拱在一颗大星的右面，并各有一个角尖正对大星的中心点。

（多媒体课件滚动播放相关知识）

**3. 中国版图拼拼拼**

爱国小队长：我们小队将与大家共同分享祖国"地大物博，物产丰富"这一方面的收获。请大家看大屏幕，这傲立于世界东方的雄鸡就是我们中国的版图，你对它熟悉吗？（出示中国地图）

爱国队员 B：那我们小组可要向你们发出挑战了，这是一张中国版图的拼图，我们各小队来比一比谁拼得快，请各小队先选一名队员当主拼，选好了吗？其他队员在一旁协助，准备——开始。

（小队之间拼图比赛）

主持人 A：各小队的表现都不错，那你们能在中国版图上准确地找出我们的首都吗？（指名上台指）对，我们的首都在祖国的东北部，在雄鸡的咽喉上。我们的家乡在哪儿呢？

（小组队员回答，最后进行综合评比，积分）

爱国队员 A：我们的祖国地大物博，资源丰富，请看，蓝色标记的是我国的水资源，我国的淡水资源总量为 28 000 亿立方米，居世界第四位。

爱国队员 B：我国的矿产资源总量丰富，品种齐全，煤炭资源居世界第一位，铁矿资源居世界第三，有色金属资源是世界上最丰富的国家之一，石油、天然气资源也居世界第五。

爱国队员 A：我国的土地资源十分丰富，粉红色标志的和黄色标志的是我国的耕地资源，它的面积占世界陆地面积的十五分之一，居世界第三位。

爱国队员 B：绿色标记的是我国的森林资源，我国的森林面积占世界陆地面积的百分之四点五，列居世界第五位。

爱国队员 A：从这些标记上我们可以清楚地看出，我国的自然资源总量是非常丰富的。

主持人 B：看看，我们的祖国是多么的宽阔，多么的丰富。

【活动建议】

①活动建议 20 分钟。

②此活动由"认识党和国家""认识国旗国徽国歌""了解中国版图"三方面展开进行。

③在第 1 环节中开展了知识大比拼，激发队员积极性，加深对祖国基本

情况的认识,计分,通过第 2 环节的学习加深印象;在第 3 环节中进行中国版图的拼图大赛,进行评比,在此之后通过小队的自我整理进行分享教育。

◆活动评价

【活动目的】 通过自我评价和他人评价,让队员明白自己在活动中的表现,对自己有一定的自我认识。

【活动过程】

| 活动内容 | 活动一 | 活动二 | 活动三 | 评核人 |
|---|---|---|---|---|
| 得分 | | | | |
| 队友评 | | | | |
| 小队长评 | | | | |

(1.优秀★    2.满意☆    3.良好△    4.加油！)

①根据自己在活动中的表现,进行自我评价,填写表格。

②组内队员互评。

③辅导员和中队长评价,每组评出 3 个最佳队员获得"五星红旗章",再在两个小队中分别评出"爱国积极分子""英雄榜样积极分子"。

④颁发雏鹰奖章和积极分子奖状。

【活动建议】

①活动建议 8 分钟。

②此活动由中队长组织,队员进行活动过程自我评价和他评。

③在第 4 环节由中队长颁发"五星红旗章"。

◆活动结束

**1. 主持人宣布活动结束**

(甲)我们爱中国,(乙)我们爱大家。

(甲)我们大声说出我们都是中国人。

(乙)让我们为建设自己的家乡,建设可爱的祖国而努力奋斗吧!

(合)临海小学五年(3)班主题队会《爱党爱祖国爱社会》到此结束! 下面请辅导员讲话。

**2. 整队（集合）、辅导员讲话**

队员们，这次中队活动开展得非常成功，大家准备得很充分，节目表演得也很精彩，谢谢大家！这次活动大家都积极表达了对祖国的热爱之情，同时都有一份为创建美好祖国、和谐社会的心。我相信祖国有你们这些优秀的少先队员一定会发展得更好！我们社会一定会和谐发展！用自己的实际行动去建设我们的家乡、我们的祖国，使它们更加繁荣富强，争得"五星红旗章"。

**3. 呼号、退旗**

中队长：全体起立。

（全体起立，面向队旗，举起右拳）

中队长呼号："准备着，为共产主义事业而奋斗！"

全体队员："时刻准备着！"

（旗手、护旗手退旗，全体队员行队礼）

【活动建议】

①辅导员就本次活动做最后总结。

②第 2、3 环节由中队长主持退场。

◆活动延伸

中队在结束之后，辅导员布置任务，以《祖国发展我成长》为主题，制作一份手抄报。每位同学在自己的手抄报上记录爱国事例或模范人物事例，以及想对祖国想说的话，在此之后选取优秀作品进行展示。

◆活动反思

这次活动很有现实意义，队员搜集调查的资料比较广且充分，再加上精心设计，使这次主题班会不仅内容丰富多彩，而且充分发挥了队员的积极性和创造性。更重要的是，孩子们的心灵受到了震撼，感受到了幸福生活的来之不易，感受到了祖国的日益强大，感受到了党的优越性，激发了孩子们爱党、爱祖国、爱社会的情感。

# 案例:七夕祈福礼 包容显和合①

## 一、活动背景

2017 年 6 月,少先队浙江省第七次代表大会在杭召开,省委书记车俊说:"希望广大少年儿童志存高远、刻苦学习、身心健康、明德向善,从小听党话、跟党走,把自己的理想与振兴祖国、建设家乡紧密结合起来,做有理想、敢担当的新一代。"强调了少先队员要建设家乡。建设家乡就必须要挖掘家乡文化,使之与时代接轨,与国家接轨。

2006 年,"石塘小人节"(传统七夕)又被列入第一批台州市非物质文化遗产代表作名录,其影响力日渐扩大。2008 年,又被列入温岭市第二批非物质文化遗产保护名录。2011 年温岭石塘"小人节"被列为"国家级非物质文化遗产",成为中国传统节日的"活化石"。

2006 年 5 月 20 日,七夕节被中华人民共和国国务院列入第一批国家级非物质文化遗产名录。2017 年 2 月 6 日,中共中央办公厅、国务院办公厅印发的《关于实施中华优秀传统文化传承发展工程的意见》文件中,七夕作为中国几大传统节日之一列入其中。文件要求实施中国传统节日振兴工程,丰富传统节日文化内涵,使其有益的文化价值深度嵌入百姓生活。

台州作为"和合二圣"的故地,是中华"和合人文精神"的主要发祥地之一,在地域传统文化中,蕴藏着丰富的和合思想资源。因此,抓住契机,灌输培养少先队员对家乡文化的了解与自豪的朴素感情,是我们的重要任务。

## 二、活动目的

①了解温岭小人节,形成文化认同感。

②了解家乡和合文化,认可并内化和合文化。

---

① 该案例作者为台州学院小学教育专业 2015 级学生倪肇,现就职于宁波市江北外国语学校。2017 年少先队活动方案设计大赛举办之际,她正主持国家级大学生创新创业项目,课题名称为:中国的情人节—七夕的源流嬗变。课题为方案构思提供了思路,作为台州人,对温岭石塘的小人节有接触,当代少先队员对地方文化的忽视,让倪肇产生了挖掘本土文化的动力。温岭七夕文化的精髓是融合与创新,这与台州的和合文化不谋而合。由点到面,由表及里,让新一代的台州少年了解家乡,发扬和合,更是新时代下社会主义核心价值观的地方化。

③产生对传统习俗的兴趣,了解家乡,热爱家乡,做家乡文化的代言人。

### 三、活动准备

#### 1. 辅导员的准备

(1)让学生了解石塘小人节习俗。

(2)给同学发掘和合文化的元素:食品(食饼筒,山粉糊),儒释道三教在台州"和合",天台宗形成发展过程,和合二圣,寒山诗等。

#### 2. 队员的准备

各小队准备各自不同的材料和活动安排。

主持人需要写好串词和制作 PPT。

全体队员需要对自己选择挖掘和合文化的元素进行了解。

### 四、活动流程

①队会仪式。

②主持人介绍石塘小人节。

③了解小人节。

④队员齐诵七妈娘诞辰颂辞。

⑤感恩祈福。

⑥学做彩亭。

⑦由小人节蕴含和合文化而迁移,开展和合文化探讨,品尝巧果。

### 五、活动时间

七夕节前后

### 六、活动具体安排

#### 1. 队会仪式

(1)整理队伍,点清人数。

中队长:全体起立,立正,稍息。

中队长转身面向中队辅导员敬礼,中队辅导员还礼。

中队长报告:"报告中队辅导员,本中队应到××人,实到××人。报告完毕。"

中队辅导员答:"接受你的报告,并预祝本次队会圆满成功。"

中队辅导员敬礼,中队长还礼。

(2)中队长:"全体立正!""出旗、敬礼!"礼毕。

（3）唱队歌。

（4）中队长讲话：下面我宣布《七夕祈福礼 包容显和合》中队活动现在开始。掌声欢迎主持人上台。

### 2.主持人开场

合：老师们，队员们，大家好！

甲：今天我们将追溯一个古老节日——七夕，在台州温岭地区又叫小人节。

甲：它古老，是北宋七夕节的滥觞。

乙：它独特，是渔家孩子集体的儿童节。

甲：它美好，有"七娘妈"保佑健康成长。

乙：它丰富，是闽南文化与台州文化的和合产物。

甲：它不仅仅是一种祭祀仪式，也是一种节日习俗。

合：它代表着台州文化的兼容并蓄，更代表着中华民族一脉相承的文化传承。

甲：参加本次活动课的有颂辞小队、祈福小队、彩亭小队、巧果小队。

### 3.了解小人节

一边说一边放 PPT。

乙："小人节"被列为"国家级非物质文化遗产"。2017 年 2 月 6 日，中共中央办公厅、国务院办公厅印发文件要求实施中国传统节日振兴工程，丰富传统节日文化内涵，使其有益的文化价值深度嵌入百姓生活，七夕作为中国几大传统节日之一列入其中。

甲：作为少年先锋队队员，我们有义务担当起了解文化、振兴传统节日的责任。

乙：而七夕节在我们台州温岭地区，又独具特色。300 多年前，福建、惠安、泉州等地迁入温岭，将当时在闽南盛行的七夕供奉玩偶的习俗也带到了这一地区，并结合了台州本地海洋文化，又因地区相对封闭的地理位置，这一习俗被完好保留。

甲：小人节前，石塘的居民们都要为自家未满 16 岁的孩子去买或自己扎制彩亭、彩轿。在七月七这天早上，大人们会让小孩子自己去采七种不同的花，再将供桌摆放在自家门前，在中间放上彩亭或彩轿，把七种花和七种颜色的线放入彩亭里。同时，在彩亭或彩轿前，摆上一壶老酒、七只酒盅，在托盘上摆上香蕉、梨、桃子、葡萄、桂圆、青橘、红枣、西瓜等各色瓜果,以及糖龟、鱼鲞、鸡等供祭品。再上三炷香,叫小孩许愿或代小孩子许愿后,再将彩亭在铁锅上焚烧,焚烧后的灰收拾起来倒在海上。

乙:妈祖文化在台州和合文化的包容下,形成典型的石塘小人节。

甲:今天我们就来感受体验一下独具特色的石塘小人节。

### 4. 齐诵《七妈娘诞辰颂辞》

乙:首先,我们一起诵读《七妈娘诞辰颂辞》,有请颂辞小队主持本项活动。

全体起立,在颂辞小队指导带领下,齐诵《七妈娘诞辰颂辞》。

### 5. 感恩祈福

甲:在小人节当天,小孩子们要许愿,愿望可能就会实现。下面进行感恩祈福活动,请祈福小队主持。

祈福小队带领队员进行祈福活动。

### 6. 学做彩亭

乙:过小人节,少不了的就是彩亭,相传七仙女和董永是在亭子里相遇的。彩亭可以保佑小孩子健康成长。下面我们就来试试做彩亭。

彩亭小队分发材料,指导彩亭制作。

制作完毕后,各小队交流分享,评选出最佳彩亭。

### 7. 探讨和合,细品巧果

甲:在制作彩亭后,队员们体验了台州传统的儿童节——小人节的部分习俗。小人节是典型的和合文化产物,那在其他的台州民俗活动中又有哪些是和合文化的产物呢?请大家一边品尝巧果一边分小队探讨。

巧果小队分发巧果,分发完毕后参与探讨。

各小队派代表发言。事先给予主题暗示,如:食品(食饼筒,山粉糊),儒释道三教在台州"和合",天台宗形成发展过程,和合二圣,寒山诗

### 8. 主持人小结

乙:继承文脉,留住乡愁。小人节代表了先民对后人的期许与祝愿,是外来文化与本土文化完美结合的典型。

甲:和合文化从这里滥觞,我们要留住它,让它发芽繁盛。

乙:和合文化既有历史特色,又包含了意义深刻的时代意义,社会主义

核心价值观的和谐与之直接相关,而民主、自由、平等、友善等又与和合二字有着千丝万缕的关系。

甲:体悟和合文化,坚定文化自信,坚守文化责任,坚持文化创新,坚秉文化情怀。

合:山海水城、和合圣地、制造之都。从现在起,让我们成为台州文化的代言人。

### 9. 活动结束

(1)辅导员小结:队员们,今天开展的"七夕祈福礼,包容显和合"少先队活动课,让大家感受了本土小人节的习俗,也挖掘到了其中的文化内涵。和合是台州的一张名片,也是大家今后为人处事的一个重要原则。希望大家能发扬传统文化,爱家乡,爱国家,做和合台州人!

(2)呼号。

(3)退旗仪式。

(4)中队长宣布仪式结束。

## 七、活动反思

### 1. 引导儿童自我教育

在活动准备过程中,搜索相关信息,学会自我教育自我学习。

### 2. 充分体现双主体性

在前期中,辅导员提出任务与要求,引导队员们探索发现。在过程中队员们发挥主体作用,顺利地完成任务。

### 3. 设计科学

符合儿童心理特征和接受能力;符合时代精神与素质培养要求。

### 4. 评价指标多元化

关注个体发展如创新精神、学习态度,分析与解决问题的能力及正确的人生观与价值观。

# 第八章 台州学院少先队研究协会建设①

台州学院少先队研究会成立于 1993 年,原是临海师范群众组织,现是台州学院的众多社团之一,是由各个师范专业或者向往教师职业的同学组成的教育实践类社团,归属于社团联合会,挂靠学院为教师教育学院。社团目前的定位为"走进小学的志愿活动"。以协会名义牵头,与临海各小学建立合作关系,服务于地方小学,并为协会成员提供发展教师专业素养的平台。多年以来,协会与临海市大洋小学建立了长期合作关系,历年来开展的活动主要有:少先队入队仪式、午间管理、大梦想秀等;为新子弟学校的学生带去一节节生动有趣的支教课,同时锻炼协会成员的教师技能;将大学生制作的手工艺作品带到哲商进行义卖,义卖所得钱款用于购买学习用品、体育用品等,悉数捐赠给新子弟学校。截至 2017 年,少先队研究协会所主办的"语林杯配乐诗朗诵"大赛已举办至第七届。此项活动紧扣时代主题,旨在锻炼师范生的专业素养;在党的十九大召开之前,教师教育学院联合少先队研究协会开展了"'红领巾喜迎十九大 共筑中国梦'——少先队活动方案设计大赛"

① 本章内容由葛青青提供。她是台州学院人文学院 2015 级学生,曾任 2017 学年台州学院少先队研究协会会长。在任期间,她新设立了新闻组这一部门作为社团宣传的窗口,将任务细化,落实到个人,做到职责清晰、分工明确,增强成员的集体归属感,并利用这一平台向协会成员输出少先队学的相关知识,并带领成员收集教育部及少工委文件,组织观看十九大报告……在校内她带头举办少先队活动方案设计大赛,帮助台州学院大二及以上的学生熟悉少先队辅导员的工作。理论离不开实践,她还带领协会成员参与不同类型的支教活动,并设立相关考核制度规范成员的教学行为。这些活动不仅为临海的孩子们带去了更丰富有趣的课程,也锻炼了成员的教师技能,为今后的职业生涯奠定了基础。

活动。多年来,少先队研究协会在第二、第三课堂拓展方面,将学生社团活动与师范生专业能力培养结合起来,做了许多有益的尝试。

# 第一节　少先队研究协会章程

## 一、总则

宗旨:在坚持四项基本原则的前提下,培养同学们的兴趣,加深会员对少先队工作的认识,帮助同学进一步了解少先队辅导员的各方面素质,为以后从事少先队辅导员工作打下基础。

性质:少先队研究会成立于 1993 年,原是由临海师范群众组织,现是台州学院的众多社团之一,是由各个师范专业或者向往教师职业的同学组成的教育实践类社团,归属于社团联合会,挂靠学院为教师教育学院。

## 二、会员

1.入会条件

①必须是在校学生;②承认本协会的章程和决议;③对少先队工作有一定的兴趣、爱好,经正副会长面试同意后才可以成为本协会的成员;④在校表现良好,专业思想端正;⑤积极参加本协会举办的各项活动。

2.会员权利

①在协会内有选举权和被选举权;②有监督正副会长和理事工作的权利;③有参加协会有关活动的权利;④在协会内有建议权和表决权;⑤有申请退出本协会的权利;⑥副会长、理事长有共同提出并修改章程的权利,有提出重选会长的权利,有代理会长的权利。

3. 会员义务

①遵守本协会章程;②及时完成协会分配的各项任务;③服从工作分配、编组;④准时出席协会召开的会议和活动(无故不得请假,未请假且不出席会议者将视为自动退会);⑤会长、理事有带头参加活动,督促会员集会的义务。

## 三、组织

1. 本协会设会长一名、副会长两名,理事长及理事若干名,并由这些成员组成理事会,理事会成员由全体会员选举产生。

2. 理事会的职权

①修改协会的章程,监督会长、副会长的工作;②讨论决定会内工作方针和任务;③理事会会议由会长和副会长主持召集。

## 四、经费来源

①团委资助一部分;②会员上缴会费。

# 第二节　少先队研究协会特色

## 一、以了解少先队辅导员工作为目标

少先队辅导员是少年儿童的亲密朋友和指导者。少先队的各项工作和任务都要依靠少先队辅导员具体实施。少先队辅导员要坚持以人为本,尊重少年儿童的成长规律和教育规律,不断提高自身的思想道德素质和业务素质,努力达到以下要求。

1.做少年儿童人生追求的引领者

用鲜活通俗的语言、生动典型的事例,向少年儿童传播做人做事的道理,引导少年儿童养成高尚的思想品质和良好的道德情操,树立正确的理想信念。

2.做少年儿童实践体验的组织者

精心设计和组织开展内容鲜活、形式新颖、吸引力强的实践活动,为少年儿童创造体验的条件,搭设体验的舞台,营造体验的氛围,通过真情实感的体验,让少年儿童养成良好的行为习惯。

3.做少年儿童健康成长的服务者

根据少年儿童身心发展的特点和规律,满腔热情地关注少年儿童遇到的问题,耐心细致地解释少年儿童出现的困惑,为他们提供全面、具体、科学的服务。

4.做少年儿童良好成长氛围的营造者

在少先队基层组织中营造健康向上的氛围,善于调动、整合社会各方面的资源和力量,努力营造有利于少年儿童健康成长的良好社会环境。

5.做少年儿童合法权益的维护者

维护少年儿童的具体利益,关心他们的学习、生活和成长,及时反映少年儿童的意愿,依法维护他们的合法权益。

少先队组织在一个小学里起着加强和改进未成年人思想道德的重要地位和作用,少先队辅导员工作就显得尤为重要,少先队员队伍的素质只有不断地与时俱进,才能不负时代重托。这不仅是客观形势对少先队工作的新要求,也是少先队组织自身发展的必然趋势,更是对少先队辅导员的一个严峻挑战,所以协会应该加强社员对少先队辅导员工作的认识,为未来承担这一工作做好充分的准备。生活的大海丰富多彩又波澜起伏,专业的旅程斑斓摇曳又风云际会。在这里,少先队研究协会将为小学教育专业的学生点亮一盏明灯,为她们导航,为她们提供机遇去捕捉孩子们的思想脉搏,采颉孩子们的美丽。

本协会以加强同学们对少先队的认识为宗旨,以提高同学们专业水平为工作目的,为以后从事少先队辅导员工作打下良好的基础,并经常举办一些与专业技能有关的活动,与"台州学院附属小学——大洋小学"少先队建立互动的联系,还有机会参加支教活动。让各个会员可以深入了解有关少先队的知识,在实践中展现自我、发展自我、提高自我。

## 二、以发展社员的各种教师技能为导向

台州学院师范专业的学生除了要增进与小学生的沟通之外还有一个很重要的方面就是要提高各方面的专业技能,如口语、音乐、舞蹈和书画,只有提高了自身的专业技能,才能在小学生心目中建立良好的形象,也为开展各种活动建立更好的基础。

举办第六届"语林杯"配乐诗朗诵大赛,为社员们提供了一个展示自己的舞台,进一步营造良好的学习氛围,陶冶社员们高尚的道德情操,启发他们的创作灵感,锻炼他们的口才能力,促进同学们之间的友谊和交流。

平常开展的日常活动中的出黑板报,社员们自己找资料、设计板报,更要考虑到板报要符合小学生的审美要求,在很大程度上提高了社员们的能力,而在小学中这个每个班主任必不可少的一项重要技能,社员们却能在社团中提前感受到。

去大洋小学与新子弟学校的支教过程中,社员们将课堂里学到的各种教学知识与技能运用到了实践当中,将理论与实践相结合,如如何处理课堂中的问题行为,如何提问与理答,有时社员们也会自己出钱为那些表现较好的学生发小奖品。社员们也反映自己在支教过程中收获了很多,看到他们渴望求知的眼睛就知道了自己该往什么方向努力了,减少了刚进对大学学习生活的迷茫。总之,社员们通过支教提前领略了一个老师所要承担的角色,增强了她们对教师这个职业的兴趣,对教师这个职业充满期待。

# 第三节　少先队研究协会相关活动

## 一、大洋小学入队仪式

少先队研究协会与临海市大洋小学结对(见图 8-1)，从 2010 年起连续多年参与大洋小学"红领巾，心向党"的入队仪式，作为大学生代表为小学一年级新生戴上鲜艳的红领巾。在此过程中，成员们不仅感受到了作为大学生的责任，也感受到了作为未来教师的荣耀。

（a）　　　　　　　　（b）

**图 8-1　少先队研究协会与临海市大洋小学结对**

## 二、大洋小学午间管理

如图 8-2 所示，午间管理是协会于 2015 年开始与大洋小学合作的活动，时间为每天的 12:00 至 12:40。经过理事会的面试,共有 40 位精神面貌良好的成员参与了大洋小学的午间管理活动,组织孩子们游戏、上课。这期间,通过与孩子的接触,积累了很多宝贵的经验,也为今后的就业打下了基础。同时,中午组织的集体活动也培养了成员们的善心和耐心,培育了他们之间友好合作的团队精神。

（a）　　　　　　　　　　　　（b）

（c）

图 8-2　午间管理

## 三、光明民工子弟学校支教活动

2011 年少先队研究协会进行了为期一学期的光明民工子弟学校义务支教(见图 8-3)。每周四下午去光明小学为小学生上思想品德和科学课,既缓解了光明民工子弟学校师资紧张的局面,同时让那里的学生感受到大学生带去的关爱并在学习中获得知识。使大学生在课堂中学到的专业知识得到实际的应用,加强了教师技能,从奉献中体会到了快乐。这个活动也得到了校方的大力支持,为校方在素质教育方面减轻了压力。

（a）　　　　　　　　　　　（b）

**图 8-3　义务支教**

## 四、哲商小学见习活动

2015 年 3 月,研究者在学院老师带领下来到哲商小学(见图 8-4)。通过去小学见习的方式,使大家对学校特色、日常课堂有了深入的了解,跟学生有了更直接的接触,从而得到了一定的积累。

（a）　　　　　　　　　　　（b）

**图 8-4　哲商小学**

## 五、新子弟学校支教活动

2016 年,少先队研究协会与临海新子弟学校合作,举办以"爱心成就梦想,我们与你同行"为主题的支教活动(见图 8-5)。每周四下午,由支教负责人组织协会成员与孩子们一起学习、一起活动。

　　新子弟小学是一所乡村小学,随着九年义务教育的普及,农村的教育事业也取得了很好的成绩,但是由于各方面的原因,在硬件设施的配备及师资力量上仍不占有优势,作为新时代的大学生,协会组织举办了这次支教活动,希望用我们的爱心和知识,让这些孩子扩大视野。

（a）　　　　　　　　　　（b）

**图 8-5　主题支教活动**

## 六、"语林杯"配乐诗朗诵大赛

　　"语林杯"配乐诗朗诵大赛(见图 8-6)自 2010 年起已成功举办六届。第六届"语林杯"配乐诗朗诵大赛以"长征路,我的路"为主题,本着鼓励同学们感受长征风貌、彰显长征魅力、传承长征精神的宗旨,活跃校园文化气氛,丰富学生课余文化生活,给同学们一个展示自己的舞台,进一步营造良好的学习氛围,陶冶同学们高尚的道德情操,锻炼同学们的口才能力。

（a）　　　　　　　　　　（b）

**图 8-6　"语林杯"配乐诗朗诵大赛**

## 七、超轻黏土大赛及爱心义卖活动

2017 年 4 月,少先队研究协会与创艺手工社合作,举办了以"义心艺意让爱传递"为主题的超轻黏土大赛(见图 8-7),旨在丰富学校学生课余文化生活,激发同学的创作热情。本次活动的创新之处在于从公益角度出发,将所有作品进行义卖,所得的钱捐赠给民工子弟学校,让民工子弟学校的孩子能享受到更好的教学质量。

(a)　　　　　　　　(b)

(c)　　　　　　　　(d)

**图 8-7　超轻黏土大赛**

## 八、少先队活动方案设计大赛

2017 年 9 月,协会以"红领巾喜迎十九大　共筑中国梦"为主题,举办了第一届少先队活动方案设计大赛,立志为建设中国特色社会主义现代化强国贡献力量,努力成长为社会主义现代化建设需要的合格人才。同时,对未来的少先队辅导员提出更高的要求,培养优秀的少先队辅导员,提高辅导员的专业化能力水平,如表 8-1 所示。

表 8-1　参赛学生名单

| 主题教育 | | | |
|---|---|---|---|
| 姓名 | 班级 | 名次 | 奖项 |
| 许雨鸢 | 2014 年小教 5 班 | 1 | 一等奖 |
| 陈海希 | 2016 年小教 2 班 | 2 | 二等奖 |
| 胡艺译 | 2016 年学前 3 班 | 3 | 二等奖 |
| 张和杰 | 2014 年小教 3 班 | 4 | 三等奖 |
| 刘力娜 | 2016 年小教 2 班 | 5 | 三等奖 |
| 高佩佩 | 2016 年小教 2 班 | 5 | 三等奖 |
| 节日纪念日 | | | |
| 姓名 | 班级 | 名次 | 奖项 |
| 倪　肇 | 2015 年小教 1 班 | 1 | 一等奖 |
| 宋伟萍 | 2014 年小教 1 班 | 2 | 二等奖 |
| 董佳楠 | 2016 年学前 2 班 | 3 | 二等奖 |
| 徐加灵 | 2015 年小教 5 班 | 4 | 三等奖 |
| 高佩佩 | 2016 年小教 2 班 | 5 | 三等奖 |
| 葛青青 | 2015 年中教 4 班 | 5 | 三等奖 |
| 品牌活动日 | | | |
| 姓名 | 班级 | 名次 | 奖项 |
| 倪　肇 | 2015 年小教 1 班 | 1 | 一等奖 |
| 葛青青 | 2015 年小教 4 班 | 2 | 一等奖 |
| 高佩佩 | 2016 年学前 2 班 | 3 | 二等奖 |
| 郑慧敏 | 2016 年小教 4 班 | 4 | 二等奖 |
| 刘力娜 | 2016 年小教 2 班 | 5 | 三等奖 |
| 倪月萌 | 2016 年小教 4 班 | 5 | 三等奖 |

### 九、微信公众号——台院少先队

2016 年 12 月 20 日,属于少先队研究协会的微信公众号台院少先队发出了第一条推动。在此之前,小微组的所有成员已经为此筹备了大半个月,每个人都从零基础开始努力学习。到目前为止,"台院少先队"已累计发出30 条推送,累计点击量达 30000 余人次。为协会活动的推广增加了一条重要的途径。

在协会今后的发展中,公众号台院少先队的地位会越发地重要,这是协会所有成员的一个虚拟大家庭。

## 第四节 少先队研究协会未来发展展望

### 一、招收社员由挂靠学院向全校师范专业发展

由于协会有自身的局限性,以招收小教专业的学生为主,导致无法扩展协会在学校中的影响力,要想社团真正得到发展就要扩大招新范围,不仅局限于教育学院、教育专业,人文学院的中教专业、外国语学院的英教专业的学生都是协会可以发展的对象 ,所以我们要在新学期开始在全校范围内加大宣传力度。

### 二、加强与其他兄弟协会的交流与合作

每个协会都有自己的特色,也有自己的局限性,通过协会之间的交流可以取长补短,借鉴其他协会的长处。一个篱笆三个桩,一个好汉三个帮,有时候凭借一个协会的力量是办不好活动的,但是如果协会之间加强合作的

话就会达到不一样的效果,既可以提高活动质量也可以增进社团与社团、社员与社员之间的交流,可以说是真正的共赢。

## 三、增加合作小学

目前合作的小学有大洋小学、哲商学校、回浦实验小学。大洋小学的少先队辅导员会及时提供一些少先队活动计划及培训,为协会的发展提供了肥沃的土壤,各学校都要开展少先队活动,各学校的特色活动可以通过我们社团来传播,比如像大洋小学的活动都比较新颖,可以带到哲商小学去开展,临海市有很多小学,协会可以尝试去跟那边的老师沟通,争取取得与更多学校的合作。

## 四、完善内部组织

一个协会要发展得好离不开它内部组织的完善,就像其他任何组织一样,虽然协会设置了财务部、宣传部、组织部等部门,但是由于部门与部门之间的社员没有较多的交流机会,无法促进内部组织人员的沟通,应该多提供一些交流的机会,以更加顺利地开展各项活动。

## 五、丰富活动内容

协会目前开展的活动都是以少先队和教师技能的培养为主的活动,举办活动既不能太单一也不能脱离社团特色,这是协会发展中目前遇到的问题,要解决这个矛盾最终是发挥社员的创造精神,策划出新颖而又符合社团发展的活动。

# 第九章　台州市少先队阵地建设特色学校

　　为深入学习贯彻习近平总书记系列重要讲话精神，全面推进少先队改革，拓展少先队教育基地，拓宽少年儿童校内、校外教育活动的新空间、新领域和新载体，让学校的少先队活动做到有阵地、有依托，努力构建校内外、多层级的少年儿童活动体系。台州市团市委、市教育局、市少工委发文号召市内中小学根据自身特点、发展规划，结合本校的少先队活动品牌，充分挖掘校内外资源，积极创建少先队"红领巾示范基地"作为少先队阵地，建设特色学校（下称"基地"）。这些"基地"要求：①能凸显学校少先队文化，有少先队的标志、标识，建有相应的红领巾小社团，并通过红领巾小社团带动"基地"的建设；②"基地"学校要开展每周1个课时的少先队活动课和其他各种形式的少先队主题教育活动，每学年不少于8次；③"基地"能发挥全面育人、全面发展的作用，并通过实践体验，提高少先队员的综合素质和实践创新能力，促进少先队员更好、更快的成长；④各校要通过创建活动，总结推广一批少先队工作的先进经验。"基地"要示范带动其他学校少先队的工作全面开展，进一步夯实少先队基础，激活我市少先队组织的活力。本章节选了四所首届台州市红领巾示范基地进行重点介绍。

# 第一节　在红色文化中寻根①

（2017 年 3 月）

## 一、探索红色文化教育之路

为了弘扬红色文化，让少先队员真正地了解红色文化，丰富同学们的课外文化生活，展示少先队员对红色文化的敬仰与热爱，灵济校区充分发挥汪秀福烈士纪念馆，开展系列"红色文化寻根"活动，落实社会主义核心价值观教育，并逐步形成校园"红色文化寻根基地"。

## 二、追溯红色文化形成之源

爱祖国，要从脚下的一草一木爱起（爱国）

爱人民，要从自己身边的每一个同志爱起（友善）

爱社会主义事业，要从自己所担负的工作爱起（敬业）

做人，就要做雷锋那样的人（诚信）

——汪秀福同志生前的红色语录

汪秀福烈士纪念馆，是 1995 年为纪念毕业于灵济小学的灭火英雄汪秀福而建立的。纪念馆先后被命名为"洪家街道爱国主义教育基地""台州市椒江区爱国主义教育基地""椒江区青少年德育基地""浙江省国防教育基地"。汪秀福是洪家坦邱村人，1978 年，他应征入伍。1981 年 1 月 2 日，他在部队驻地湖北省京山县青山小洼岭附近与一场特大的山火搏斗中，为了保

---

① 本节内容来自黄岩区东城街道中心小学申报台州市红领巾示范基地材料。

护国家和人民的财产,献出了自己宝贵的生命,年仅 20 岁。为了纪念这位灭火英雄,政府拨款在他的母校灵济小学建立了"汪秀福烈士纪念馆",馆内陈列着烈士的铜像、遗物和介绍生平事迹的图片文字,还为他制作了校本读物(见图 9-1)。汪秀福是灵济学子身边的英雄,他为学校传递着浓浓的红色精神文化,20 多年来,灵济学子在纪念馆内开展了无数的实践活动:清明节"缅怀英雄"学习会、儿童节英雄面前宣誓、在英雄脚下读书、"传承红色精神"主题剪纸大赛、"手拉手 听

图 9-1 汪秀福记录册

英雄 传精神"主题教育活动等,活动让孩子们收获了"爱国、友善、敬业、诚信"的种子,将社会主义核心价值观教育内化于心、外化于行。

## 三、总结红色文化寻根之法

灵济校区"红色文化寻根基地"以传承红色精神为主要任务,积极开展特色鲜明的德育实践活动,具有较强的示范、带动、辐射作用。近三年来,台州市以汪秀福烈士纪念馆为依托,面向全区、全街道、全校,不定期地利用综合实践活动,向来基地学习的辅导员、队员、兄弟学校孩子及社会各界人士等传递红色文化,效果显著。活动获得领导、师生、家长的一致好评! 近年活动内容如下。

1. 开展全校性的"学习红色文化,争当四好少年"主题系列活动

充分利用校内爱国主义教育基地——"汪秀福烈士纪念馆"这一现有教育资源,积极挖掘灵济本地的先进人物事迹,精心设计教育载体,在全体队员中广泛进行爱国主义、民族精神教育,通过"看""读""访""听""写""讲""画""行"等形式具体开展"学习红色文化,争当四好少年"主题系列活动。该主题教育活动进一步增强了广大少先队员参观爱国主义教育基地的热

情,达到了"以丰富的活动凝聚人,以健康的内容教育人,以高尚的精神塑造人"的目的,真正培养了广大少先队员的爱国主义情操。

2.开展周边学校共同参与的"沿着英雄的足迹"主题活动

在每年的清明节之际,学校经常牵手洪家二中学生一起,共同参观汪秀福烈士纪念馆,学习英雄的精神(见图9-2)。

**图 9-2 "沿着英雄的足迹"主题活动**

3.开展一年一度的"纪念馆小讲解员"评比活动

为了传承红色精神,为了建立一支传承队伍,灵济校区每年都会开展一次"纪念馆小讲解员"评比活动(见图9-3),选手们满怀深情地讲述着汪秀福"闪光的青春"故事,不仅表达了自己对英雄的敬佩,也向别人传递了"学习英雄"的决心。人人学英雄,全校学生学有榜样、行有楷模,切实提升了学校学生思想道德建设的成效。

**图 9-3 "纪念馆小讲解员"评比活动**

4.开展全区性的"学雷锋,做有道德的人"主题活动

3月5日是毛泽东同志题词"向雷锋同志学习"纪念日,经过50多年的发展和沉淀,"雷锋"已不仅仅是一个人的名字,更是一种精神的象征。为了弘扬和学习雷锋精神,号召少先队员们扎扎实实地开展学雷锋一系列活动。椒江区少工委曾经组织各校少先队员代表在洪家灵济校区汪秀福烈士纪念馆前向少先队员发起了"学雷锋,做有道德的人"活动倡议,倡导全体队员切实行动起来,以雷锋同志为榜样,积极投身到"学雷锋,做有道德的人"行动中,让更多需要帮助的人得到帮助,让雷锋精神永驻每个人的心田。

5.在英雄面前宣誓——特殊的入队仪式

在每一年的入队仪式上,新队员们戴上了鲜艳的红领巾,为了让他们更深地体会红领巾的意义,了解少先队大家庭,灵济校区总会安排一个特殊的入队仪式程序——在英雄面前宣誓(见图9-4),这样更具有庄重感和仪式感,新队员胸前的红领巾也显得特别意义深重。

图9-4 入队宣誓

6."准新兵"参观灵济校区汪秀福烈士纪念馆,提前体验军旅生活

为了让应征入伍青年提前了解军营生活,近年来,洪家、葭沚等部分街道武装部经常组织即将入伍的"准新兵"参观云健小学灵济校区汪秀福烈士纪念馆(见图9-5),走进台州预备役二团听取役前教育,并参观团史馆等活动,强化小伙子们的军人使命感和责任意识,提前感受火辣的军营生活。

**图9-5　参加汪秀福烈士纪念馆**

**7. 开展"缅怀先烈 学习英雄"主题剪纸大赛**

我国的剪纸工艺在世界上具有历史最悠久、流传最广泛、语言最丰富的美誉。千百年来,各族人民以自己灵巧的双手剪刻了数不胜数的作品,用来丰富和美化自己的生活,抒发内心的感情。灵济校区是椒江区"剪纸艺术特色学校",为了激发学生的剪纸兴趣,提升他们热爱祖国、热爱家乡的情感,并积极参与民族红色文化艺术的传承与发展。我校每年都会开展剪英雄人物现场比赛(见图 9-6)。

**图9-6　剪纸大赛作品**

总之,在社会各界的高度重视和关怀下,学校充分利用本校资源优势——汪秀福烈士纪念馆,在爱国主义教育和红色文化寻根中,紧扣时代主题,坚持英雄的先进事迹,教育和鼓舞一代又一代教师和学生,收到了很好的教育效果,在社会上引起了良好的反响。活动大大提高了纪念馆的知名度,促使全区中小学及社会各界人士积极联系学校,表示要来参观学习。椒江军分区就组织了领导干部参观汪秀福纪念馆,了解文化、学习精神。洪家坦邱村搞文化礼堂时,部分村书记、党员都来参观纪念馆,并采访纪念馆的开放情况。据不完全统计,开馆至今参观人数达25000多人次,它正积极发挥着红领巾示范基地的作用。

# 第二节　自任乐园　图画天然

（2017 年 4 月）

大洋小学北校区背依白云山,坐拥三峰水,独揽"山水灵脉",是"天然图画"中的现代化学校。学校借助得天独厚的条件,遵循孩子的自然成长规律、教育的发展规律、新自然主义教育法,形成以"天然图画"为核心的办学理念。根据得天独厚的地理优势和"法自然画·童年"的办学理念,努力创建富有特色的红领巾示范基地。

## 一、自任乐园,画天然

### 1.特色队室展才能

在这美丽的天然图画里,我们倾心打造自任乐园,何为"自任"? 可以理解为自由自在,任性飞扬! 美丽的学校是队员们的乐园,在这里,我们讲述自己的故事,演绎自己的精彩。

在我们的少先队队室里,主题墙上设有队徽、呼号、入队誓词、国际生态绿旗学校绿旗及各中队队旗。两侧的荣誉墙陈列着学校取得的累累硕果,美丽而庄严。在主题墙的左侧面,我们巧妙地利用空间,将党的关怀、队的历史、少先队十知道、队歌设计成窗帘图案,并不定期地展出队员们的作品。在主题墙的右侧,将少先队的特色教育设计版面,红领巾的小梦想汇入国家的大梦想,大队报、中队报、物品柜、书报架融为一体。队室正中央那张流线型的会议桌,创作来源队室顶部的五星、白云,一朵一朵白云飘落,造就了队干部开会用的桌椅。主题墙正对面的墙体,在少先队"八字作风"的引领下,一个关于梦想的故事,一个关于入队的故事,一个关于向日葵的故事,一个关于大自然的故事……一个个故事集结成了我们"自任乐园"的故事。在这里,干部自己选,活动自己搞,平台自己建,作品自己展,故事自己说……这里,便是少先队员们自己的乐园! 同时,我们拥有设备齐全的红领巾电视台(见图 9-7),各期节目就在这里录和播,撰稿、播音、摄影,队员们都弄得有模有样,目前设有新闻直通车、七彩中队、快乐 do re mi 等栏目。我们还为队员开设了温馨舒适的心理咨询室,为队员提供了温暖的港湾,走出心灵的雨季。

(a)

(b)

**图 9-7　红领巾电视台**

2.梦想舞台秀精彩

学校构建校园梦想大舞台(见图 9-8),为少先队员们创建一个新的活动阵地,教学楼每层都设有两个小舞台,整个活动过程以队员自主实践为主体,以每个中队参加,人人参与的方式组织活动,以中队为单位,以重大节假日、主题活动日等来确定活动主题。队员们在这每期 40 分钟的表演里,各展其才,各秀其艺,你演我看,乐在其中。

（a）

（b）

（c）

图 9-8　校园梦想大舞台

3.琪水农场耕乐趣

琪水农场是我们学校的一大亮点（见图 9-9），更是队员们自然成长的一方乐土，在琪水农场里，队员们开心地劳作、收获。认识了各种农作物，如茄子、南瓜、黄瓜、红薯、玉米、向日葵等；开展了有趣的"主题农耕"活动，队员们开垦、种植、收获；享受了新意多多、快乐多多的田园课堂。在大家的劳作下，我们欣赏到了那一片美得烂漫的葵花田，品尝到了琪水农场第一批成熟的茄子、番茄、圣女果、南瓜……队员们在琪水的浸润下，在农场的劳作中，耕耘乐趣，收获成果。秋天的时候，我们还会在琪水农场前举办独具特色的丰收节。

（a）

（b）

图 9-9　琪水农场

### 4.鼓乐声声创品牌

红领巾铜管乐队是学校的少先队的特色品牌(见图9-10),多次在重要的、大型的活动里出色地完成任务。为市政协、市人代会迎宾演奏,为市团队会迎宾演奏,为浙江省职技校运动会开幕式演奏。获得浙江省铜管乐队检阅赛获得一等奖、临海市检阅赛第一名。目前乐队每周坚持训练,成为少先队常规工作的一部分。

(a) (b)

**图9-10 红领巾铜管乐队**

## 二、府城行动,育天才

### 1.多彩社团培灵气

为了让队员们时刻站在学校的正中央,让每个队员受到适性、适量、适合的教育,培养具有世界眼光、人文情怀、自然精神的"灵气、书卷气、浩然之气"的府城新少年,努力创建适合队员快乐学习、自然成长的幸福校园。

学校充分发挥本校作为台州市少先队学实践基地、台州市教师发展研究中心大洋小学分中心、台州学院博士工作站的优势,精选从台州学院引进的大学生社团,并引进部分校外社会培训机构体艺社团,与校内社团相辅相成。游戏拾光、悦影赏心、裁云剪水、兰心蕙"织"、执子不悔、速羽轻发、葫笙悠悠、创意美术、写意水墨、翰墨飘香、点点对弈、舞影翩跹、健美操行、琵琶清扬、快乐篮球……丰富的社团全面开花,队员们的灵气在社团中生发!

我们的葫芦丝社团更是出类拔萃,今年被评为台州市十佳红领巾小社团。从 2008 年 9 月建团至今,校艺术团已经连续 9 年受邀参加全国赛,获得了国家级奖项 170 多项,其中金奖 90 多项。学校连续五年被评为优秀组织奖,并荣获全国"特殊贡献奖"称号。近期参加 2017"丝韵浙江"首届葫芦丝巴乌全国邀请赛、2017 首届华东葫芦丝艺术文化节活动,屡获金奖,成绩斐然!

2.绿色生态显天然

我校于 2014 年 1 月向环保部宣教中心递交了《国际生态学校项目申请表》,我们结合国际生态学校项目"七步法",讨论并确定项目的策划和实施方案。并于 2016 年 3 月成功创建国际生态绿旗学校。申报成功的同年 3 月开展了启动仪式,建立学校生态委员会,通过校园环境评审填写校园环境十大问题评审表,实地拍摄照片,从不同角度发现、记录学校环境中存在的问题及改进建议。结合植树节开展爱绿护绿行动,选择春秋最美的季节让队员们环保出行,亲近自然。在节水周开展走进水世界、节水周系列活动。结合世界环境日开展五水共治主题活动。相关活动被今日临海、台州晚报、临海电视台等各大媒体相继报道。

## 三、经典礼教,润天性

1."尊仪重式"——我们的建队节

建队节是我们少先队员自己的节日,从队前教育到入队仪式和新任辅导员的聘任及大队干部的改选都放在建队节前后,我们精心准备并创本校特色。在每次的入队仪式中,我们都很注重培养队员们的仪式感,例如队员排成心字形,用自己的红心献礼建队节;齐诵"仁、智、孝、礼",用自己的决心献礼建队节;吉祥物小点点也出现在入队仪式上,和队员们一起戴上鲜艳的红领巾。

2."广文正学"——我们的读书节

读经典、诵经典,小古文进课堂,人手一本"快乐读书手册",每日一诵结合了吟诵的独特方式。在这样的氛围中,我们的校园书声琅琅,就连放学的路队也都是一边吟诵一边出校门。我们每次参加的经典诗文诵读大赛都会取得很好的成绩:《水调歌头》《红梅赞》《春江花月夜》都获得临海市一等奖、台州市一等奖、浙江省三等奖。《为祖国而歌》《送别》《中国正站在高高的脚手架上》均获临海市一等奖。其中,《水调歌头》《春江花月夜》还获全国校园影视作品铜奖。今年的《秋瑾》《预言》分别获台州市教师集体组、个人组一等奖。

我们认真组织爱国主义读书教育活动,连续五年获得全国优秀组织奖,其中有一人获全国讲故事比赛二等奖,有一人获浙江省讲故事比赛特等奖,有一人获台州市演讲比赛一等奖,市级以上获奖的有近百名队员。

3."艺以修身"——我们的艺术节

我们的艺术节更是丰富多彩,有十佳歌手大赛,有校园舞蹈展演,有现场书画比赛……孩子们用黄莺般的歌声、孔雀般的舞姿、葵花般的笑脸为"天然图画"增添了一份亮丽的色彩,为美好的童年描绘了一幅可爱的画卷。

4."创意无限"——我们的科技节

我们的科技节有高年级学生传统的水火箭制作发射比赛,低年级孩子们喜欢的万花筒、航模制作、科技小论文、科幻画、科技小制作更是精彩纷呈。蓝天白云,碧草稚童,放飞科学梦。

5."春耕秋收"——我们的丰收节

秋天,我们会在琪水农场举办独具特色的丰收节,运瓜子、称瓜子、做游戏、看表演,全校师生载歌载舞,其乐融融。

6."山水年华"——我们的文化节

今年四月,我们隆重举行的"天然图画·山水年华"文化主题活动正式开幕,先后开展"读画"行动、"广文"行动、"观澜"行动、溪山行动、"沂咏"行动,让山的厚重、水的灵动滋润师生的心间,其中,独具特色的男孩女孩节,精彩纷呈。在众多文化的熏陶浸润下,天然图画里的队员们如山般厚重,水样灵动。

学校也先后荣获国际生态绿旗学校、全国青少年读书活动优秀组织奖、全国写字教学工作先进单位、全国模范职工小家,浙江省少先队主题教育优秀组织奖,浙江省文明单位、浙江省美丽校园、浙江省红旗大队等100多项市级以上集体荣誉称号。北校区还成功承办了"全国美丽学校文化建设现场会""浙江省转变育人模式现场推广会""台州市少先队辅导员专业素养提升专题培训会""临海市中小学经典诗文诵读大赛""临海市中小学生演讲比赛"等大型活动,在全国范围内形成了较好的影响。

天然图画里,我们将继续创建更加丰富多彩的少先队阵地和丰润的少先队文化,开展精彩纷呈的少先队活动,任队员们的灵气在活动中生发,任队员们的天性在校园里释放! 自任乐园,自由自在,任性成长,快乐成才!

## 第三节  少警校示范基地①

(2017 年 3 月)

为了提高学生的人文素质,使学生的道德品质和个性得到全面发展,黄岩区东城街道中心小学于 2007 年建立了少年警校实践基地。在训练时着重培养纪律观念和规范意识,少警队成员担负着学校重大节日、重大活动中重要角色的任务,他们有着一种荣誉感,因为他们是同学心中的榜样、学校的"形象大使"。

少警校已经成为我校少先队的一大特色,常年开展以讲座、实训、展演等为主要内容的演练活动;以假日小队、动感中队为载体,以"小手拉大手"为主要形式的安全宣传、文明劝导实践活动;以区武警中队、区消防大队为实践基地的体验活动等。

学校少警校的特色"创坚",打造了一支积极进取的学校团队,也引领着学校不断向前迈进。

---

① 本节内容来自黄岩区东城街道中心小学申报台州市红领市示范基地材料。

## 一、重体验,参观消防和武警中队

在少警校活动培训中,带领学员走进了消防中队和武警中队。"走进消防"和"走进军营"参观体验教育活动不仅丰富了同学们的安全知识,同时还让学生学会了简单的急救方法,增强了对消防战士和武警战士的敬佩之情。

来到消防中队,所有学员首先参观了展厅,随后来到训练场体验,消防战士们为前来参观的小学员表演了爬楼训练和灭火演示。最令人激动的是高空灭火演示,一些学员还乘上了 55 米高的云梯。通过参观、学习、体验,学员们感受了消防战士训练的艰苦,同时也学会了灭火的基本方法。

来到武警中队,一路上的感受就是"干净、整洁"。在训练场,教官们为学员们表演了队列、徒手格斗和枪支装卸训练,整齐的步伐、挺拔的军姿和利索熟练的动作赢得了在场学员们的掌声。

每一届少警校成员,都要经过严格的训练,在实践基地,他们实地参观学习。在武警官兵的带领下,练习队列队形、站姿,学习军体拳,俨然一个小军人。

## 二、重实效,评选并表彰优秀学员

每周一的升旗仪式(见图 9-11)及重大节日的护旗、升旗,都有小警员执行。开学典礼、入队仪式都留下小警员英姿飒爽的身影。

**图 9-11 升旗仪式**

　　传统教育与随机教育相结合。随着历年警校活动的开展（见图 9-12），
学校已形成了以时空序列为特点的传统教育内容。例如交通安全知识讲
座、队列手势训练、"五爱""五自"实践活动、上路协助执勤、宣传交通法规、
交警模范事迹介绍、少年儿童交通事故通报、革命传统教育等。尤其是每年
的清明扫墓时，少警员成员都会协同武警官兵去祭扫烈士墓，增强他们的缅
怀先烈的爱国情怀。

　　　　　　（a）　　　　　　　　　　　（b）

　　　　　　（c）　　　　　　　　　　　（d）

**图 9-12　警校活动**

　　少警校实践基地自创建以来，学校充分利用这一有效载体，不断加强学
校活动课程建设，不断丰富少年儿童的社会实践活动，切实提高每一位少年
儿童的综合素质，有效地发挥了特色教育的育人功能。警校的创建还增强
了学校以法治校、以德治校的力度。对孩子们而言，少警校的学习训练虽然
辛苦，但意义却是深远的。它是一种磨炼、一种考验，磨炼了学员的意志，考
验了学员的毅力，并在一定程度上教会孩子们如何去面对困难，战胜困难，
树立正确的人生方向。

# 第四节　星星火炬下成长①

（2017 年 5 月）

百年大计，教育为本。教育大计，育人为本。天台县平桥小学少先大队本着务实、创新、以人为本这一思想，充分开展少先队活动。通过活动让队员学会求知、创新和生存。近几年学校的队工作主题紧密围绕着"读好书　写好字　做好人"的校风，以此为基点努力打造如何使队员们成为一名合格的"平小人"，并展开一系列常规与特色活动。

## 一、加强少先队的基础建设

### 1.组织健全，制度完善

天台县平桥小学现有少先队员 1 987 人，少先队中队 39 个。校大队部成员共 90 名，其中大队委队干 15 名，分管日常管理工作。大队部严格遵守队干制度、队干轮换制度、队前教育制度、队干例会制度。升旗仪式规范有序：大队部平时加强对升旗仪

图 9-13　少先队员阅读报刊

式主持人、升旗手、护旗手的培训，合理安排好每周一国旗下讲话内容，规范升旗仪式，每周一升旗仪式结束时定时召开"三项竞赛检查组成员"会议，周五召开大队部成员会议（见图 9-13）。每学年学期初定制一定的《辅导员》《少先队活动》《雏鹰争章手册》《科学大观园》等报刊，除了平时辅导员们自

---

① 本节内容来自天台县平桥小学申报台州市红领巾示范基地材料。

己阅读,也将这些杂志放于德育处门口的宣传栏里供队员们课外阅读。

2.加强建设,完善队伍

学校平时重视抓好辅导员建设。定期号召"文溪班主任工作社"全体成员分低、中、高段年级召开会议,各班主任结合自己的班级管理抛出最具特色的,值得大家学习的,需要商讨解决的难题等等共同商讨,并对学校有关部门进行温馨提示,这些做法都收到了较好的效果。每学期中队辅导员需针对本中队认真记录《辅导员工作手册》,对于队员们本学期的成长做详细记录。学校聘请退休教师交警大队庞学奎、法制副校长胡余能为本校的校外辅导员,定期开展交通知识讲座、法制讲座等活动(见图 9-14)。

| (a) | (b) |

**图 9-14　开展讲座**

重视阵地的建设。哪些地方可以作为少先队的活动阵地呢?除了队部室,处处皆阵地。例如我们利用校宣传窗、板报及时宣传相关的节日知识、队活动信息等;校园东边的菜园作为高年级的劳动实践基地,每学期各中队都将组织队员到菜地进行除草、锄地、种植等活动;四年级同学徒步到新中葡萄园参加义务劳动实践活动,得到县关工委金主任的好评;校园广播里每天播放新创的 8 首"四好少年"歌曲和学生喜欢的一些儿童歌曲以陶冶队员们的情操。

## 二、激活各阵地的育人亮点

德育教育不能只停留在说教上,更应该通过开展系列活动感染、深入学生内心。

图 9-15　失物招领统计表

### 1. 活动月,展风采

3月份是学雷锋月,在每年的3月5日"雷锋日"到来之际,学校大队部便将一个学期以来的"失物招领"统计表(见图9-15)展示在德育处门口的宣传栏上,这些都是同学们平时在校园内外捡到钱包、衣物、书本等主动上交学校"文明阁"并登记在册的。课余时间,这里总会有很多学生围着宣传栏参观,激动地喊着他们认识的同学的名字,他们觉得身边都是"雷锋"。

这一小小的窗口号召着同学们都来学习"小雷锋"们拾金不昧的好品质。学校的"文明阁"从试行开始已成为发展队员们责任意识和传统美德的重要阵地,小小的"文明阁"折射的是大大的友善之心,传递的是拾金不昧的高尚品质,这不正是"崇高精神"真善美的体现吗?

12月份法制教育月来临时,学校结合"德育第二课堂"让孩子们可以学到在学校学不到的知识,他们还可以有与众不同的体验。目前天台县平桥小学的德育第二课堂也在不断扩大,从医院到消防队,从工商税务到税务局,从交警大队到计划生育服务站……孩子们实战参与消防演练,与税务局的叔叔阿姨种植"护税树",设计消费者维权海报,开展交通安全知识竞答(见图9-16)。第二课堂的开设不仅开阔了学生的视野,也提高了他们的觉悟。

(a)

(b)

图 9-16　德育第二课堂

天台县平桥小学是浙江省首批书法教育实践基地、省首批艺术教育特色学校、天台县书法传统学校、天台县书法家协会书法创作基地。自 1984 年以来就开设每周一节的书法兴趣活动课，每年举办迎新春书法大赛和"六一"书法大赛。注重校园文化建设，把师生的优秀作品布置在走廊上、镌刻在景观石上。定期开展学生优秀作业展、广场书法作品展示、义务送春联活动；成立"文溪书法社"，建立书法老师联系年级组制度，营造了翰墨飘香的校园文化（见

图 9-17　书法活动课

图 9-17）。每年的六月是"书法节"，届时举行各类型的书法比赛活动。

2.做真事，扬善美

"走进崇高，守护红李子"：记得去年阳春三月，李子花开时，全体师生在国旗下许下了一个美丽的约定：静等红李子成熟，一起分享甜美果实。这份看似美丽的约定既考验着孩子们的自制力，也考验着学校辅导员队伍的执行力。慢等的时光里，老师们每天都能见到李子树下站着的小屁孩们。他们或久久翘首不肯移步，或对着日渐成熟的李子垂涎三尺，但他们也互相提醒不要忘记约定，哪怕是偶尔有树枝承受不了果实的重量而被折断，孩子们也绝不逾矩采摘。李子树下，孩子们守护李子的画面每天都在更新，是那样和谐，那样唯美。6 月 13 日，校园里一片欢腾，分享的时刻终于到了！学校一大早就安排人员采摘，孩子们不约而同地主动帮忙、采摘、装袋、分发，他们是那么小心翼翼，仿佛手里攥着宝贝（见图 9-18）。也确实攥的是宝贝，因为今天分享的不单是果子，分享的更是每个孩子的诚信、诚实、诚意。守护，让大家收获意外；守约，让孩子们践行崇高，"践行崇高，争做最美平小人"的路上他们茁壮成长着。

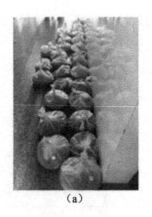
（a）

（b）

**图 9-18 采摘李子**

　　"六一公益集市"活动。2018 年六一儿童节，在家长委员会的鼎力相助下，学校首届"公益集市"隆重开业（见图 9-19），孩子们或拿出家中闲置的物品，或现场制作食品和饮料，或编织精美装饰品，各种商品琳琅满目，学校瞬间变身为一个大集市。本次集市属于一项义卖活动，虽然是一次义卖活动，却充满了童真、童趣，孩子们体验着买卖的乐趣，收获着喜爱的商品，得到了锻炼和成长。此次义卖活动共收到捐款 6 000 多元，这部分钱纳入了学校"文溪基金会"，一部分已经捐献给了学校里的贫困同学。今后，天台县平桥小学将继续开展"公益集市"活动，将这一份爱的事业永远延续！

（a）　　　　　　　（b）
（c）

**图 9-19 公益集市活动**

"走进崇高,做有责任感的队员"寒假实践活动。2018 年学期结束典礼上,全体师生在国旗下许下了一个温暖的约定:过一个多姿多彩并且有意义的寒假,坚持每天看书、写字、做家务、锻炼身体,家长及时进行评价,一起完成《寒假实践活动评价表》。那时,德育处老师在全校教师中还评选出了四位极其具有代表性的"超级巨星"——超级书法星、超级锻炼星、超级阅读星和超级实践星,并在结束典礼上隆重颁奖,还原了老师们的金色童年,也开启了同学们实践的大门。在老师们看来,在"娱乐"和"美食"并存的春节,同学们坚持每天实践确实不易,可孩子和家长们却一起完成了一份又一份令人惊喜的答卷。他们一起锻炼、一起看书做小报、一起烹饪、一起练书法……生活中充满着乐趣和惊喜。2 月 20 日,激动人心的时刻又到了! 平桥小学全体师生以及家长委员会部分成员齐聚在先进广场,由家长委员会代表为评选出的 190 位"超级巨星"颁奖。在激昂的音乐声中和其他小朋友羡慕的目光下,获奖者满载笑容,这样的颁奖仪式让我们感受到了孩子们的行动力和奋斗的目标。宣传窗上还展出孩子们的寒假实践活动成果,孩子们的寒假实践活动的精彩瞬间都展示在这里,每一张照片都还标注了非常有意思的评语。课间,孩子们个个踮起脚尖围绕在宣传窗旁边欣赏着、赞美着、学习着……本次颁奖是一个全新的开始,大家看到的是学生的诚信和毅力,家长的肯定和支持,是每一位学生的喜悦和憧憬,如图 9-20 所示。

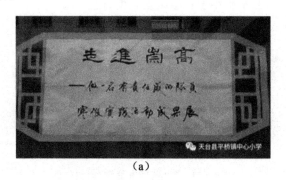

（a）

**图 9-20　假期实践活动成果**

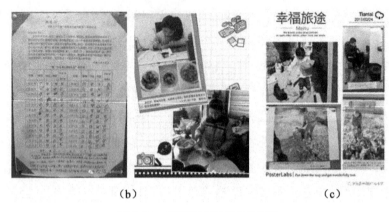

(b)　　　　　　　　　(c)

图 9-20　假期实践活动成果(续)

3.家校联,共前行

家长是教育的根,家庭教育是干,学生的成长是果。只有家长的认识到位了,才能让"家校联盟"锦上添花。我校以省妇女联合基金会发起的"亲情家书活动"为载体,开展"感恩亲情,快乐成长"书信活动(见图 9-21),促进留守儿童与父母的沟通联系,让父母了解孩子,让孩子学会感恩父母。一年来,参加活动的每一位留守儿童人均寄出书信 4 封,学校获省"亲情家书优秀组织奖"。我们还邀请家委会成员参与到学校举办的各项活动中来,开启了平桥小学"家校联盟"的全新模式,拓宽了学生的实践园地,为"亲子"活动提供了一个大平台,更使平桥小学的德育工作向前迈了一大步。在"家校联盟"的路上,天台县平桥小学将继续欢乐前行!

(a)　　　　　　　　　(b)

图 9-21　"亲情家书活动"颁奖仪式

近年来,学生有二十多人在国家级征文比赛中获奖。有 100 多人次在省、市、县级演讲、征文、书法绘画等活动中获奖。舞蹈《山鹰之帮》获省级一等奖,大队部先后获省红旗中队、省少先队主题教育系列活动优秀组织奖、省"亲情家书传真情"优秀团队奖、省课外阅读先进集体、台州市第三批行为习惯养成教育示范学校、县"走进崇高研究院"实践基地、县"多彩田园 快乐无限"夏令营活动优秀组织奖、县少先队组织规范化建设优秀学校、县小学生日常行为规范达标学校称号,学校的少先队工作近年来在全县知名度不断提高,如图 9-22 所示。

图 9-22 少先队工作稳步开展

(g)　　　　　　　　　　　(h)

图 9-22　少先队工作稳步开展(续)

## 第五节　播撒红色种子 培养和雅少年[①]

(2017 年 5 月)

### 一、学校概况

　　临海师范附属小学有着上百年的办学历史,是一所历史悠久、底蕴深厚的知名老校。学校秉承"广文、尚真、崇和、至善"的校训,坚持"广文、启志、雅行、立身"的办学理念,坚持"儿童为本,和谐发展"。学校现有 24 个中队,983 名少先队员。附小的少先队工作在几代附小人的执着追求下,形成了独具特色的"和雅"文化体系。在"和雅"目标的引领下,我们致力于通过少先队工作培养"和雅少年"(见图 9-23),少先队工作在规范中有所创新,在实践中形成了深厚的积淀。

　　我校曾与日本大枝小学、韩国横城郡联谊,曾被评为全国红旗大队、中国少年科学院科普基地、全国爱国主义读书活动先进集体、中国儿童报社全国优秀记者站、台州市优秀少先队大队(2014 年、2015 年均是)、台州市首批

---

① 本节内容来自临海师范附属小学申报台州市红领巾示范基地材料。

少先队学科教育实践基地、临海市德育先进集体、临海市红旗大队、台州市"少先队红领巾相约中国梦,核心价值观记心中"主题教育系列活动优秀组织奖、台州市十佳红领巾社团、浙江省少先队先进集体(现六4中队暨葵花中队)等。同时,我们培养出了全国优秀辅导员 1 名,省十佳辅导员 1 名,省少先队先进工作者 1 名,省优秀少先队辅导员 1 名。

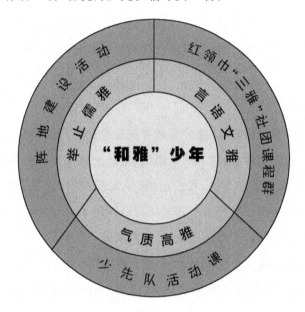

**图 9-23  "和雅少年"少先队工作圆形图**

## 二、组织健全

近几年,学校重视少先队的自身建设,为少先队事业的蓬勃发展注入新鲜血液。在各级领导部门及校领导的关心与大力支持下,我校少先队组织不断健全,阵地建设日渐完善,工作逐步走上正轨并活跃起来。

1.组织保障

临师附小是一个团结向上具有战斗力的组织,学校具备一支高素质的领导队伍。我校试行了"临海师范附属小学少先队大队部干部任职竞聘工作实施方案",我们采取唱队歌、敬队礼、队知识竞答、情景模拟等方式组织考核了一大批大、中队干部,并注重岗前培训,能者上、平者让、庸者下。大队部定期开会并交流工作经验,明确分工,从扶到放,逐步培养队干部的集体感,树立为队员、为集体服务的意识,要求发挥团结协作的精神。使干部们成为辅导员的坚实臂膀,成为辅导员与队员之间的桥梁。对于学校的每个新队员,在中队辅导员的共同努力下,狠抓队前教育,在每年的十月份举行光荣隆重的入队仪式,以旧带新,组织新队员参观队室,讲解队徽,规范队礼仪、队标,授予中队旗,让队员们明白红领巾的象征意义,树立为红领巾添光彩的理想。

2.队伍培养

少先队工作开展的好坏,辅导员起着决定性的作用。近年来,我们越发重视辅导员队伍的建设,组建了一个团结、积极上进的团体。为了提高辅导员的工作热情,提升工作理论,我们选用《少先队活动》进课表,保证每周一节课的少先队活动课。学校为中队辅导员们订购了《少先队活动》这一套教材,为了用好这套教材,上好这门课程,我们采取了三个措施。

一是以教研促落实。学校特地成立了教研组,聘任全国优秀辅导员陈雪兰老师为顾问,不定期举办现场观摩、讲座、集体备课等。临海市少先队活动课教研,在辅导员、大众小队的共同努力下,开发了《心怀梦想,快乐成长》《巍巍万丈护国心》《牢记核心价值观,葵花朵朵向阳开》等活动课程,成果丰富,活动效果明显,得到了上级领导的充分肯定,并在浙江全省培训班上得以推广。

二是以结对促落实。开展青蓝工程,老少结对,在备课、活动过程各方面互相帮助、共同提高。

三是以比赛促落实。组织教师积极参加各级少先队活动课教案和课件评比及现场中队优质课评比。我们在不断地实践和交流总结中,规范少先队活动课。

通过以上三个举措,我校辅导员队伍素质提升很快。2014—2019年,我校的陈卫丽、金娇、潘敏芬、蒋婷婷老师参加临海市中队优质课评比,连续四届均获一等奖。

许多兄弟学校慕名前来学习,比如台州学院少先队学的学员、路桥路北小学、小芝中心校等。我校在这一方面已经成为台州的排头兵。

3.阵地建设

(1)新队室——温馨的星星火炬之家。学校在经费比较紧张的情况下,斥资重新规划,设计装修了新的队室。这是辅导员和少先队干部学习和讨论工作,举办各类活动的场所。

(2)铜管乐队——奏响红领巾的旋律。我校铜管乐队定时、定人,准时训练,从背谱、个别演奏、再到合奏、走队形等,一步步把关,除了为升旗仪式立下了汗马功劳之外,还在临海市比赛中获得一等奖,并参加临海市运动会开幕式活动,展示附小学子饱满的精神风貌。

(3)女子小交警——一道靓丽的风景线。我们的女子小交警多次和大交警一起参加临海市执勤任务,一道为临海的平安建设做贡献。

(4)中队阵地建设——"六个一"。大队部要求各中队积极开展以"六个一"为主要内容的中队文化建设活动。"六个一",即建立一个少先队队角,建设一个图书角,美化一个卫生角,出好两周一次的黑板报,丰富一个学习园地,用好一个光荣台。

(5)少先队实践基地建设——"4+X"。我校大队部创新实践载体模式,加强"4+X"的少先队实践基地建设。"4"即学校挂牌的少先队实践基地:以特种场为资源的"农业实践基地";以戚公寺祠为资源的"小小戚家军基地";以国防苑为资源的"国防教育实践基地";以福利院为资源的"爱心敬老基地"。"X":根据实际情况需要,临时增加的实践基地,比如临海市消防大队、临海市国华珠算博物馆、张秀娟剪纸艺术馆等。

除了以上五方面,学校大队部还从国旗班、红领巾广播台、宣传橱窗等宣传阵地建设为抓手,让每一位队员每时每刻都感受着少先队的红色魅力。

## 三、制度完善

1.升降国旗制度

每周一举行升旗仪式,每周的升旗手由三至五年级中队旗手轮流担任,护旗手由大队干部推荐产生。国旗下讲话的内容和形式紧密围绕当下时事政治,由各中队推荐产生。整个升旗仪式由少先队员主持。

2. 队会制度

各班每周一次中队活动课,围绕"少先队活动"课程,由年级统一备课进行。大队部定期检查各中队队课的开展情况。

3. 每月一次中队辅导员例会制度

根据每学期少先队工作的重点,组织中队辅导员学习市少工委、少先队总部文件精神,月末交流班级工作,由中队辅导员轮流进行工作经验介绍,并形成电子文档发送至学校大队部留档。大队部还不定期召开小型辅导员会议、小队长会议等。

4. 少先队评优制度

重视一年一度的少先队评优工作,个人、集体的评优采取自荐和推荐相结合的办法,大队部根据候选个人、集体的事迹材料和实际成绩,设立了"特色中队""文明中队""优秀少先队员""美德少年"等评比项目,极大地提高了孩子们主动参与少先队活动的热情。

## 四、活动丰富

少先队活动应当遵循"坚持贴近实际、贴近生活、贴近未成年人的原则",我们坚持实践育人、体验教育,把教育寓于丰富多彩的活动中。为了规范学生的日常行为习惯,我们制订了朗朗上口的附小"好习惯三字经";为了增强学生体魄,我们与临海市国防苑合作开展了为期三天的红领巾素质拓展训练。还积极开设红领巾社团课程,通过"三雅"特色群社团,培养和雅少年。通过一系列的常规活动和特色活动,队员们的能力得到了培养,习惯得到了形成。

1. 每学期结合重大节日开展一些常规性活动

在新教育形式和新教育理念的指引下,我校有条不紊地开展少先队活动。近年来,我校结合每年的各个重大节日、热门的时事新闻,结合日常生活开展各类主题活动,对队员们进行思想道德教育。如清明节"缅怀先烈"
活动;六一儿童节"淘宝义卖"活动;建队日入队仪式;寒暑假假日小队活动
等,各类主题活动精彩纷呈、形式不一、内容活泼,队员们受到了热爱祖国、
关爱社会、关爱他人、关注自我的生动教育。

2018年,我们响应市少工委的要求,围绕几个大主题,开展了一系列少
先队主题活动,比如,临海市"继承弘扬垦荒精神,积极争当'三有三热爱'好
少年"主题活动;临海市"传承长征精神,争做党的好少年"主题活动;"红领
巾喜迎G20"主题争章系列活动;"红领巾助力五水共治"活动等,反响很好!

2.开展特色活动,形成"三雅"课程群

"三雅"课程群即如下三雅。

(1)"文"雅——这一课程注重的是内涵修养的提升。比如"经典诗文诵
读课程"。孩子们读国学、诵经典,感受汉语言的文字之美和音律之美,用经
典丰润人生。

(2)"艺"雅——这一课程注重的是气质的提升。比如红领巾茶艺课程、
舞蹈课程、越剧课程等。最有意思的就是红领巾茶艺课程:利用茶文化的
"谦、美、和、敬"的文化内涵,让校园散发和的韵味,定格雅的格调。

(3)"武"雅——小小戚家军课程,在这一课程中,孩子们习拳、舞枪、唱
凯歌。主要是强身健体,同时也在继承弘扬戚继光"使命、团结、创新"的民
族精神。

三年下来,我们的"三雅课程"也是收获满满。

"经典诗文诵读"社团的孩子成为台州市"首批孔子学堂学员",参加了
2018年的祭孔大典。2014年、2015年、2016年连续三年参加临海市经典诗
文诵读比赛,团体、个人均获一等奖,还参加发展中国家访华团的联谊会。

我们的茶艺表演队还参加了台州市全民饮茶日、古城街道教师节表彰
大会、"盖竹山杯中华道茶之源"开幕式等重要活动,广受好评。

舞蹈社团的孩子们在临海市文艺汇演中连续两年获一等奖。《稻草人》
这一舞蹈还应邀参加古城文化节的开幕式。

我们的小小戚家军社团于2016年10月被评为台州市十佳优秀社团,活

动开始前还应邀参加临海古城文化节活动,并接受了台州日报、台州晚报、临海电视台等多家媒体的采访。

此外我们还有手工社团、国画社团等,我们的红领巾社团尽量做到:有特色,吸引人;有活动,培养人;有成果,鼓舞人。

少先队工作是一份给我们的孩子着色的工作,我们所做的每件事,所举办的每一个活动,就是希望让每一个孩子都能感受并传递正能量,树立正确的价值观、人生观,做党的好少年,在他们的心灵深处刻上一道深深的红色烙印。我们临师附小的每一位辅导员一直为这个使命而努力!

# 附　录

## 延伸阅读（参考书目）

[1] 全国少工,全国少先队工作学会. 少先队工作手册[M].北京:中国青年出版社,1984.

[2] 杜殿坤.给教师的建议[M].北京:教育科学出版社,1984.

[3] 教材编写组.全国辅导员进修学校教材[M].北京:中国少年儿童出版社,1986.

[4] 张修学.中国儿童少年工作百科[M].长春:吉林人民出版社,1990.

[5] 全国少工委.少先队工作丛书[M].北京:中国少年儿童出版社,1991.

[6] 张先翱.少先队工作方法论[M].北京:中国少年儿童出版社,1992.

[7] 唐云增.中国少年先锋队活动大全[M].南京:南京大学出版社,1994.

[8] 林子云,柯英.少先队雏鹰行动丛书[M].北京:中国少年儿童出版社,1996.

[9] 陈金彪.争章达标活动荟萃[M].北京:中国少年儿童出版社,1997.

[10] 段镇,沙功玲.少先队自动化[M].上海:上海教育出版社,1997.

[11] 张成明,林小洪,张培俊.少先队活动丛书[M].北京:中国少年儿童出版社,1999.

[12] 沈功玲.少先队教育文集[M].北京:少年儿童出版社,2000.

[13] 段镇.少先队教育文集[M].北京:少年儿童出版社,2000.

[14] 全国少工委.21世纪少先队工作丛书[M].北京:中国少年儿童出版社,2002.

[15] 张先翱.张先翱少先队教育文集[M].北京:中国少年儿童出版社,2003.

[16] 高洪.面对专家听讲座[M].北京:新华出版社,2004.

[17] 全国少工委,全国学会.中国少年先锋队大全[M].北京:中国少年儿童出版社,2005.

[18] 全国少工委.少先队辅导员工作纲要(试行)[M].北京:中国少年儿童出版社,2005.

[19] 钱焕琦,唐云增,杨培麟.少先队辅导员专业化的理论与实践[M].北京:科学技术文献出版社,2005.

[20] 林日青.创建品牌学校[M].北京:华龄出版社,2006.

[21] 吴云清.少先队组织教育概论[M].北京:中国少年儿童出版社,2006.

[22] 冯炼,郭雪莲,俞永一.少先队文化建设指导[M].成都:西南交通大学出版社,2006.

[23] 少先队北京市工作委员会.北京少先队理论研究成果集[M].杭州:红旗出版社,2006.

[24] 张先翱,吴剀.少先队活动科研成果集[M].上海:上海科学普及出版社,2006.

[25] 张杏云.少先队工作ABC[M].大连:大连出版社,2006.

[26] 徐旭.世纪之初少先队工作新探索[M].杭州:浙江大学出版社,2007.

[27] 刘绪.经营班级[M].成都:四川教育出版社,2007.

[28] 北京市少工委.为了孩子们的全面发展[M].杭州:红旗出版社,2007.

[29] 全国少工委.少先队抓基层抓落实工作指南[M].北京:中国青年出版社,2007.

［30］段镇.少先队学［M］.上海：上海人民出版社，2008.

［31］郭元祥.教师的 20 项修炼［M］.上海：华东师范大学出版社，2008.

［32］李明高.教师最关键的 18 项修炼［M］.南京：江苏人民出版社，2008.

［33］团中央《辅导员》杂志社.少先队活动大全［M］.北京：中国少年儿童音像电子出版社，2009.

［34］中国少先队工作学会.新时期少先队活动集萃［M］.北京：中国青年出版社，2009.

［35］俞永一.新编少先队辅导员工作指南［M］.成都：新蕾出版社，2009.

［36］张小春.少先队辅导艺术［M］.北京：大众文艺出版社，2009.

［37］江苏省少工委.我爱红领巾［M］.北京：中国广播电视出版社，2009.

［38］张春晖.新编少先队工作实用手册［M］.北京：北京燕山出版社，2011.

［39］陆仕桢.少先队辅导员基础理论与实务［M］.北京：新蕾出版社，2011.

# 中国少年先锋队章程

（中国少年先锋队第五次全国代表大会 2005 年 6 月 3 日通过）

一、我们的队名：中国少年先锋队。

二、我们队的创立者和领导者：中国共产党。

党委托中国共产主义青年团直接领导我们队。

三、我们队的性质：是中国少年儿童的群众组织，是少年儿童学习中国特色社会主义和共产主义的学校，是建设社会主义和共产主义的预备队。

四、我们队的目的：团结教育少年儿童，听党的话，爱祖国、爱人民、爱劳动、爱科学、爱护公共财物，努力学习，锻炼身体，参与实践，培养能力，立志为建设中国特色社会主义现代化强国贡献力量，努力成长为社会主义现代化建设需要的合格人才，做共产主义事业的接班人。维护少年儿童的正当权益。

五、我们的队旗、队徽：五角星加火炬的红旗是我们的队旗。五角星代表中国共产党的领导，火炬象征光明，红旗象征革命胜利。

五角星加火炬和写有"中国少先队"的红色绶带组成我们的队徽。

六、我们的队歌：《我们是共产主义接班人》。

七、我们的标志：红领巾。它代表红旗的一角，是由革命先烈的鲜血染成。每个队员都应该佩戴它和爱护它，为它增添新的荣誉。

八、我们的队礼：右手五指并拢，高举头上。它表示人民的利益高于一切。

九、我们的呼号："准备着为共产主义事业而奋斗！"回答："时刻准备着！"

十、我们的作风：诚实、勇敢、活泼、团结。

十一、我们的队员：凡是 6 周岁到 14 周岁的少年儿童，愿意参加少先队，愿意遵守队章，向所在学校少先队组织提出申请，经批准，就成为队员。

队员入队前要为人民做一件好事。要举行入队仪式。

队员是少先队组织的主人，在队里都有选举权和被选举权，可以对队的工作和队的活动提出意见和要求。

　　每个队员都要遵守纪律,服从队的决议,积极参加队的活动,做好队交给的工作,热心为大家服务。

　　优秀的少先队员可以由队组织推荐作为共青团的发展对象。

　　队员由一个大队转到另一个大队,要带上队员登记表,到新的大队报到。

　　超过14周岁的队员应该离队。由大队举行离队仪式。

　　十二、我们的入队誓词:我是中国少年先锋队队员。我在队旗下宣誓:我热爱中国共产党,热爱祖国,热爱人民,好好学习,好好锻炼,准备着:为共产主义事业贡献力量!

　　十三、我们的组织:在学校、社区建立大队或中队,中队下设小队。

　　小队由5至13人组成,设正副小队长。

　　中队由两个以上的小队组成,成立中队委员会,由3至7人组成。

　　大队由两个以上的中队组成,成立大队委员会,由7至13人组成。

　　小队长和中队、大队委员会都由队员选举产生。半年或一年选举一次。

　　大队和中队委员会可以根据工作需要,设队长、副队长、旗手和学习、劳动、文娱、体育、组织、宣传等委员。

　　十四、我们的活动:举行队会,组织参观、访问、野营、旅行、故事会,开展文化科学、娱乐游戏、军事体育等各种有意义有趣味的活动,以及参加力所能及的公益劳动和社会实践。

　　十五、我们队的奖励和批评:队员和队的组织做出优异成绩的,由队的组织或报共青团组织给予表扬和奖励。

　　队员犯了错误的,队组织要进行耐心帮助、批评教育,帮助改正错误。

　　十六、我们的辅导员:由共青团选派优秀团员或聘请思想进步、作风正派、知识丰富、热爱少年儿童的教师及各条战线的先进人物来担任。他们是少先队员亲密的朋友和指导者,帮助中队或大队委员会进行工作,组织活动。

　　十七、我们队的领导机构:全国和地方各级少先队工作委员会,是全国和地方少先队经常性工作的领导机构,由同级少先队代表大会选举产生。全国代表大会原则上每五年召开一次。

# 少先队活动课程指导纲要 （试行）

## （2015 年 9 月）

　　《教育部关于加强中小学少先队活动的通知》（教基二〔2012〕3 号）规定：少先队活动要作为国家规定的必修的活动课，小学 1 年级至初中 2 年级每周安排 1 课时。为深入学习贯彻习近平总书记系列重要讲话精神，贯彻落实党中央对当代少年儿童和少先队工作的希望和要求，贯彻落实中央党的群团工作会议精神、第七次全国少代会精神，促进加强未成年人思想道德建设和全面实施素质教育，教育引导亿万少年儿童为实现中华民族伟大复兴的中国梦时刻准备着，更好地为少年儿童健康成长服务，制定本指导纲要。

## 一、少先队活动课程的性质

　　少先队是中国共产党创立和领导的少年儿童群众组织，是少年儿童学习中国特色社会主义和共产主义的学校，是建设社会主义和共产主义的预备队。为中国特色社会主义事业培养合格建设者和可靠接班人是少先队组织的根本任务。少先队教育是中国特色社会主义教育事业的重要组成部分。少先队活动课程是少先队把握组织属性，通过特有的组织形式、集体生活和活动方式对少年儿童进行思想引导的活动课程。

　　（1）政治性。以理想信念教育为根本，以"五爱"教育为基础，以中国梦和社会主义核心价值观教育为主线，注重党、团、队组织意识和教育内容的衔接，培养少年儿童对党和社会主义祖国的朴素感情，培养少年儿童严和实的品德，团结、教育、带领少年儿童听党的话，跟党走，从小学习做人、从小学习立志、从小学习创造，养成好思想、好品行、好习惯，时刻准备着为实现中华民族伟大复兴中国梦的美好未来努力奋斗。

　　（2）儿童性。充分尊重少年儿童主体地位，遵循少年儿童的年龄特点，认真把握少年儿童的情感、意识、信念形成的基本规律，以少年儿童为开发和实施主体，发挥少年儿童自主作用、创造精神和少先队集体的力量，精选与少年儿童学习、生活经验密切相关的教育内容，采取少年儿童易于接受的方式，以校园为基础、家庭为补充、社会为天地，组织开展丰富多彩的实践性、体验性活动，努力增强少先队活动的吸引力和实效性。

## 二、少先队活动课程的目标与内容

（1）组织意识。教育引导少先队员遵守少先队的章程，牢记党是少先队的创立者和领导者，认识党的伟大、光荣和正确，理解队的性质、队的目的等队的基本知识，懂得少先队的历史，珍惜少先队员称号，履行队员权利和义务，遵守纪律，服从队的决议，积极参加队的活动，努力完成队组织交给的任务，热心为大家服务，学会合作，培养集体主义精神，增强光荣感和组织归属感，培养党、团、队相衔接的组织意识。

（2）道德养成。教育引导少年儿童从小学习做人。养成严和实的品德。做一个好人，有品德、有知识、有责任，坚持品德为先。学会做人的准则，学习和传承中华民族传统美德，学习和弘扬社会主义新风尚，热爱生活，懂得感恩，与人为善，明礼诚信，争当学习和实践社会主义核心价值观的小模范。记住要求，心有榜样，从小做起，接受帮助。培养法治意识，养成守法习惯。爱护生态环境。

（3）政治启蒙。教育引导少年儿童从小学习立志。认识和理解党的"两个一百年"的奋斗目标和中华民族伟大复兴的中国梦。把自己的志向同祖国和人民联系在一起。培养追求真理、报效祖国的志向，爱祖国、爱人民、爱劳动、爱科学、爱社会主义，时刻把祖国和人民放在心中，从小听党的话、跟着党走，努力做祖国和人民需要的好孩子，做祖国和人民事业发展的接班人。牢记正义必胜、和平必胜、人民必胜。增强国防意识和国家安全观念。自觉维护中华民族大团结。

（4）成长取向。教育引导少年儿童从小学习创造。学习用新理念、新知识、新本领去适应和创造新生活。争当勤奋学习、自觉劳动、勇于创造的小标兵。敢于有梦、勇于追梦、勤于圆梦。培养科学精神，激发科学梦、创造梦、报国梦。培养媒介素养，从小争当中国好网民。积极参加体育锻炼，培养良好心理素质和意志品质。培养阅读习惯、审美意识和情趣，阳光生活，快乐成长，全面发展。

## 三、少先队活动课程的途径

（1）组织教育。通过大、中、小队的组织形式，运用少先队仪式、主题队会、主题队日、少代会等载体，发挥少先队队旗、队徽、队歌、标志、队礼、呼号、作风、入队誓词、鼓号等作用，抓住重要契机和时间节点开展时代感强的集体活动，注重榜样引导，注重相互帮助，注重分层教育，丰富少先队组织生活。

（2）自主教育。在辅导员的引导下，发挥少先队小干部的带头作用和队集体的作用，放手锻炼少先队小骨干的自主活动能力，注重自我教育、同伴教育，鼓励全体少年儿童动脑动手，自己的组织自己建，自己的活动自己搞，自己的事情自己做，人人做主人，人人都探究，人人都创造，培养自主意识和自主能力。

（3）实践活动。以体验教育为基本途径，在校园内外、家庭、社区和社会上积极开展主题鲜明、生动活泼、丰富多彩、独具特色的实践体验活动，帮助少年儿童接触社会生活、接触大自然、体验伟大的时代，注重情感体验，丰富成长经历，实现少先队教育和学校教育、家庭教育、社会教育相互融合、相互促进。

## 四、少先队活动课程的实施方式

少先队活动课程以中队活动为基本形式常态开展，也可以大队集中开展，或以小队、红领巾小社团等形式灵活开展。

（1）队会。结合重大事件、重要教育契机，组织集中性主题队会。也可结合本中队、大队实际，确定一个主题，通过学习、讨论、交流、分享等多种方式开展。队会要有出旗、唱队歌、鼓号、呼号、退旗等少先队礼仪。

（2）队课。在少先队辅导员或高年级队干部的指导下，学习党对少年儿童的希望和要求，学习队章和少先队基本知识，学习少先队礼仪，学习时事。

参加少年团校,学习团章和共青团知识,开展推优入团。

(3)队仪式。在少年儿童成长过程中的重要时间节点,在国家节庆日、纪念日和建队纪念日、重大事件时,举行入队仪式、初中建队仪式、离队仪式、升旗仪式、颁章仪式等少先队仪式。探索健全队仪式体系。

(4)队组织生活。组建少先队大、中、小队和红领巾小社团,设立服务岗位,建设和管理活动阵地。集体讨论决定重要事项。民主选举少先队小干部,轮换任职。选树和学习榜样。开展队的奖励,开展批评和自我批评。参与少先队各级代表大会。

(5)队实践活动。组织参观、访问、野营、旅行、故事会,开展文化科学、娱乐游戏、军事体育等各种有意义有趣味的活动,以及参加力所能及的公益劳动和社会实践。开展岗位体验、考察、寻访、小课题、小研究、小志愿者等和假日、夏(冬)令营活动。

(6)队品牌活动。系统开展"红领巾心向党""红领巾相约中国梦""祖国发展我成长""核心价值观记心中""争当美德小达人""优秀传统文化在我身边""民族团结代代传""手拉手""劳动实践""少年科学院""少年军校""平安行动""雏鹰争章"等少先队品牌活动。

## 五、少先队活动课程的评价激励

(1)对少先队活动课的评价。一要主题鲜明,紧紧围绕党中央对少年儿童和少先队工作的希望和要求开展活动。二要目标科学,根据中小学不同年龄段少年儿童的特点深入开展分层教育。三要内容集中,注重组织意识、道德养成、政治启蒙和成长取向的培养。四要特性突出,通过少先队组织教育、自主教育、实践活动来开展。五要元素丰富,既充分体现少先队特有的标识、仪式、文化的独特作用,又传承和吸收中华优秀传统文化的当代价值。六要形式多样,不限定在课堂上,在操场上、校园里、街道社区、田间地头、厂矿车间、博物馆、科技馆等等都可以开展。七要时代感浓郁,综合运用童谣、游戏、歌曲、动漫、音视频、新媒体等多种方式方法。八要评价科学,不以考试和分数为评价手段,充分发挥雏鹰奖章的评价激励作用。

(2)对少年儿童的激励。以雏鹰奖章为主要激励方式,鼓励少年儿童通过定章、争章、评章、颁章、护章,不断确立新的目标、追求进步。坚持公正、民主、平等,自评、互评、他评相结合,由中、小队和大队组织。根据少先队活动课程的目标内容,一般各年级设雏鹰奖章年级进步章1枚、基础章8枚(向日葵章、五星红旗章、接力章、美德章、民族团结章、创造章、健康章、成长章)。各年级奖章可以颜色区分。鼓励各地少工委和基层中小学少先队组织结合本地特点和校本特色,创设丰富多彩、灵活多样的地方奖章和校本奖章。探索制定少先队雏鹰奖章条例。

(3)对少先队集体的激励。注重对少先队集体在少先队活动课程中的发展进步情况进行整体评价。评价主体是上级少先队组织,主要激励载体是评选全国、地市、区县、学校各级优秀少先队集体。

(4)对少先队辅导员的评价。上级少先队组织对辅导员组织实施少先队活动课程的能力和实效进行评价,纳入各级优秀少先队辅导员评选,推动纳入中小学教师绩效考核和职称评聘。

(5)对学校的评价。各级团委、少工委争取本级教育部门的支持,对中小学校落实少先队活动的课时安排、活动管理、辅导员队伍建设等情况进行综合评价,开展督导检查、互观互检,组织命名红领巾示范校等。

## 六、少先队活动课程的实施要求

(1)确保少先队活动课时。小学1年级至初中2年级每周安排1课时,专门用于开展少先队活动课。视具体活动,少先队活动课时也可集中安排。与学校其他教育教学活动有机结合开展少先队活动课。

(2)一纲多本,鼓励创造。围绕本纲要,根据城市和农村的不同特点,鼓励各地中小学少先队组织因地制宜,积极开展符合国家要求、具有地方特点和学校特色的少先队活动课。把握少先队组织属性,紧跟时代发展步伐,激发基层组织活力,推动少先队活动课程开放、创新、可持续发展,让少先队活动课程为广大少年儿童更加喜欢,帮助少年儿童成长得更好。

(3)研发少先队活动课程资源。根据少先队活动课程的目标内容,研发少先队活动课程各种资源。开发用好多种形式、少年儿童喜闻乐见的文化艺术作品和产品。建好用好学校红领巾广播站、电视台、宣传栏、壁报、黑板报等。发挥少先队报刊、少年儿童书报刊和电视、广播等大众传媒的支持作用。运用互联网、移动终端等新媒体开展线上线下活动。注重发挥家长和各行各业少先队志愿辅导员的作用。加强少先队活动基地建设,充分调动社会各方面的积极性,挖掘各种社会资源,有效整合、利用各级各类校外教育机构,包括校外活动场所、社会实践基地等教育资源,为少先队活动的开展提供必要的条件保障。

(4)开展少先队活动课程教研。建立各级少先队活动课程教育研究机制,指导中小学成立教研组,组织大队辅导员、中队辅导员定期开展教研和课题研究。根据队员特点和学校特色,帮助队员创造性地策划实施少先队活动课。普遍开展少先队活动课程交流展示活动。

## 七、少先队活动课程的管理保障

(1)争取各级教育部门支持,切实保障少先队活动课程有效实施。将每周1课时的少先队活动课列入各级义务教育课程设置方案并在中小学普遍落实,将雏鹰奖章评价机制纳入中小学生综合素质评价体系,将少先队活动课程指导用书、器材等纳入生均经费保障范畴,将少先队活动课程实施情况纳入学校办学质量评估指标体系。在教育部门教研机构中建立少先队教研队伍。

(2)各级团委、少工委要大力推进少先队活动课程实施。将少先队活动课程实施情况作为对各级少先队组织工作考核的基本内容。做好各级少先队总辅导员、少先队辅导员、少先队小干部小骨干的培训指导。建设少先队活动课程示范区,普及少先队活动课程示范校,区域化推进少先队活动课程建设与发展。发挥各级少先队工作学会和高校相关学科研究和作用,联合社会专业力量,对少先队活动课程实施提供有效支持。

(3)推动中小学校实施好少先队活动课程。认真落实教育部门有关要求,保证每周1课时少先队活动课列入中小学课表,不得挤占少先队活动的课时。落实相应的教研力量、经费和资源、阵地保障。以提升少先队活动课程质量为重点和牵动,活跃课内外、校内外少先队活动,推动少先队教育与学校教育教学改革深入融合。

（4）加强少先队辅导员队伍建设。切实做好少先队辅导员的选拔、聘任、培训等工作，不断提高辅导员队伍的整体素质。发挥好大队辅导员和中队辅导员在实施少先队活动课程中的重要作用。聘请关心少年儿童成长的社会各界人士做校外辅导员，参与组织学校少先队活动。推动将少先队辅导员培训纳入中小学教师继续教育体系，将辅导员组织实施少先队活动课程的实效纳入中小学教师绩效考核和职称评聘工作。积极组织开展各地少先队辅导员的相互交流和学习。

# 少先队活动课程基本内容

表 1  少先队活动基本内容

| | 教育主题 | 教育内容 |
|---|---|---|
| 组织意识 | 培养党、团、队衔接的组织意识，增强少先队员光荣感和组织归属感 | 1.接受队前教育,举行入队仪式,组建中、小队<br>2.学习队章,了解少先队基本知识和队员的权利义务<br>3.学习理解少先队组织属性<br>4.学习理解党、团、队关系<br>5.学习了解少先队光荣历史和不同历史时期的榜样<br>6.理解并践行"人民的利益高于一切"的队礼精神<br>7.理解并践行少先队的作风<br>8.在辅导员的指导下民主选举少先队小干部<br>9.开展"说优点、讲不足,手拉手、同进步"活动<br>10.选树学习身边榜样<br>11.学习少先队鼓号等礼仪文化<br>12.组建和参加红领巾小社团<br>13.提出红领巾小心愿、小建议<br>14.组建中学少先队组织<br>15.开展团前教育,推荐优秀少先队员作团的发展对象<br>16.接受离队教育,举行离队仪式 |
| 道德养成 | 从小学习做人 | 1."记住要求,心有榜样,从小做起,接受帮助",争当学习和实践社会主义核心价值观的小模范<br>2.养成严和实的品德<br>3.学习传承中华传统美德,学习弘扬社会主义新风尚<br>4.热爱生活,懂得感恩,与人为善,明礼诚信<br>5.孝敬父母,尊敬师长,文明礼貌,助人为乐<br>6.平等待人,关爱他人,团结互助,热爱集体,热心帮助残疾小伙伴,关爱农村留守和随父母进城务工的小伙伴<br>7.学雷锋,讲公德,做好事,爱护公共财物<br>8.乐于奉献,热心志愿服务,培养社会责任感<br>9.为人正直,明辨是非,崇尚公正,学会担当<br>10.遵纪守法,守规则,培养法治意识,养成守法习惯<br>11.勤俭节约,践行低碳生活<br>12.热爱自然,保护环境 |

续表

| | 教育主题 | 教育内容 |
|---|---|---|
| 政治启蒙 | 从小学习立志 | 1.认识和感受党的关怀,牢记党中央和习近平爷爷提出的希望和要求,相信党、热爱党,听党的话、跟着党走<br>2.学习党和国家的历史故事和革命先烈、少年英雄事迹<br>3.寻访优秀党员,感受党的先进性和纯洁性<br>4.学习理解党的性质、根本宗旨和奋斗目标,学习理解中国特色社会主义,培养对共产主义的信仰<br>5.热爱自己的家乡和祖国大好河山,认识新中国建设和改革开放成就,认识"四个全面"布局<br>6.学习祖国发展的历史,学习和弘扬中华优秀文化<br>7.认识中华民族大家庭,团结各民族小伙伴<br>8.学习中国近现代史,认识中华民族伟大复兴的中国梦<br>9.认识基本国情,懂得实现中国梦必须走中国道路,弘扬中国精神,凝聚中国力量<br>10.热爱人民,懂得人民的利益高于一切,学习先进人物,学习为人民服务<br>11.认识人民子弟兵,认识"有灵魂、有本事、有血性、有品德"的军人形象,懂得强军梦,向解放军学习<br>12.牢记正义必胜、和平必胜、人民必胜的伟大真理 |
| 成长取向 | 从小学习创造 | 1.学习用新理念、新知识、新本领去适应和创造新生活<br>2.争当勤奋学习、自觉劳动、勇于创造的小标兵<br>3.树立劳动光荣的观念,自己的事自己做,他人的事帮着做,公益的事争着做<br>4.尊重他人的劳动,尊重每一位普通劳动者,珍惜每一份劳动果实、热爱劳动、学会劳动、积极劳动<br>5.勤学书本知识,多学课外知识,勤于思考,多想多问,学习科学知识,培养科学精神,激发科学创意,爱动脑、勤动手,学创新<br>6.培养媒介素养,从小争当中国好网民<br>7.积极参加体育锻炼,与运动交朋友,培养良好心理素质和意志品质<br>8.养成阅读习惯,培养审美意识和情趣<br>9.培养自护意识,掌握自护技能<br>10.珍爱生命,心理健康,抵制不良诱惑 |

# "红领巾相约中国梦"教育提纲（全国少工委）

## 一、什么是中国梦

习近平总书记代表党中央提出了实现中华民族伟大复兴的"中国梦"。"中国梦"是人民的梦,每个中国人都是"梦之队"的一员。

中华民族有5000多年的悠久历史,创造了灿烂的中华文化,为世界做出了重大贡献,比如四大发明等。中华民族是56个民族组成的团结的大家庭。

但是,近代170多年前开始,中国衰落了,遭受深重的苦难,中国人民曾进行各种努力和抗争,但没有成功。为了改变落后挨打的状况,优秀的中国人在1921年成立了中国共产党。党带领人民顽强奋战,结束了战乱,在1949年建立了新中国,后来实行改革开放,让人民的生活一天天好起来。今天,中国的老百姓丰衣足食,过上了好日子,但是还有的地方比较落后,需要继续改善。

实现"中国梦",就是要在建党100周年的时候（2020年左右）全面建成小康社会,让我们有更好的学校,更舒适的住房,更方便的交通,更干净更美丽的自然环境,更好的工作和生活;在新中国成立100周年的时候（2050年左右）建成社会主义现代化国家,实现中华民族伟大复兴,我们的国家会更富强、民族会更振兴、生活会更幸福,中国将成为强盛中国、文明中国、和谐中国、美丽中国。

国家富强就好比一个人身体强壮。国家富强表现在,不仅经济总量要排在世界前列,人均也要比现在强得多;东部和西部、中部,城市和农村都发展起来了,环境也更加美好;我们还会有强大的国防,不怕其他国家欺负我们;我们既能维护自己的国家利益,还要维护世界的和平,帮助其他国家发展。

民族振兴就是说我们中华民族和世界上其他民族平等相处,受到世界其他民族的尊重;我们能够心往一处想、劲儿往一处使,中华民族的文明和创造能为人类做出更大的贡献;我们每个人都因为是中华民族的一员而自豪。

人民幸福就是说我们每个人都能过得越来越好,不仅生活水平越来越高,文化生活也将很丰富,人与人之间相互关爱,生活中处处充满阳光;我们每个人都有人生出彩的机会,都能通过努力去实现自己的梦想。

## 二、实现中国梦要走中国道路

中国共产党是中国先进的成年人组成的,是在各行各业中冲锋在前的,是全心全意为老百姓服务的,是领导咱们国家的。现在我们国家的经济总量已经到了世界的第二位,大家的生活越来越好了,这是因为党在前面带领我们才取得的,党还要带领我们过更好的日子。我们要尊敬党、相信党、听党的话。

中国特色社会主义,简单地说,就是党领导全国人民努力奋斗,根据我们的国情,科学发展,共同富裕,靠辛勤劳动创造幸福生活。

要实现"中国梦"需要沿着正确的道路才能到达。党领导我们走的中国特色社会主义道路,就是这条正确的道路,她适合我们国家。就像火车头拉着整列火车,沿着铁路线,向着预定目标前进。

## 三、实现中国梦要有中国精神

一个人要有"精气神",才能干成事,实现自己的梦想;中国和中国人也要有"精气神",才能实现中国梦。中国精神最主要的内容是爱国主义和改革创新。

爱国主义就是热爱祖国,尽己所能为国家出一份力,不做损害国家尊严和利益的事。我们应该响应国家号召,做自己能做的事。比如,爱护国旗,爱惜印有国旗、国徽图案的物品,在条件允许的情况下听到国歌要肃立;在与外国人交往和在国外时不卑不亢,体现中国人良好形象;敬重为国家做出牺牲和特殊贡献的人,有条件的情况下去烈士陵园扫墓祭奠。改革创新就是在努力掌握现有知识和情况的基础上,继承好的东西,抛弃不好的落后的东西,创造新的先进的东西。比如,我们在设计少先队活动时,要不墨守成规,勇于改掉中队、小队活动中一些队员们不喜欢的活动方式,多创造队员们感兴趣、有意义有意思的新活动;遇到困难和问题,在可能的情况下,要多思考、想办法,找到更好的解决方案。我们要有这样的精神。

## 四、实现中国梦要靠中国力量

每一个人的力量是有限的,大家团结起来力量大。俗话说:一支筷子轻轻被折断,十双筷子抱成团折不断。我们每一个人都是中华民族的一分子,只要我们万众一心,为实现梦想而奋斗,就没有克服不了的困难,实现"中国梦"的力量就无比强大。

## 五、"我的梦"与中国梦

每个人都有自己的梦想。"中国梦"是所有中国人共同的梦想。我们生活在中国的土地上,中国的一切都与我们息息相关。中国富强了,我们都光荣,都能过得好;中国如果衰落了,我们都抬不起头,都要受损害。国家好,民族好,大家才会好。当中国梦实现的时候,我们每个人都能享受到她带给我们的幸福。

每个人都有实现梦想的机会,个人的梦想只有与中国梦保持一致的方向,为她去奋斗,才可能梦想成真。在实现自己梦想的过程中,也要帮助别人实现梦想,使一个个"小梦"汇成"大梦"。

就像我们每个人都爱自己的家,都会按照家庭的需要做些事,都会为家里做贡献。如果家建设好了,全家每个人都能过好日子。

## 六、少先队员要为实现中国梦做好准备

中国梦是美好的,但目前我国人均收入在世界上还排在后面,根据联合国标准,我国还有1亿多人生活在贫困线以下,还存在着一些贫困地区,不少小伙伴的学习生活还比较困难。我们国家与发达国家相比还有很大差距,要追上他们,超过他们,需要付出艰苦的努力。中国梦的实现,是一个长期的过程、艰苦的过程、充满困难和挑战的过程,就像接力赛跑一样,需要一代

又一代中国人不懈努力。

我们今天的少先队员是明天中国的建设者和接班人,实现中国梦的接力棒将传到我们这一代少先队员手中。这就需要我们每个人保持清醒的头脑,冷静地思考,脚踏实地地行动,从现在做起,为实现中国梦做好全面准备。

我们要志存高远。就是要树立远大的理想和志向。人的生命只有一次,应该过得有意义。我们不仅要立志让自己和家里人过得幸福,还应该让周围的人、让社会上更多的人过得更好。如果能够为国家、为民族做出贡献,这样的人生更加幸福和有意义。我们要"为中华崛起而读书",为实现中国梦而努力。

我们要增长知识。就是要好好学习,练好本领。有梦想,有机会,有奋斗,一切美好的东西都能够创造出来。人世间的一切幸福都要靠劳动创造。对于少先队员来讲,奋斗和劳动就体现在勤奋学习、练好本领上,这样才能在将来创造幸福生活,实现梦想。比如,要多读书、多实践,让兴趣成为自己最好的老师,遇到问题多问为什么,多想怎么办,多做探索尝试,尽力解决它。

我们要锤炼意志。把中国梦的蓝图变成现实需要付出艰苦的努力,需要具有坚强的意志。我们要从克服学习和生活中的一个个困难开始,从小培养艰苦奋斗、不懈奋斗、顽强奋斗的意志品质。比如,遇到困难不退缩,遇到失败不泄气,做事情不拖拉,劳动不偷懒,锻炼身体不怕苦。要乐观向上,积极努力,创造人生的美丽和精彩,与所有中国人一起去实现中国梦。

# 少先队辅导员管理办法（试行）

**第一章　总则**

第一条　少先队辅导员是少先队员的亲密朋友和指导者,是我国未成年人思想道德建设队伍的重要组成部分,是实施素质教育的重要力量。为加强少先队辅导员队伍建设,规范辅导员的工作,根据《中国少年先锋队章程》及团中央、教育部等部委关于加强少先队工作的政策、规定,制定本办法。

第二条　本办法适用于各级少先队总辅导员、少先队大队辅导员、少先队中队辅导员和少先队志愿辅导员。

第三条　各级少先队组织要认真贯彻本办法的要求,努力引导少先队辅导员做少先队员人生追求的引领者、实践体验的组织者、健康成长的服务者、合法权益的保护者和良好发展氛围的营造者。

**第二章　辅导员的任职条件**

第四条　辅导员应具备以下基本条件:

(1)忠诚党的教育事业,具有坚定的政治方向,能自觉实践邓小平理论和"三个代表"重要思想,树立和落实科学发展观。

(2)热爱少年儿童,热爱少先队工作,品行端正,作风正派,具有奉献精神,竭诚为少年儿童健康成长服务。

(3)掌握教育规律和当代少年儿童成长规律,引导少年儿童在实践体验中提高全面素质。

(4)综合素质比较全面,具有较强的组织协调能力、语言文字表达能力和一定的理论研究能力。

第五条　农村学校的大中队辅导员和乡(镇)总辅导员应具有中师以上(含中师)文化程度。城区中小学校的大中队辅导员和省(区、市)、市(地)、县(市、区)总辅导员应具有大专以上(含大专)文化程度。

第六条　大队辅导员和乡镇总辅导员应具有 2 年以上教育教学经验,省(区、市)、市(地)、县(市、区)总辅导员应具有 3 年以上的少先队工作经验。

第七条　少先队大队辅导员上岗前必须参加由县级以上(含县级)少工委组织的专业培训,并由县级以上(含县级)少工委颁发由全国少工委制定统一格式的"少先队辅导员培训合格证书"。

### 第三章　辅导员的配备与管理

第八条　省(区、市)、市(地)、县(市、区)、乡(镇)少工委应设少先队总辅导员。总辅导员应由长期从事少先队工作,具有丰富经验、较强组织协调能力和较高理论研究水平的人士担任。省级、市级总辅导员应设在同级团委,县(市、区)级总辅导员可设在同级团委,也可设在同级教育行政部门。省(区、市)、市(地)、县(市、区)总辅导员应按不低于同级团委或教育行政部门中层副职的标准配备。乡(镇)总辅导员由中心校少先队大队辅导员兼任。

第九条　大队辅导员由所在学校推荐、上级团委聘请、从事学校少先队工作的优秀教师担任。在配备与管理上应做到:

(1)有 15 个教学班以上的小学,初一、初二两个年级有 8 个教学班以上的中学,应配备一名少先队大队辅导员。中学的大队辅导员可由中学团委(总支)书记或团委副书记兼任。

(2)大队辅导员在已与学校明确了聘用关系的人员范围内,按照队章的规定聘请,三年一聘,聘请的第一年为试用期,试用期间考核如不合格则随时解聘,工作业绩突出者可续聘。学校对大队辅导员进行调整时,需征求上级团委意见,并做到随缺随补。团组织聘请辅导员应举行仪式,颁发聘书。

(3)大队辅导员按学校中层管理人员进行管理和使用,列席校务会议。从事少先队工作多年,且成绩特别突出者,可列入教育系统后备干部培养序列。

(4)符合《中学教师职务试行条例》或《小学教师职务试行条例》要求的大队辅导员可按有关规定评聘相应专业技术职务。

(5)大队辅导员每周兼课一般不超过 6 课时,从事少先队的工作时间每周不低于 10 课时。大队辅导员的工作量要折算成相应的教学工作量。大队辅导员节假日组织开展少先队活动,学校应给予适当调休。

第十条　初中和小学以班级为单位成立少先队中队,中队辅导员一般由班主任兼任,也可由其他课任教师兼任。聘请中队辅导员要举行仪式,颁发聘书。

第十一条　学校和社区少先队组织要至少聘请一名志愿辅导员。少先队志愿辅导员应从各行各业的先进人物、优秀青年学生、志愿者和解放军指战员、武警官兵、公安民警以及老干部、老战士、老专家、老教师、老模范等社会各界热心少年儿童工作的人士中聘请。聘请志愿辅导员要举行仪式,颁发聘书。县(市、区)少工委要对志愿辅导员及时进行登记注册,并对他们进行培训。

**第四章　辅导员的职责**

第十二条　各级总辅导员的职责是:在同级少工委的领导下,参与团委、教育行政部门、少工委对本区域内少先队工作计划的研究、制订和重大活动的设计、实施;参与对基层辅导员的工作指导和业务培训;及时向上级少工委和有关部门反映基层辅导员在工作、学习、生活中遇到的实际问题,并参与会同有关部门协商解决。

第十三条　少先队大队辅导员的职责是:抓好学校少先队基础建设;组织开展少先队大队的各项活动;指导和协调中队辅导员工作;培训中队辅导员;关注队员的身心健康,反映他们的意见和成长中的需求,争取学校、家长、社会的支持和配合;维护少年儿童的合法权益,促进他们健康成长全面发展;协助学校行政管理工作;协助社区少工委工作。

第十四条　少先队中队辅导员的职责是:在大队辅导员的领导下,指导中队委员会制订计划、开展工作、组织活动;指导中队集体建设,帮助队员学会当家做主。

第十五条　少先队志愿辅导员的职责是:充分利用自身的优势和专长,辅导少年儿童开展丰富多彩的实践体验和文娱活动;维护少年儿童的合法权益;为学校和社区的少先队工作创造条件,提供支持。

**第五章　对辅导员的培训**

第十六条　各级少工委要把对辅导员的培训作为重要的工作任务,制订年度培训计划,利用寒暑假和节假日对辅导员进行培训,并为他们参加培训创造条件。

第十七条　辅导员培训以"实际、实用、实效"为宗旨,应着重做好上岗前的专业培训、在岗期间的业务培训和更新知识的专项培训等。

第十八条　辅导员培训内容主要包括政治理论、少先队业务、少先队重大工作项目等。辅导员培训大纲、计划、教材要由省级以上(含省级)少工委组织专家编写。

第十九条　辅导员培训按照分级培训、分类负责的原则实施,分为全国、省、市、县四个层次。全国和省级少工委的培训以总辅导员、骨干大队辅导员及专项培训为主,市(地)、县(市、区)两级培训要扩大到中队辅导员,县级少工委培训要以中队辅导员为主。

第二十条　各级少工委要努力创造条件为辅导员受训提供经费支持。要落实各级团费的10%用于少先队辅导员的培训的要求,同时积极争取财政和相关方面的支持。各中小学校应把辅导员的培训纳入教师继续教育体系。

第二十一条　新任或拟任辅导员的优秀教师,参加上岗培训的时间一般不少于3天。在岗的大中队辅导员、总辅导员每年累计参加各类培训(含以会代训)的时间一般不少于5天。培训结束要颁发相应的证书。

**第六章　对辅导员的业绩考核**

第二十二条　省(区、市)、市(地)、县(市、区)、总辅导员由同级团委、教育行政部门、少工委负责考核。乡(镇)总辅导员、大队辅导员由县(市、区)少工委按照《少先队辅导员工作纲要(试行)》的要求进行考核。中队辅导员由学校少先队大队委员会和大队辅导员共同考核。

第二十三条　对各级总辅导员的考核可结合单位工作考评一年进行一次。对大、中队辅导员的考核每学期进行一次,并建立考核档案。

第二十四条　对大、中队辅导员的考核主要应包括以下环节:(1)个人进行工作总结;(2)在所在学校进行民主测评,广泛听取各方面意见;(3)确定考核等次。考核分为优秀、称职、不称职三个等次。考核结果要作为辅导员聘请、评选先进的重要依据,考核不称职者应予解聘。

第二十五条 考核应坚持客观公正的原则。辅导员的考核结果应以书面形式通知本人,并报上级少工委备案。

**第七章 对辅导员的奖励**

第二十六条 对经正式聘请,工作有显著成绩或做出特殊贡献的各级总辅导员、大中队辅导员和志愿辅导员,由各级团委、少工委联合教育行政部门等共同表彰,并授予"十佳少先队辅导员""十佳少先队志愿辅导员""优秀少先队辅导员"的荣誉称号。

第二十七条 受到表彰的大中队优秀辅导员和乡(镇)优秀总辅导员应享受同级优秀教师的待遇。

第二十八条 辅导员在少先队工作中获得的各种奖励和研究成果,应与中小学教师在教学方面获得的奖励和研究成果同等对待,并记入本人档案,作为考核、聘用、职务和工资晋升的重要依据。

第二十九条 共青团组织表彰的先进工作者,教育行政部门表彰的优秀教师,少先队辅导员要占一定比例。

**第八章 附则**

第三十条 本办法由共青团中央、全国少工委、教育部、人事部共同制定,本办法的解释权属发文部委。省级少工委可联合相关部门依据本办法制定具体的实施办法或细则。

第三十一条 本办法自发布之日起实施。(2007年6月11日印发)

# 关于中国少年先锋队队旗、队徽和红领巾、
# 队干部标志制作和使用的若干规定

第一条　为维护中国少年先锋队队旗、队徽和红领巾、队干部标志的严肃性,使队旗、队徽和红领巾、队干部标志的制作和使用更加规范,依据《中国少年先锋队章程》、原有相关规定和基层实际情况,制定本规定。

第二条　中国少年先锋队队旗、队徽、红领巾和队干部标志是少先队组织和队员、队干部的象征和标志,是少先队的礼仪用品。各级少先队组织和每一个少先队员,都应当自觉地尊重和爱护它们。

第三条　中国少年先锋队的队旗为五角星加火炬的红旗。队旗分大队旗和中队旗两种。

大队旗长 120 厘米,高 90 厘米,旗中心是五角星和火炬,五角星为黄色,火炬由黄色线条勾勒出轮廓。

中队旗长 80 厘米,高 60 厘米,右端剪去高 20 厘米、底宽 60 厘米的等腰三角形,形成一个三角形缺口,五角星及火炬在以 60 厘米为边长的正方形中心。

大队旗、中队旗可用布、绸、缎或其他质地的材料按照标准制作。

第四条　中国少年先锋队的队徽由五角星加火炬和写有"中国少先队"的红色绶带组成。五角星、"中国少先队"五个字和火炬炳为金色,绶带和火炬的火焰为正红色,火焰和绶带镶金边,"中国少先队"字体为黑体。

队徽可制作成徽章供队员佩戴。徽章的规格为高 2.2 厘米,宽 1.8 厘米。为确保队员佩戴的安全,徽章必须制作成按扣式。

第五条　少先队员佩戴的红领巾分大、小号两种规格,分别是 60 厘米×60 厘米×100 厘米、72 厘米×72 厘米×120 厘米。

红领巾应用布、绸、缎等材料按照标准制作。

第六条　大队、中队委员会委员和小队长都要佩戴队干部标志。队干

部标志由白底、红杠组成,长 7 厘米,宽 6 厘米。大队委标志中间是三条红杠,中队委标志中间是两条红杠,小队长标志中间是一条红杠。标志中红杠长 4 厘米,宽 1 厘米,条与条之间相隔 1 厘米,与白底边缘左右各相距 1 厘米。队干部标志可用布、塑料等材料制作。

第七条　队旗是少先队大队、中队的标志,平时应陈列在队室和教室,在下列情况下使用:

(1)少先队组织在开展集体活动时;

(2)少先队大队举行入队仪式时;

(3)成立少先队大队或中队时;

(4)少先队组织举行重要会议时。

除上述情况外,使用队旗及其图案需经县级(含)以上少工委批准。

少先队员要热爱队旗,在集会中出旗和退旗时,队员应立正并敬礼。

第八条　队徽是少先队组织的象征,使用范围是:

(1)少先队的代表大会和代表会议的会场应悬挂队徽;

(2)少先队队室应悬挂队徽;

(3)团委、少工委的会议室可以悬挂队徽;

(4)有关少先队的外事场合可以悬挂队徽;

(5)少先队的各级组织颁发的奖状、奖旗、奖章、证书、和其他荣誉性文书、证件上可以印队徽图案;

(6)少先队的出版物上可以印队徽图案。

除上述情况外,使用队徽及其图案需经县级(含)以上少工委批准。

第九条　红领巾是少先队员的标志。少先队员应爱护红领巾,保持红领巾干净、整洁。

少先队员平时应佩戴红领巾。小学低年级少先队员佩戴小号红领巾,小学高年级和中学阶段的少先队员佩戴大号红领巾。

在天气炎热时,经大队委员会决议,除参加少先队的集会和活动外,可暂不佩戴红领巾,但应佩戴队徽徽章。少先队员佩戴队徽徽章时应注意安全。

少先队员离队时应珍藏红领巾和队徽徽章。

辅导员和参加少先队集会、活动的领导和嘉宾佩戴大号红领巾。

红领巾的正确结法是：

(1)将红领巾披在肩上，钝角对准脊椎骨，右角放在左角下面，两角交叉；

(2)将右角经过左角前面拉到右边，左角不动；

(3)右角经左右两角交叉的空隙中拉出、抽紧。

第十条　少先队干部应在佩戴红领巾的同时佩戴相应的标志。标志佩戴在左臂。

第十一条　中国少年先锋队队旗、队徽和红领巾、队干部标志由省级(含)以上少工委指定信誉良好、质量可靠、价格优惠的企业严格按照标准生产。非定点企业不得私自生产。省级(含)以上少工委要加强对定点企业的产品质量、价格和售后服务的检查、监督和管理。

少先队组织订购队旗、队徽和红领巾、队干部标志，可由省级少工委与定点企业联系，亦可由地(市)、县(市)级少工委或基层少先队组织直接与定点企业联系，定点企业负责供货，实行少先队组织内部供应销售。队旗、队徽和红领巾、队干部标志不得作为商品在市场上销售，各级少先队组织和少先队员不得在市场上购买。

第十二条　各级少先队组织和队员不得使用破损、污染、褪色或不符合制作规定的队旗、队徽和红领巾、队干部标志。

第十三条　中国少年先锋队队旗、队徽和红领巾、队干部标志及其图案不得用于商标、商业广告以及商业活动。

第十四条　各级少工委和少先队组织应对本规定的执行情况进行监督、检查。对违反本规定的企业和个人，应予以制止，直至联合工商、质监等部门依法查处；对违反本规定的各级少先队组织和少先队员，应进行批评教育，督促、帮助其改正错误。

第十五条　本规定由全国少工委办公室负责解释。

# 关于进一步规范少先队基层组织设置和
# 少先队标志使用的通知

各省、自治区、直辖市少工委：

为进一步规范少先队基层组织设置和少先队标志，做到严肃、统一，根据《中国少年先锋队章程》（以下简称《队章》）和《关于印发〈关于中国少年先锋队队旗、队徽和红领巾、队干部标志制作和使用的若干规定〉的通知》（中少发〔2005〕20号），强调并提出以下意见。

## 一、关于队的组织设置

（1）少先队在学校、社区建立大队或中队，中队下设小队。小队长和中队、大队委员会由队员选举产生。半年或一年选举一次。

（2）少先队的领导机构为全国和地方各级少先队工作委员会，由同级少先队代表大会选举产生。

## 二、关于队组织、队员、队干部的标志及使用

（1）队旗、队徽、红领巾和队干部标志是队组织和队员、队干部的象征。各级少先队组织和每一名队员，都应当自觉地尊重、爱护和使用。

（2）队旗为五角星加火炬的红旗。队旗分大队旗和中队旗。

（3）队徽由五角星加火炬和写有“中国少先队”的红色绶带组成。队徽可制作成徽章供队员佩戴。

（4）红领巾是队员的标志。队员应爱护红领巾，保持红领巾干净、整洁。红领巾分大、小号两种规格，分别是60厘米×60厘米×100厘米、72厘米×72厘米×120厘米。小学低年级队员佩戴小号红领巾，小学高年级和中学阶段的队员佩戴大号红领巾。在天气炎热时，经大队委员会决议，除参加少先队的集会和活动外，可暂不佩戴红领巾，但应佩戴队徽徽章。

（5）大队、中队委员会委员和小队长要佩戴队干部标志。队干部标志由白底、红杠组成。大队委标志中间是三条红杠，中队委标志中间是两条红杠，小队长标志中间是一条红杠。队干部应在佩戴红领巾的同时佩戴相应的标志。标志佩戴在左臂。

（6）各级队组织和队员不得使用破损、污染、褪色或不符合制作规定的队旗、队徽和红领巾、队干部标志。

（7）队旗、队徽和红领巾、队干部标志及其图案不得用于商标、商业广告以及商业活动。

## 三、严格执行队章和有关规定

2011年5月7日，全国少工委办公室宣：少先队作为一个覆盖广泛的全国性少年儿童群众组织，在基层组织设置和重要标志上必须严格执行《队章》和有关文件的明确规定，做到规范统一。各级少工委和队组织应对《队章》和有关规定的执行情况进行监督、检查，对于不符合规定的做法应及时改正。如在基本规定外有创新做法，需经省级少工委上报全国少工委研究同意后开展探索。各省级少工委请将本省（区、市）相关情况于5月27日前报全国少工委办公室。

以上意见，请认真遵照执行。

# 少先队总辅导员设置管理办法（试行）

少先队总辅导员是少先队辅导员队伍的重要组成部分。为加强少先队总辅导员队伍建设，制定本规定。

**第一章 总则**

第一条 少先队总辅导员是党的少年儿童工作者，是共青团选派的从事少先队工作的专业人才，是少先队辅导员队伍的骨干和少先队相关学科建设的带头人。

第二条 建立少先队总辅导员制度，是加强未成年人思想道德建设、落实少先队组织根本任务、完善全团带队体制的重要组织保证，是保持少先队工作专业性、连续性的重要举措，是少先队辅导员队伍专业化、职业化建设的必然要求。

**第二章 岗位设置**

第三条 省（自治区、直辖市）、市（地、州、盟）、县（市、区、旗）、乡（镇）要设置少先队总辅导员岗位。

第四条 省（自治区、直辖市）、市（地、州、盟）少先队总辅导员设置要求。

（1）在同级团委设立少先队总辅导员岗位，使用行政编制，一般为非领导职务，名称为"少先队总辅导员"，专职专用。

（2）按不低于同级团委中层副职的标准配备，不得由同级团委负责人、部门负责人兼任。

（3）市（地、州、盟）团委一时难以找到符合岗位设置要求和任职条件人选的，可在一段时间内选聘行政编制外人员担任少先队总辅导员，同时要积极创造条件尽快在行政编制内选任少先队总辅导员。

第五条 县（市、区、旗）少先队总辅导员设置要求。

（1）岗位设在同级团委。行政编制内外均可。条件不具备的，可采取聘请退休少先队工作者、教育工作者,由优秀大队辅导员轮流挂职,设置社工岗位等方式。应专人专用,不得由同级团委负责人、部门负责人或直属单位负责人兼任。

(2)办公地应设在同级团委机关。

第六条　乡(镇)少先队总辅导员一般由中心学校大队辅导员兼任。符合条件的,应进入乡(镇)团委班子,任副书记或委员。

第七条　有条件的街道、社区,可设置少先队总辅导员。

第八条　根据工作需要,可设置少先队名誉总辅导员。

第九条　少先队总辅导员为退休返聘人员的,有条件的地方应根据其工作情况给予一定的补贴。县(市、区、旗)团委也可在上级团委支持县级团委的工作经费中列支该项补贴。

**第三章　任职条件**

第十条　少先队总辅导员应具备以下条件:

(1)中共党员或共青团员。

(2)忠诚党的少年儿童事业,真心热爱少年儿童和少先队工作,竭诚为少年儿童健康成长服务,职业精神较强。

(3)具有较高的职业素质。了解和掌握少年儿童教育规律,有一定的理论研究水平;具有丰富的少先队实践经验、较强的组织协调能力和指导基层少先队工作的能力。

(4)省(自治区、直辖市)少先队总辅导员任职时,一般应具有少先队工作或少年儿童教育工作5年以上经验;市(地、州、盟)、县(市、区、旗)少先队总辅导员任职时,一般应具有少先队工作或少年儿童教育工作3年以上经验。

**第四章　基本职责**

第十一条　少先队总辅导员的职责是:

(1)在同级团委、少工委领导下,积极落实少先队组织根本任务,为少先队工作决策提供专业性意见,设计和实施本区域内少先队重要活动,指导基层少先队辅导员设计与实施少先队活动。

(2)带头参与少先队相关学科建设,推广学科建设成果,开展少先队工作研究。

（3）为本区域的少先队辅导员培训、职称评聘等提供专业支持，帮助基层少先队辅导员提升职业精神、提高职业素质、实现职业发展。

（4）了解和反映本区域基层少先队辅导员的工作、学习、生活情况及诉求，参与协商解决。

（5）兼任本区域少先队工作学会的具体工作。

（6）完成同级团委、少工委交办的其他少先队工作任务。

**第五章　培养**

第十二条　少先队总辅导员培训纳入共青团培训体系和教育部门的师资培训体系，给予必要的培训时间和经费保证。

第十三条　支持少先队总辅导员参加继续教育和攻读少先队相关学科学位。

第十四条　支持少先队总辅导员开展多种形式的教育科研和培训宣讲活动。选派优秀少先队总辅导员参加国内国际交流、考察。

**第六章　管理**

第十五条　少先队总辅导员由同级团委、少工委领导和管理。

第十六条　属于行政编制的少先队总辅导员，任职、考核、奖惩等按照《中华人民共和国公务员法》和相关组织人事规定、程序执行，在法定退休年龄前不受专职团干部任职、晋升和转岗的最高年龄限制。

第十七条　市（地、州、盟）、县（市、区、旗）少先队总辅导员属于行政编制外的，由同级团委、少工委选聘、考核、奖惩，连续2年考核不合格者应予以解聘。

第十八条　乡（镇）少先队总辅导员由县（市、区、旗）团委、少工委会同教育行政部门选聘、考核、奖惩，其岗位工作量可比照同校大队辅导员岗位满工作量的一半计算。

第十九条　少先队总辅导员聘期与同级少工委任期相同，原则上在同级少工委换届的同时聘任。少先队总辅导员应至少聘满一届，鼓励连聘。每届聘期满后，重新履行聘用手续。

第二十条　少先队总辅导员因健康或其他原因长期不在岗，应及时调整,重新选任(聘)。

第二十一条　少先队总辅导员考核每年进行一次,考核结果记入个人档案,与其聘用、奖惩、职务晋升或专业技术职务评聘挂钩。

**第七章　职业发展**

第二十二条　属于行政编制的少先队总辅导员,根据工作年限、实际表现及岗位设置情况,按照同级团委中层副职、中层正职、领导班子副职对应的职级,逐级晋升非领导职务。

第二十三条　属于专业技术岗位的少先队总辅导员,其从事少先队总辅导员工作的内容、工作量和成果应纳入专业技术职务评聘。

第二十四条　在同等条件下,上一级少先队总辅导员优先从担任过下一级少先队总辅导员的人员中选拔。鼓励和支持少先队总辅导员长期从事这一工作,向少先队教育专家方向发展。将少先队总辅导员队伍作为共青团、教育系统后备干部培养和选拔的来源。根据工作需要,向地方党政部门推荐和输送优秀少先队总辅导员。

**第八章　附则**

第二十五条　各级团委、少工委应会同教育行政部门,根据本办法,结合当地实际,制定实施细则。

第二十六条　本办法由全国少工委办公室负责解释。

# 中国少年先锋队教育纲要（试行）

　　中国少年先锋队是中国共产党创立和领导，并委托共青团直接领导的少年儿童群众组织，是少年儿童学习共产主义的学校，是建设社会主义和共产主义的预备队。少先队是少年儿童教育的重要力量，是学校教育的得力助手。

　　《中国少年先锋队教育纲要》（以下简称《纲要》）主要依据中国少年先锋队章程制定。在坚持德、智、体、美全面发展、教育与生产劳动相结合的方针的基础上，突出"爱祖国、爱人民、爱科学、爱劳动、爱护公共财物"的思想品德教育。

## 一、少先队教育的目的

　　少先队组织要按照"教育要面向世界、面向未来、面向现代化"和"树立创造的志向、培养创造的才干、开展创造性的活动"的精神，贯彻"把全体少年儿童组织起来"的组织发展方针，通过特有的组织教育、丰富多彩的活动和队员当家做主的民主的集体生活，让少年儿童从小接受基础的共产主义教育，为培养他们成为有理想、有道德、有知识、有体力、立志为人民、为祖国、为人类做贡献的一代新人打下良好基础。

## 二、少先队教育的主要原则

　　方向性原则。坚持用共产主义精神教育少先队员，反对和抵制封建主义和资产阶级腐朽思想对少先队员的腐蚀和影响。共产主义方向性要与社会主义初级阶段的现实相结合，对少先队员行为规范的要求要符合党的基本路线和现行方针、政策和精神；要坚持用"人民的利益高于一切"的崇高的共产主义精神教育他们。

　　自主性原则。少先队是少年儿童自己的组织，少先队员是队组织的主人翁。要充分发扬民主，让他们从小学会自己管理自己，自己教育自己，发挥主动性、积极性和创造性，学会当家做主人。辅导员要尊重少先队员，尊重各级队的组织，把自己的精心辅导与充分发扬少先队员的主人翁精神结合起来。提倡启发诱导，反对包办代替。

实践性原则。在少先队教育过程中，要引导少年儿童学习知识，懂得道理，更要引导他们在校内校外进行实际锻炼。要带领他们去接触社会，接触大自然，接触现代科学技术，在现实生活中接受教育，得到锻炼。要使他们通过力所能及的实践活动，提高思想觉悟，巩固和加深知识，开发智力，陶冶情操，磨炼意志，增强能力。

趣味性原则。遵循少年儿童生理、心理发展的特点和少年儿童工作的规律，寓教育于知识、寓教育于活动、寓教育于娱乐之中，力求使队的教育工作生动、活泼、丰富、多样、新颖、有趣，具有吸引力和感染力，为少先队员所喜闻乐见。注意防止和克服工作中的一般化、成人化倾向。

创造性原则。通过开展创造性活动的方法，帮助少先队员树立创造志向，培养创造才干。从少先队员的创造能力尚处在低级阶段这个实际出发，要注意引导他们重视学习和继承前人的知识和经验；珍视、爱护他们渴求新知、富于幻想等创造素质的幼芽；逐步培养他们积极主动、敢想敢干、勇于探索、敢于创新的创造精神。

一致性原则。少年儿童教育要依靠学校、少先队、家庭和社会共同进行，互相联系、配合、促进和补充，形成统一的教育整体，保持教育影响的一致性。少先队在这个教育整体中要占据自己应有的正确位置，在学校行政的指导下，要争取和依靠全体教师、广大家长和社会力量做好少先队工作。

此外，正面教育，循循善诱，长善救失；集体主义教育与重视个性发展相结合；教育者以身作则，为人师表，身教重于言教等重要原则，同样是少先队教育必要遵循的。

### 三、少先队教育的基本内容

#### 1.学习先锋，热爱祖国

教育少先队员懂得少先队星星火炬队旗的意义，党是少先队的创立者和领导者,党委托共青团直接领导少先队,懂得没有共产党就没有新中国的道理。初步知道入队、入团、入党是人生政治生活中的三件大事。引导少先队员热爱共产党,向往共青团,从小听党的话,做党的好孩子。

教育少先队员珍惜中国少年先锋队的光荣名称;学习、继承中国共产党的光荣传统;向革命先辈、英雄模范、先进人物学习,学习先锋们献身祖国和人民的崇高精神和追求真理、探求新知、实事求是、勇于创新的科学精神。

教育少先队员爱学校、爱家乡、爱祖国、爱社会主义现代化事业,使他们拥护社会主义制度,知道党的改革开放政策好;教育少先队员维护各民族大团结;关心祖国的统一大业;关心世界大事,热爱和平,从小立志,振兴中华。

2.热爱人民,文明礼貌

要让少先队员懂得队礼的意义,"人民的利益高于一切"是我党行动的最高准则,要教育少先队员逐步做到心中有他人,心中有集体,心中有人民。

培养少先队员的社会主义和共产主义道德风尚,使少先队员从小养成文明礼貌,团结友爱,助人为乐,遵纪守法,尊老爱幼,关心残疾人,敢于同不良现象做斗争的良好行为习惯,教育少先队员遵守学生守则,做文明好少年。

3.热爱组织、学当主人

教育少先队员懂得自己的标志红旗一角——红领巾的光荣意义,佩戴红领巾,以实际行动珍惜红领巾的荣誉,人人争做好队员。

培养少先队员热爱队组织的感情和组织观念,增强少先队的荣誉感和责任心。开展队的集体活动,培养队的集体舆论,建设奋发向上、团结友爱、民主自理的少先队优秀集体。

要重视培养、发展少先队员自我教育的意识和能力,让他们逐步地学会运用民主的方法,自己管理自己,自己教育自己,做少先队组织的主人。

培养"诚实、勇敢、活泼、团结"的少先队作风。

4.热爱科学,努力学习

教育少先队员明确为祖国而学习的正确目的,把学习与振兴中华的伟大理想联系起来;端正学习态度;培养刻苦认真、专心细致、坚毅有恒、手脑并用、创造性地学习的良好意志品格;学习掌握科学的学习方法;锻炼观察、想象、独立思考和自学、实践、探索、创造的能力;养成良好的学习习惯。

帮助少先队员扩大和丰富文化科学知识,激发求知欲望,培养学习兴趣,养成阅读课外图书、报刊的习惯,努力获取课外知识。

引导少先队员爱科学、学科学、用科学,开展小种植、小饲养、小制作、小实验、小考察、小发明的"六小"爱科学活动,锻炼创造才干,培养科学精神。

在辩证唯物主义观点的指导下,引导少先队员从小学习全面正确地看待周围事物,逐步培养分辨是非、善恶、美丑的能力以及分析问题、解决问题的能力。

### 5. 强壮体魄,培养美感

配合学校进行"为了祖国,锻炼身体,增强体质"的思想教育,提出少先队员为祖国而锻炼身体的责任感。培养坚强的意志和勇敢活泼、不怕困难挫折的性格,以及文明的体育道德,养成坚持锻炼身体的好习惯。

培养少先队员对艺术美、自然美、生活美的感受、鉴赏、表现和创造的初步能力,逐步培养正确的审美观点和艺术修养。

帮助少先队组织积极开展少先队传统的体育和美育活动,定期举办红领巾游戏节、歌舞节、文学故事会、朗诵会、爱家乡远足旅行、夏(冬)令营、营火晚会、检阅式等;积极开展军事体育游戏、冬季象征性接力长跑及文艺、体育的表演、竞赛、展览和欣赏活动;广泛组织球类、体操、田径、武术、游戏等体育兴趣小组和音乐、舞蹈、文学、戏剧、美术、工艺等美育兴趣小组,使每个少年儿童都有一两项体育和文艺爱好。

### 6. 热爱劳动,爱护公物

教育少先队员从小懂得劳动光荣,不劳动可耻;学习是为了准备参加劳动,更好地劳动,做社会主义的劳动者。尊重各行各业的脑力和体力劳动者,学习他们的好品质。

配合学校劳动教育。建立少先队的劳动阵地和岗位,培养热爱劳动的良好习惯。引导少先队员参加自我服务劳动、家务劳动,力所能及的社会公益劳动和种、养、工、编、采等简单的生产劳动,把学习科学知识和劳动实践结合起来,掌握一定的劳动技能,培养勤巧双手。

培养少先队员珍惜劳动成果,爱护公共财物,勤俭节约的习惯。

## 四、分阶段教育的基本内容和要求

第 1 阶段(小学一、二年级)

(1)在高年级友谊中队的帮助下,进行以"我爱红领巾,准备加入少先队"为内容的入队前的组织教育,在学校内开展入队前教育活动。经过一年左右的队前教育,分批或一批发展全体儿童少年入队,组建少先队的中、小队。

(2)由高年级友谊中队帮助开展形象、生动的教育活动,让儿童们了解队章主要精神,使他们做到六知四会一做(六知:知道队名、队旗、红领巾、队礼的意义、队的领导者和队的作风;四会:会戴红领巾、行队礼、唱队歌、呼号;一做:入队前按队章要求做一件好事)

(3)进行党旗、团旗、队旗的教育,使儿童初步懂得它们的图案所表示的意义,红旗是由无数革命先烈的鲜血"染成"的,要尊敬和爱护红旗;各讲一名为革命和建设事业而献身的党员、团员和少先英雄的故事;帮助儿童初步懂得党、团、队的关系。

(4)配合低年级思想品德课中爱祖国的教学内容,组织以热爱家乡为主要内容的参观、访问等活动,让儿童受到教育。

(5)开展队礼和队的作风教育,引导儿童向雷锋同志学习,爱同学、爱老师、爱家长;懂礼貌、讲谦让;要诚实、不说谎。

(6)在"小辅导员"帮助下,让儿童学习自己选举队长,自己开展小队活动,自己管理一些简单的集体小家务,从小培养自理自立能力。

(7)开展培养良好学习习惯的教育活动,养成认真听讲、按时作业、专心细致、动手动脑、遵守时间等良好学习习惯。

(8)教育儿童向各种先锋人物学习,学习他们从小爱学习、爱动脑、爱创造的精神;组织儿童到大自然里去识别一些动植物,观察一些自然现象;开展纸工、泥工等简易小制作活动,从小培养爱动手的习惯;开展智力游戏,开发儿童智力。

(9)鼓励儿童订阅《中国儿童报》等儿童报刊,培养收听收看广播、电视中儿童节目的习惯,组织他们阅读课外图书。

(10)举行"家乡山河美"春(秋)游活动。锻炼队员的体力,培养美感。

(11)帮助儿童学会几首少先队推荐歌曲,学会跳几个集体舞蹈,组织他们开展朗诵儿歌比赛,讲童话故事,画画、写毛笔字、自编自演小剧活动。开展游戏比赛和小皮球、乒乓球、跳皮筋、扔沙包等游戏性体育活动。

(12)参加工人、农民或其他劳动者的生产劳动和劳动成果,使儿童初步懂得劳动创造财富、劳动需要文化知识,培养尊敬劳动人民的感情。

(13)教育儿童从小学习生活自理,学会自己洗红领巾、整理书包,学会自己打扫房间,做值日,开展自我服务的训练和竞赛。

(14)教育儿童爱护树木、花草,爱护公共财物,爱惜一张纸、一滴水、一粒粮、一度电,不乱花零钱,从小处做起,养成节约习惯。

第2阶段(小学三、四年级)

(1)教育和帮助少先队员学习革命先辈的光辉业绩和崇高思想,了解本地革命烈士的事迹。有条件的地方可以祭扫烈士墓、纪念碑,参观革命圣地和革命纪念馆。教育少先队员学先锋、树理想,珍惜红领巾的荣誉。

(2)配合思想品德课中有关立志、爱国的教学内容,组织少先队员开展热爱家乡、考察了解家乡社会主义现代化建设成就的活动,从中受到教育。

(3)把学雷锋与学习其他英模人物结合起来,深化"人民的利益高于一切"的队礼教育。开展"小雷锋在行动"实践活动,帮助队组织建立力所能及的文明岗位和利民岗位,鼓励少先队员在校做个好学生,在家做个好孩子,在社会上做个好少年。

(4)组织少先队员学习少先队的历史,了解若干个不同历史时期的少年英雄和优秀队员,全面学习队章,使他们继承少先队的光荣传统,争做好队员。

(5)进行"在中队旗帜下携手前进"的集体主义教育,人人为建设奋发向上、团结友爱、民主自理的中、小队集体做贡献。

(6)逐步建立和健全中队教育阵地,发动少先队员自己动手建立适合本地本中队特点的"小家务",人人有岗位,人人都当"小家务"的主人翁。

(7)引导队委学习民主管理和民主生活。帮助中、小队委做到"六会"：会听取队员的意见和建议；会制订活动计划；会做活动前的准备工作；会主持中、小队活动；会向上级队长汇报工作；会带领队员玩,学会过民主生活。检查执行队章中规定的五个"都要"(即每个队员都要遵守纪律,服从队的决议,积极参加队的活动,努力完成队组织交给的任务,热心为大家服务),学会民主评议、民主评选优秀队员、队委和队集体。

(8)针对少先队员学习中存在的问题,进行为振兴中华发奋学习的教育,树立正确的学习目的,端正学习态度,培养良好学习习惯和品质。

(9)从本地实际条件出发,从爱科学"六小"活动中,选择其中二三项开展活动,培养少先队员动手动脑、观察、思考、想象的能力,举办爱科学活动成果表演会、展览会。举行爱科学的参观、访问、信息发布、"老博士信箱"等活动,了解、接触先进的科学技术,开展智力游戏和智力竞赛,在玩中长智。

(10)帮助队组织开展"红领巾读书读报(刊)"活动,引导少先队员与好的书报(刊)交朋友,订阅《中国儿童报》或《中国少年报》等报刊,每人每学期读2本以上"红读"活动推荐书；继续培养收听、收看广播、电视少儿节目的习惯,扩大课堂知识,激发求知欲望。

(11)组织少先队员开展以唱歌、跳舞为主的群众文艺活动,以活动性游戏、球类和两跳(跳绳、跳皮筋)一踢(踢毽)为主要内容的群众体育活动,举行红领巾歌舞节、游戏节等,培养队员的情操和才能。

(12)创造条件,积极配合学校组织多种文艺和体育兴趣小组,努力使每个队员都有一种文艺和体育爱好,培养他们的文艺、体育才能。

(13)举办一次"一日(含一夜)夏令营",包括举行营火(或月光)晚会和以小队为炊事单位的野炊活动；结合每年一次的春(秋)游,进行行军活动,锻炼队员意志,培养队员热爱自然,热爱生活的思想感情。

(14)引导少先队员了解一个劳动模范的优秀事迹,学习他的优秀品质。进行"劳动不分高低贵贱,为人民服务光荣""行行出状元"的教育；尊重和热爱普通劳动者。

(15)帮助少先队组织开展"绿、美、洁"行动：种树护树的绿化行动；人人培植、管理一盆花的美化行动；讲究个人卫生、建立学校、家庭卫生岗位的洁化行动。

(16)帮助少先队组织开展以自我服务、社会公益活动、简单的生产劳动实践为内容的"勤巧小队"竞赛活动,引导少先队员把勤劳与智慧巧妙地结合起来。

(17)开展小储蓄活动,继续进行爱护公物、勤俭节约的教育。

第3阶段(小学五、六年级)

(1)组织少先队员学习、了解毛泽东、周恩来、刘少奇、朱德等我国老一辈无产阶级革命家的光荣业绩,懂得他们是中国人民革命的领袖,懂得没有共产党就没有新中国。

(2)开展争创"英雄中队"活动,鼓励队员为创建"英雄中队"做出努力。

(3)帮助少先队组织开展"红领巾爱国考察团"活动,进行爱国的假想旅行考察。引导少先队员收集实行改革、开放政策的社会主义建设成就,对家乡的山水风光、丰富物产、名胜古迹、历史文化、民间工艺等进行考察,进一步进行爱家乡、爱社会主义祖国的教育。

(4)进行"各民族儿童一家亲"的民族大团结教育;统一祖国大业的教育;学习白求恩、罗盛教等国际主义战士的国际主义教育,使少先队员从小立志为人类做贡献。

(5)针对少先队员在文明礼貌中的突出问题,开展思想教育活动;帮助少先队组织继续开展"小雷锋在行动"的实践活动,在社会上建立利民岗位,定期开展利民活动,组织少先队员热心为军烈属、残疾人、孤寡老人、幼儿园服务;配合小学思想品德课,开展法纪教育活动,使少先队员从小学法知法。

(6)进行少先队"诚实、勇敢、活泼、团结"八字作风的教育,使少先队员了解每个作风的正确含义,用实际行动实践队的作风。

(7)实行队干部民主选举和推行队干部轮换制,把具有各种特长的队员吸收到队委会里,让更多的队员受到领导、管理能力的锻炼。加强对中、小队委和积极分子的培训,提高队干部民主、自理的水平。

(8)发挥集体智慧开展创造性小队活动竞赛,评选最佳小队活动和最佳小队长,培养队员的集体荣誉感和创造精神。

(9)加强少先队的"小家务"建设。丰富内容,创新形式,提高阵地的质量和教育效益。

（10）发动少先队员与低年级建立友谊中队，帮助做好建队工作，开展建队后的队活动，讲传统、带作风、做表率。

（11）开展"做合格毕业生"教育活动，鼓励少先队员把优秀成绩留给母校，把优良作风留给弟妹，把感激之心留给敬爱的老师，用自己的双手为母校留下一点纪念礼物。

（12）教育少先队员以中外科学家和先锋人物为榜样，学习他们不怕困难、坚忍不拔、刻苦钻研、奉献人民的精神，激励队员学好功课。

（13）帮助少先队组织继续开展爱科学"六小"活动，成立各种兴趣小组，举办"六小"成果评比会，提高他们动手动脑、观察、想象、实践和创新的能力，组织队员参观附近的工厂、农场、科技单位、大中学校的实验室、试验田、先进设备和技术革新，引导他们懂得建设祖国、赶超世界先进水平就要刻苦学习先进的科学技术知识的道理。

（14）帮助少先队组织继续开展"红领巾读书读报（刊）"活动，使少先队员进一步养成读报、读书、坚持收听、收看少年儿童和"新闻联播"节目，主动关心国家大事的习惯，提倡每个队员每学期要读3本以上"红读"推荐书籍，开展"红读"竞赛活动，评选"红读"积极分子，强化自觉读书意识。

（15）举办三日以上的夏（冬）令营或开展"参军一日"（含一夜）的学军活动，包括举行一次以两三个队员为单位的野炊活动。每年举行一次旅行活动，培养队员强壮的体魄。

（17）积极开展少先队操练和检阅、军事体育、军事游戏，举行各类体育比赛；继续配合学校组织多种文艺、体育兴趣小组；举办文学小创作、音乐欣赏、美术工艺展览、歌舞表演、营火（月光）晚会并举行汇报演出等，使每个少先队员都有一种文艺和体育活动的特长。

（18）结合学校对高年级的劳动教育要求，帮助队员学习一些劳动的技能技巧；继续开展"绿、美、洁"行动和"勤巧队员""勤巧小队"竞赛活动，不断创新活动形式，丰富活动内容，深化劳动教育。

第4阶段（初中一、二年级）

（1）搞好中、小学少先队的衔接，做好迎新、交接队组织关系和编队工作,在增进队员相互了解的基础上,民主选举队委会和小队长,对队员进行中学少先队光荣传统教育,熟悉新环境,热爱新集体。

(2)加强共青团对少先队的直接领导,与高中班级建立联谊关系,由高中团支部选派最优秀的团员担任辅导员,开展团、队联会,友谊班联谊活动,使少年们了解共青团,向往共青团。

(3)帮助少年们了解巴黎公社、十月革命、南昌起义三个伟大历史事件,懂得工人阶级革命的第一面红旗,社会主义国家的第一面红旗,中国共产党领导武装斗争的第一面红旗的重大历史意义,深化红领巾是红旗一角的教育,引导他们树立共产主义理想。

(4)让少年们知道党的一些重大历史事件,引导他们接触建设社会主义强国的沸腾生活,理解改革开放方针政策的正确性,懂得党的光荣与伟大,更加热爱中国共产党。

(5)开展"爱国者之歌"的教育活动,引导少年向古今中外伟大爱国者学习,强化热爱中华、振兴中华的理想教育。

(6)加强社会主义道德教育和法纪教育,培养队员明辨是非,自觉遵纪守法,抵制各种不良影响的能力,组织中、小队和队员在学校、社会、家庭建立文明岗位。进行青春期生理心理、道德教育,引导少年建立正常的男女同学之间的友谊,培养自尊互尊和自我约束的能力。

(7)进行"星星火炬照前程,闪闪团徽映青春"的系列教育。"在队旗下成长",回忆、总结少先队生活的历程,珍惜红领巾的荣誉;"迈好青春第一步",正确认识青春的意义和价值,树立正确人生观;举办"少年团校",进行共青团基础知识教育,与校内外优秀团员建立友谊,争取加入共青团。

(8)引导少先队员建立、健全具有中学少年特点的各种少先队"小家务"人人参加管理,当"小家务"的主人。

(9)针对中学功课门类骤增、内容加深、讲授方法变化的特点,搞好中、小学的学习衔接,使少先队员了解各门新功课的重要意义,培养自觉学习的态度和自学的能力,交流科学的学习方法,引导他们开展学习互助,避免学习上的两极分化。

(10)引导少先队员接触先进的科学技术,举办各类科学技术的讲座和报告会,组织参观、考察和社会实践活动,与科技工作者会面,建立联系。创造性地开展"六小"爱科学活动,训练、培养创造性思维的能力,学习掌握一些创造技法;开展智力游戏和智力竞赛,开发智力和能力。

(11)继续开展"红领巾读书读报(刊)"活动,鼓励队员订阅《中学生》《中国少年报》等报刊,每学期读5本以上"红读"推荐书,引导他们积极开展阅读欣赏、评论活动;继续养成收听、收看"新闻联播"的习惯,关心国家大事和世界大事。

(12)帮助少先队组织举行野营活动或"参军三日"活动。每年举行一次旅行活动或组织"自行车旅行团",锻炼意志,增强体质。

(13)配合学校组织多种文艺、体育社团,开展各种文艺、体育的欣赏、表演和竞赛活动。培养每个少年都有一两项文艺和体育爱好,并有所长。

(14)配合学校进行热爱劳动的教育,懂得行行出状元的道理,尊重各行各业普通劳动者;积极开展有少先队传统特色的种植、饲养、编织、修理、采集等生产劳动和多种社会公益活动,帮助他们学习初步的职业技能,掌握一些劳动技巧,懂得一些商品生产和商品经营的知识。为大部分学生初中毕业后走向社会打下一定的思想和技能基础。

(15)做好离队工作,中队向团委推荐优秀队员入团,举行隆重的离队仪式,同时在离队仪式上举行队员入团宣誓。离队前组织离队少年为学校、少先队或社会做一件有纪念意义的好事情。

少先队大队要根据《纲要》精神,定期举行大队活动或年级的中队联合活动,积极开展全大队的传统活动和假期活动,并做好大队一级的阵地建设工作。还可以根据需要,集中倡导一些有影响的主题教育活动和竞赛活动。大队活动和工作要有利于带动、促进中、小队活动的蓬勃开展。

**(注:小学五年制学校,三年级为第二阶段,四、五年级为第三阶段,《纲要》中规定的内容可做调整。)**

# 关于深入学习宣传贯彻党的十九大精神，纵深推进少先队改革攻坚的决议

（2018 年 1 月 30 日全国少工委七届四次全会审议通过）

全国少工委七届四次全会紧紧围绕学习宣传贯彻习近平新时代中国特色社会主义思想和党的十九大精神，坚持立德树人，对纵深推进少先队改革攻坚进行了研究部署。

会议指出，全队要牢牢把握全面学习宣传贯彻习近平新时代中国特色社会主义思想和党的十九大精神这一首要政治任务。全体少先队工作者要切实用习近平新时代中国特色社会主义思想武装头脑、指导工作、推进改革，增强"四个意识"，坚定"四个自信"。要深入学习宣传贯彻党的十九大精神，突出成就教育和情感教育，坚持形象化、情感化、榜样化宣传，向全体少先队员讲好党的十九大精神，教育引导广大少年儿童热爱党，拥抱新时代，深刻感受习近平总书记作为党的核心、人民领袖、军队统帅的风范，深刻感受以习近平同志为核心的党中央对少年儿童的关爱关怀，深刻感受党和国家发生的历史性变革和未来发展的美好前景。

会议要求，全队要坚定信心、锐意进取，以自我革新、只争朝夕、勇于担当的精神状态，纵深推进少先队改革。要积极把握少先队改革的战略机遇，振奋精神，不懈奋斗，狠抓落实。要转变观念，牢固树立以少先队员为中心的工作导向，切实树立起忠诚党的少年儿童事业、热爱少年儿童的政治担当观念、改革创新观念、开放协同观念。要转变方式，以中小学为主阵地，牢牢把握少先队改革战略核心任务和少先队自身组织建设战略基础任务，牢牢把握思想引领、组织教育、实践成长、权益服务四位一体工作格局，与时俱进创新少先队教育和活动方式。要转变作风，大兴调查研究之风，直接为基层服务，坚决克服和避免"四化"，以自我革命的精神，强基固本，革故鼎新，一步一个脚印攻坚克难，扎扎实实纵深推进少先队改革。

会议强调,要聚焦少先队存在的突出问题,切实增强少先队员光荣感和组织归属感。要着眼促进少年儿童快乐生活、全面发展、健康成长,把握不同年龄段少年儿童的时代特点,遵循少年儿童成长和教育规律,将增强少先队员光荣感和组织归属感贯穿到少先队各项工作之中。建立入队前教育机制,规范入队前教育。建立荣誉激励机制,立足中小学,建立人人可为、天天可为的"红领巾奖章"常态化激励体系,将组织教育落细落小落实。加强榜样教育,讲好领袖故事,讲好先进人物的故事,选树新时代优秀少先队员典型。加强组织文化教育,规范使用红领巾、队旗、队徽、队礼等少先队符号、标识,塑造组织形象。加强仪式教育,建立少先队分层仪式教育体系,增强仪式神圣感、庄重感、参与感。加强初中少先队工作,做好推优入团。

会议强调,要将制度机制建设放在更加突出的位置,以制度创新和机制建设为牵引纵深推进少先队改革。完善全团带队机制,进一步发挥少先队工作的基础性、源头性作用,加强各级团委对少先队的领导和工作保障。深化团教协作机制,推动各级团委和教育部门紧密协作、共同推进少先队改革。抓住加强中小学党建的重要契机,以建立学校少工委为重点,落实少先队组织工作条例,加强中小学少先队标准化建设。切实加强市、县级少工委对所在地区中小学少先队工作的领导,建立健全中小学少先队工作绩效考核机制。注重改革的系统性、整体性、协同性,建立健全统筹协调、信息通报、督导督进、示范带动、交流互鉴等改革工作机制。

会议强调,要把纵深推进少先队改革的重点聚焦到中小学校,打通改革"最后一公里"。要在全队树立鲜明的基层导向,聚焦少先队改革的各项举措在中小学校落到实处。要扎实认真落实县级和中小学少先队改革主要任务清单,逐条抓实效,将任务清单落实情况作为少先队工作考核的重要依据。建好用好少先队改革示范区、示范校,真正发挥示范引领作用,形成一批可复制、可推广的优秀案例。各级少工委特别是市、县级少工委要主动担当起本地区少先队改革的统筹领导责任,以钉钉子的精神推动少先队改革落地落实。

会议指出,要打造时代感强、实效性好的少先队重点活动和品牌项目。充分用好每周一课时的少先队活动课,开展好少先队组织教育、自主教育、实践活动。下大力气抓好"动感中队"活动,旗帜鲜明坚持"工作到中队",抓好中队建设的规范和活跃,常态化开展红领巾小健将、红领巾小创客、红领巾小书虫、红领巾小百灵、红领巾小主人"五小"活动。积极稳妥推进"小小志愿者"活动,鼓励少先队员从身边做起,培育践行社会主义核心价值观。创新开展红领巾"创未来"创新创意创造活动,鼓励倡导少年儿童创新创造、自信自强、团结协作。结合助力脱贫攻坚,实施"情暖童心"共青团关爱农村留守儿童工程,为全面建成小康社会贡献力量。

会议号召,广大少先队工作干部和少先队辅导员要紧密团结在以习近平同志为核心的党中央周围,自觉学习贯彻习近平新时代中国特色社会主义思想,不忘初心、牢记使命,坚定不移走中国特色社会主义少年儿童组织发展道路,立足为党源源不断培养担当民族复兴大任的时代新人,推动少先队工作制度化、专业化、时代化、系统化和与学校教育的特色差异化发展,教育引导新时代亿万少年儿童听党的话,跟党走,从小学习做人、从小学习立志、从小学习创造,为实现中华民族伟大复兴的中国梦时刻准备着。

# 后 记

台州学院是继杭州师范大学、宁波大学等高校之后，全省第四家与浙江省少工委和共青团台州市委合作开设《少先队学》课程的院校，教师教育学院于2013年2月成为台州市首个少先队学科建设基地。

"少先队学"的课程设计，在课程目标、课程内容、课程实施和课程评价上均根据学校转型发展需求，秉持实践取向的教师教育课程改革理念，注重"校地合作，协同育人"，注重"教学做合一"，在课程实施中将"请进来"与"走出去"结合起来，即"聘请实践导师讲授"与"观摩实践基地开展现场教学"相结合，通过讲授、观摩、实践、研讨，将少先队辅导员的培养融入职前的教师教育人才培养体系中。旨在通过一学期的课程综合实践活动，帮助学生了解少先队组织的性质和少先队教育的特点，掌握少先队辅导员的工作方法和技能，养成热爱少先队教育和少年儿童的情感，使他们能够肩负起培养少先队员成为社会主义合格建设者和可靠接班人的光荣使命。

根据学科建设需要，台州市团市委、少工委联合台州学院教师教育学院在临海市哲商小学等7家单位设立了台州市首批少先队学科教育实践基地，聘请了俞明德等9位优秀少先队工作者为台州市少先队学科建设实践导师。"少先队学"注重在"现场实践"中协同育人，这里的"现场"充分体现了教育学学科的实践性与行动性，既有将学生带到现场进行课程观摩研讨，也有把少先队实践现场请进高校课堂之意。在一学期24个课时设置中，安排8～10课时带领学生到实践基地观摩少先队实践教学并开展研讨，8～10课时聘请实践导师结合自身实践经验讲授《中国少年先锋队章程与雏鹰争章活动》《少先队历史》《少先队基本礼仪》《少先队辅导员修养》《当前热点问题与少先队活动》《少先队活动方案设计与实践》等课程,安排 4 课时供学生进行少先队微队课展示评比,并聘请实践导师进行现场指导。教学方法以"研究性学习"为主,讲授、观摩、实践、讨论等多种教学方法相结合,引导学生"在学中做,在做中学"。课程评价坚持实践性、应用性,采取过程性评价,注重学生实践能力的养成,将理论考试与少先队活动方案实践设计、少先队微队课展示结合起来。

五年以来,在高校—政府—中小学(U-G-S)三方实践共同体的协力推动下,台州学院《少先队学》学科建设取得了较好成绩。

第一,在育人成效方面,《少先队学》作为选修课程一经推出,受到了小学教育专业学生的广泛欢迎,要求选修的学生很多。目前共有五个批次 315 位学生选修过该课程,获得学生一致好评,并被浙江省人大代表陈佩莉作为人大提案内容提交相关部门,引起媒体广泛关注。选修学生毕业后在少先队辅导员岗位上取得了不错成绩,其中,王齐齐同学获得 2017 年杭州经济技术开发区第三届少先队辅导员风采大赛一等奖、少先队活动优质课评比二等奖、区优秀少先队辅导员等荣誉,多名同学毕业后兼任学校大队部工作,管斌同学、徐晓娜同学担任所在学校大队辅导员。

第二,在科研方面,台州学院教师教育学院王少非教授团队高度重视"少先队学"学科建设,整合研究力量,围绕着少先队学科建设开展了系列理论与实践研究,目前有《少先队工作者职前培养的组织与运作》《少先队辅导员的培养传统、特点及美国经验借鉴》《地方高校本科师范生意识形态素养教育校地协作教学探索》《高校〈少先队学〉本科课程教学研究与实践》《公民素养视角下低龄学生政治社会化教育研究》等各级各类课题获得立项和结题,并于 2017 年 10 月联合台州市团市委、少工委申报立项 2017 年度浙江省青少年和青少年工作研究课题《少先队学科建设在高校中的探索与实践——以台州为例》。

第三,在地方服务方面,结合教学,接收台州市团市委委托,于 2016 年 10 月 19 日至 2016 年 10 月 23 日开展"台州市少先队辅导员专业素养提升专题培训",培训内容以"理念与精神""规范与精细""设计与创新"等三个模块为重点,理论指导与实践训练相结合,直接指向辅导员专业素养提升。该培训获得学员一致好评,培训满意率100％。

第四,在第二、第三课堂拓展方面,通过"少先队研究协会"将学生社团活动与师范生专业能力培养结合起来。少先队研究会成立于1993年,原是临海师范群众组织,现是台州学院的众多社团之一,是由各个师范专业或者向往教师职业的同学组成的教育实践类社团,归属于社团联合会,挂靠学院为教师教育学院。社团目前的定位为"走进小学的志愿活动"。以协会名义牵头,与临海各小学建立合作关系,服务于地方小学,并为协会成员提供发展教师专业素养的平台。多年以来,协会与临海市大洋小学建立了长期合作关系,历年来开展的活动主要有:少先队入队仪式、午间管理、大梦想秀等;为新子弟学校的学生带去一节节生动有趣的支教课,同时锻炼协会成员的教师技能;将大学生制作的手工艺作品带到哲商小学进行义卖,义卖所得钱款用于购买学习用品,体育用品等,悉数捐赠给新子弟学校;截至2017年,少先队研究协会所主办的"语林杯配乐诗朗诵"大赛已举办至第七届。此项活动紧扣时代主题,旨在锻炼师范生的专业素养;在今年十九大召开之前,教师教育学院联合少先队研究协会开展了"'红领巾喜迎十九大,共筑中国梦'——少先队活动方案设计大赛"。

**吴银银**

**2019. 2. 6**